Ingrid Seward

Mi marido y yo
Toda la verdad del matrimonio
de Isabel II con Felipe de Edimburgo

Traducción de
Alfredo Blanco Solís

Papel certificado por el Forest Stewardship Council®

Título original: *My husband and I*
Primera edición: mayo de 2021

Copyright © 2017 by Ingrid Seward
© 2021, Penguin Random House Grupo Editorial, S.A.U.
Travessera de Gràcia, 47-49. 08021 Barcelona
© 2021, por la traducción, Alfredo Blanco Solís

Printed in Spain – Impreso en España

ISBN: 978-84-03-51940-4
Depósito legal: B-6695-2021

Impreso en Rodesa
Villatuerta (Navarra)

AG 1 9 4 0 4

Índice

Introducción

Después de muchos años escribiendo sobre la familia real, entre las preguntas que con más frecuencia se me plantean están: «¿Cómo son como pareja la reina y el duque de Edimburgo? ¿Cómo es su matrimonio? ¿Cómo son como padres y abuelos?». En resumen, si uno les despoja de toda la formalidad de la realeza y del protocolo que acompaña a esta, ¿cómo son de verdad? Con el éxito de la serie televisiva *The Crown*, a toda una nueva generación se le ha despertado el interés por la parte personal de sus vidas.

Al haber estado cerca de la reina y del duque durante los últimos treinta años, y haberme encontrado con ellos en muchas ocasiones, me siento capaz de proporcionar una perspectiva única de sus vidas, lo que espero haber logrado a través de las siguientes páginas. Ahora que celebran setenta años de matrimonio, no ha habido nunca mejor momento para situar su historia en el contexto del cambiante mundo que han vivido juntos.

Y es que su historia es tan fascinante como improbable. ¿Cómo logró un príncipe de Grecia, prácticamente arruinado, conquistar el corazón de la princesa más pretendida del mundo? ¿Cómo consiguió ella convencer a su padre, un rey emperador sobre cuyos dominios nunca se ponía el sol, para que diera su consentimiento? Ella era una joven casta, que pasó del cuarto de juegos al lecho marital. Él era un apuesto oficial naval de veinticinco años, independiente y carismático, pero sin dinero ni propiedades a su nombre. Él había nacido sobre la mesa del comedor de una casa de campo en la isla griega de Corfú; ella, en una gran mansión del barrio londinense de Mayfair, en un parto al que asistió sir William Joynson-Hicks, ministro del Interior.

En un mundo en el que las apariencias lo eran todo, la educación de Felipe de Grecia fue una de marcado trastorno por la realeza. Cuando se anunció su compromiso con la princesa Isabel dos años después del final de la guerra, el pueblo británico albergaba sentimientos encontrados. Muchos veían a Felipe como un cazafortunas extranjero, con claros vínculos alemanes a través de sus hermanas. En 1947, en el Reino Unido se fruncía el ceño ante cualquier atisbo de sangre extranjera, a menos que su propietario viniera envuelto en riquezas, como las grandes herederas estadounidenses que emparentaron con la aristocracia británica. El príncipe Felipe no cumplía ninguno de estos requisitos, pero, aunque la princesa era joven y hasta cierto punto ingenua, también era terca y estaba decidida a doblegar cualquier oposición a la unión con el hombre al que amaba. Debió librar una lucha ardua, pues en aquella época la clase dirigente era capaz de ejercer gran influencia, y Felipe no formaba parte de ella.

Durante los últimos setenta años, el príncipe Felipe, el más competitivo de los hombres, ha tenido que caminar dos pasos por detrás de su mujer en público. Podría haber sido un papel imposible para un hombre de su carácter, pero afortunadamente la reina es una de esas tradicionales que cree que un hombre ha de ser el señor de su casa. Siempre ha reconocido lo difícil que es, para alguien tan obsesionado con su imagen masculina como su marido, estar casado con una esposa que en todo momento tiene preferencia sobre él. Si el compromiso es el ingrediente esencial del matrimonio, este ha sido especialmente vital para la reina y el príncipe Felipe. El suyo es un mundo sorprendentemente pequeño del que no hay escapatoria. En sus asuntos personales, solo se tienen el uno al otro para buscar consuelo y apoyo. Y, al vivir siempre el uno pegado al otro, ambos deben hacer concesiones mutuas si no quieren que la vida se vuelva tan claustrofóbica que sería insoportable.

La reina y el príncipe Felipe se adaptaron en los primeros años de unión y su matrimonio ha sido un éxito gracias a ello. Siguen estando cercanos e, incluso después de siete décadas, el rostro de la reina se ilumina cuando Felipe entra en la sala. Cuando en 1952 debió tomar inesperadamente las riendas de la monarquía, se encontraba abrumada por las presiones masculinas de la corte, al tiempo que luchaba por aceptar la prematura muerte de su padre. En ese momento, sin que pareciera estar haciéndolo, el príncipe Felipe asumió el insólito papel de defensor de su mujer y se convirtió en padre y madre de sus hijos, permitiendo a la reina hacerse cargo de las obligaciones de su cargo.

Hasta ahora, año en que ha decidido anunciar que abandonaría sus funciones oficiales, la contribución del príncipe Felipe al matrimonio real y a todo lo que este implica ha pasado ampliamente desapercibida, y espero que este libro ayude a corregir esa omisión.

A lo largo de los años, la reina y el príncipe Felipe han intentado controlar la especulación e intrusión en sus vidas privadas y en las de su familia. Sin embargo, a menudo han debido enfrentarse a una prensa a la que rara vez parecía importarle si las historias eran ciertas... mientras les proporcionaran unos titulares llamativos.

El fracaso del matrimonio de su hijo y heredero, el príncipe Carlos, con la inocente lady Diana Spencer desde luego lo hizo. Fue el peor momento de su largo reinado. Ella nunca había previsto estar en la situación de tener que escribir tanto a su hijo como a su nuera para decirles que era conveniente que se divorciaran. Aquello iba contra todo lo que le habían enseñado y chocaba con sus fuertes creencias religiosas y su cargo de defensora de la fe cristiana. Las cosas empeoraron aún más con la muerte de Diana un año y un día después de que terminara el proceso de divorcio. Sin el fuerte apoyo moral de su marido, la reina bien podría haberse venido abajo, pero no lo hizo. En noviembre de 1997, tres meses después de la muerte de Diana, ambos celebraron sus bodas de oro, y ella homenajeó a su marido diciendo que había sido «su fuerza y apoyo durante todos estos años». De forma más personal, se refirió por primera vez a su «constante amor y dedicación».

El septuagenario matrimonio de Isabel y Felipe ha sobrevivido a algunas de las épocas más turbulentas de la historia de Gran Bretaña. Desde los oscuros tiempos de la posguerra a los igualmente sombríos de la época del terrorismo que ahora vivimos, la reina y el príncipe Felipe lo han visto todo. Presenciaron llenos de tristeza cómo el matrimonio de no uno sino tres de sus hijos acababa en divorcio, pero han vivido lo suficiente para ver cómo todos ellos seguían adelante. Han disfrutado de bastante salud como para ver crecer a muchos de sus nietos y pueden comenzar el mismo proceso ahora con sus bisnietos. Nadie puede pedir más. La historia de cómo lo han logrado es lo que se cuenta en este libro.

Capítulo 1

La celebración de la boda

«Lilibet es lo único en este mundo que me resulta auténtico, y mi propósito es que ambos formemos una nueva vida juntos...». Esto escribía el príncipe Felipe a los veintiséis años a su suegra dos semanas después de su matrimonio, celebrado el 20 de noviembre de 1947. Sería el modelo de su vida juntos y era tanta su pasión en aquel momento que siguió desarrollando el tema.

«¿Apreciar a Lilibet? Me pregunto si ese término basta para expresar lo que siento dentro. ¿Se aprecia simplemente el sentido del humor de alguien, o su oído musical, o sus ojos? No estoy seguro, pero sé que doy gracias a Dios por ellos y también, muy humildemente, doy gracias a Dios por Lilibet y por que estemos juntos».

Dos noches antes de la boda, siguiendo la tradición de la realeza, el rey y la reina ofrecieron un gran baile en el palacio de Buckingham. Lady Pamela Mountbatten, prima de Felipe, que se encontraba entre los mil doscientos invitados, admitió que sus recuerdos de adolescente del día de la boda habían quedado deslumbrados por aquel baile. Sin duda, fue algo memorable tras todos los años de austeridad de la posguerra.

Las fincas de la familia real proporcionaron muchas piezas de caza, preparadas por los chefs, y de las bodegas se sacaron los mejores vinos y champanes. El menú, que incluyó langosta, pavo, suflé de vainilla y cerezas en brandy, se degustó sobre la vajilla de gala, y en el centro de cada mesa redonda de ocho comensales se colocó un jarrón dorado con rosas y claveles amarillos.

A algunos de los invitados todo esto debió de resultarles excesivo, porque parece ser que durante la velada un marajá indio se emborrachó tanto que intentó golpear al duque de Devonshire, aunque nadie sabe por qué. Hacia el final de la noche o, mejor dicho, a la mañana siguiente, el rey condujo una conga a través de los aposentos reales antes de que la comitiva se sentara a desayunar. Carroll Gibbons, uno de los directores de orquesta preferidos del rey, acometió bajo la tribuna del órgano un programa de foxtrots, valses y rumbas. Los pajes comunicaban al director las peticiones de los invitados e incluso se produjo un revuelo de pánico cuando la princesa Isabel solicitó un tema que la orquesta no conocía. Finalmente, Gibbons se sentó al piano acompañado tan solo por su principal saxofonista. En un momento, el salón de baile se llenó de los evocadores compases de la melodía que tocaba al piano, únicamente de memoria, Gibbons junto a su saxofonista.

La princesa lucía un vestido de un intenso coral y presumía encantada de su anillo de compromiso, diseñado personalmente por Felipe a partir de las joyas familiares de su madre, la princesa Alicia. «Estaba preciosa —reconoció lady Margaret Colville, la dama de compañía de la princesa esa noche—. Efervescente».

«Lilibet era una joven encantadora, muy guapa, y ambos estaban enamorados —recordaba lady Pamela Mountbatten—, pero a él le horrorizaba que ella acabara siendo la reina de Inglaterra. Eso pondría fin a su prometedora carrera naval.

¿Qué haría el resto de su vida, siempre dos pasos por detrás? Creo que pensaba que, o bien estaba siendo un idiota al asumir algo así, o bien debía tomárselo en serio, que es lo que ha hecho. El problema es que ellos no esperaban tener que aceptar ese empleo hasta que tuvieran más de cincuenta años.

Tan pronto como se anunció el compromiso, lord Mountbatten, el padre de Pamela, comenzó a hacerle ver a Felipe sus opiniones sobre cómo debería organizarse la ceremonia y cómo debería dirigirse la nueva familia. Isabel estaba al corriente de los planes de Mountbatten, entrometidamente ambiciosos, y no le gustaban. Esta opinión la compartía su madre, aunque no necesariamente su padre.

Felipe sabía cómo responder y amonestó a su agobiante tío por carta: «No quiero ser grosero, pero parece ser que te atrae la idea de ser el director general de este pequeño espectáculo, algo que me temo que ella no se tomará tan dócilmente como yo. Es cierto que sé lo que me conviene, pero no olvides que ella [Isabel] no te ha tenido como tío, consejero y amigo *in loco parentis* tanto tiempo como yo».

Hacia mediados de octubre, a los más de dos mil invitados ya se les habían enviado las invitaciones de boda, que llevaban el distintivo matasellos del monograma real. Los asistentes más ilustres eran, y aún son, llamados los «cuatrocientos mágicos». Se trataba de los miembros de la realeza de toda Europa, y debían ser invitados independientemente de que conservaran el trono o se les hubiera desposeído de este. Y, por supuesto, también estaban sus amigos personales, que conformaban el círculo íntimo.

Como apenas habían transcurrido dos años desde el final de la guerra, el rey decidió que no había lugar a invitar a las hermanas del príncipe Felipe, ya que su vínculo con Alemania era aún demasiado vergonzoso (se habían mudado a dicho país desde París a principios de los años treinta para casarse con aristócratas germánicos y permanecieron en él durante la guerra). «Tan poco tiempo después de la guerra, no podíamos invitar a "esos bárbaros" —recordaba lady Mountbatten—. Creo que Felipe lo entendió, pero sus hermanas no lo hicieron. Durante años le siguieron recriminando: "¿Por qué no se nos permitió ir a tu boda?". Y es que tampoco es que ellas fueran tropas de asalto».

Siguió siendo un tema tan sensible que hasta 2006 el príncipe Felipe no rompió su silencio público de sesenta años acerca de los vínculos de su familia con los nazis. Lo hizo al conceder una entrevista para un libro titulado *Royals and the Reich* [La realeza y el Reich] y explicó que, como muchos otros alemanes, su familia vio con buenos ojos la intención inicial de Hitler de restaurar el poder y el prestigio de Alemania.

«Se produjo un gran progreso en algunas cosas, como la puntualidad de los trenes o la construcción —explicó Felipe—. Se extendió un sentimiento de esperanza tras el depresivo caos que supuso la República de Weimar. Puedo entender que la gente se aferrara a algo o alguien que parecía apelar a su patriotismo e intentar que las cosas funcionaran. Es comprensible que fuera atractivo». Sin embargo, el duque puso énfasis en que nunca fue «consciente» de que nadie en su familia expresara ninguna opinión antisemita.

De los siete hermanos de su padre habían fallecido todos salvo uno, pero este, su tío Jorge, asistió a la boda acompañado de su mujer, María Bonaparte, y su hija, Eugenia, además de varios primos y primos políticos, entre los que se encontraban la princesa Elena de Rumanía, la reina Alejandra de Yugoslavia y la reina Federica de Grecia.

La boda se anunció como un símbolo de esperanza para el futuro de un país devastado por la guerra. Aún había socavones causados por las bombas en muchas calles; a veces algunos edificios se venían abajo solos, o debían ser apuntalados con andamios, y cada semana se descubría alguna bomba sin explotar. Calles enteras hubieron de ser demolidas y por todas partes existían edificios dañados en los que uno o dos de los pisos se encontraban al descubierto. Retazos de papel pegado volaban por el aire y escombros de alguna estancia medio derruida se apilaban contra lo que quedaba en pie de los muros. Aunque estaba a punto de aterrizar el invierno más frío que se recordaría, el día de la boda, 20 de noviembre, se alcanzó la temperatura de 15 °C debido a una inusual corriente tropical.

Incluso a pesar de que la guerra había acabado hacía unos treinta meses, el país seguía sometido al racionamiento. Pan, carbón, dulces, ropa, muebles y jabón eran algunas de las cosas que escaseaban. Como concesión especial, se acordó que se permitiría que la Household Cavalry escoltara a la princesa vistiendo su uniforme de gala en lugar del de combate. Al ser un periodo de tal austeridad, en principio la boda iba a celebrarse de forma sencilla e íntima en la capilla de San Jorge, en Windsor, a fin de evitar ningún despliegue de ostentación, pero finalmente el gobierno laborista cedió y permitió que la celebración se convirtiera en un evento público. Se dieron cuenta de que una festividad así solo podría iluminar el corazón del pueblo, hastiado de la guerra, que mostró una asombrosa generosidad cuando se comunicó la noticia. Las mujeres enviaron azúcar y harina de sus magras raciones para ayudar a elaborar la tarta de boda; otras mandaron las preciadas medias de nailon y trazos de tela que tenían guardados. Algunos incluso remitieron sus cupones de ropa, si bien estos debieron ser devueltos pues era ilegal traspasarlos.

La *Radio Times*, la publicación más popular del momento, conmemoró la boda con una portada de lujo. La revista describía, asimismo, la celebración que había tenido lugar dentro de la abadía de Westminster, la ruta del cortejo real y un programa de la ceremonia. Al tratarse de la primera boda real en ser ampliamente filmada y retransmitida por televisión, su cobertura precisó una gran dosis de ingenio por parte de la unidad móvil exterior. Los problemas técnicos de la televisión de la época eran tan importantes que se decidió anunciar solo la mitad de lo que la BBC tenía intención de filmar por si acaso las cosas iban mal. Así fue como la revista anunció el programa:

LA BODA REAL

JUEVES, 20 DE NOVIEMBRE

Enlace de S. A. R. la PRINCESA ISABEL con el teniente de la Marina Real FELIPE MOUNTBATTEN, en la abadía de Westminster.
11.03 El cortejo de Su Majestad la Reina sale del palacio de Buckingham.
11.16 El cortejo de Su Majestad el Rey y Su Alteza Real la Novia sale del palacio de Buckingham.
11.30 CEREMONIA.
12.30 Salida de la Novia y el Novio de la abadía de Westminster y regreso de los cortejos al palacio de Buckingham.

COMENTARISTAS

Wynford Vaughan-Thomas (interior de la abadía)
Richard Dimbleby (exterior de la puerta Oeste de la abadía)
Peter Scott (desde el tejado de Santa Margarita, Westminster)

Audrey Russell (en las inmediaciones del Arco del Almirantazgo)
Frank Gillard (exterior del palacio de Buckingham)
Se espera interrumpir la programación de la tarde para ofrecer
una descripción de la salida de la Novia y el Novio en
su luna de miel.

LA CEREMONIA DE LA BODA

Fanfarria (Bax)
Durante el cortejo de la Novia, himno: «Praise, My Soul, The
King Of Heaven» (Goss).
Lectura de una introducción por parte del Deán.
Celebración del Matrimonio por parte del Arzobispo de Can-
terbury.
Salmo 67 (Bairstow)
Letanía, Lectura de la Palabra de Dios y Responso por parte
del Chantre.
Oraciones y Bendiciones por parte del Deán.
Motete: «We wait for thy loving kindness, O God» (McKie).
Homilía por parte del Arzobispo de York.
Himno: «The Lord's My Shepherd» (Crimond).
Oración y Bendición finales por parte del Arzobispo de Can-
terbury.
«Amen» (Orlando Gibbons).
Fanfarria (Bax)
Himno Nacional
Durante la firma del Registro:
Himno: «Blessed by the God and Father» (S. S. Wesley).
Fanfarria (Bax)
Marcha Nupcial (Mendelssohn)

Cincuenta y cinco micrófonos de la BBC permitieron a los oyentes de todo el planeta compartir la emoción. Los periodistas situados a lo largo del recorrido y en el exterior de la abadía narraron la llegada de los invitados y, desde su posición sobre el Victoria Memorial, Frank Gillard describió la salida de la novia de su hogar junto a su padre, el rey. Más adelante, en el Mall, Audrey Russell, situado sobre el tejado de la Ciudadela del Almirantazgo, tomó el testigo de manos de Gillard. Después, cuando el carruaje Irish State Coach, en el que viajaba la princesa Isabel, siguió su camino a lo largo de todo Whitehall, la retransmisión conectó con el interior de la abadía para que Wynford Vaughan-Thomas ofreciera su impresión de la escena. Cuando terminó de realizarla, Peter Scott tomó el testigo desde el tejado de la iglesia de Santa Margarita. Anunció la llegada de la novia a la plaza del Parlamento y un momento después el prestigioso periodista Richard Dimbleby describió la llegada del carruaje a la puerta Oeste de la abadía.

Alejado de todo lo que ocurría en el interior de la abadía, el ingeniero a cargo de la retransmisión estaba sentado tras su panel de control. Desde este se controlaban veintiséis circuitos de sonido y él debía decidir cuándo pasar de uno a otro y cuándo fundir las campanas de la abadía con el sonido de la multitud vitoreando a la princesa Isabel y al teniente Mountbatten mientras salían de la abadía.

A las siete de la mañana en que se iba a celebrar la boda, John Dean (el ayuda de cámara del príncipe Felipe) había llamado a la puerta del dormitorio del duque de Edimburgo, que se alojaba en el palacio de Kensington, y había entrado con el té. «Se despertó de inmediato y se encontraba en plena forma, extremadamente alegre y nada nervioso en absoluto —recordaba Dean—. Se había celebrado un ensayo de la ceremonia el día anterior para que todos supiéramos exactamente qué debíamos hacer, y yo tenía claro el horario del día al segundo».

Después de que Felipe se hubiera vestido y hubiera desayunado un café y una tostada, el ayuda de cámara le tendió con cautela la espada, dándose cuenta de que estaban listos demasiado pronto. «Cómo resistió el duque la tentación de encenderse un cigarrillo, no lo sé —recordaba Dean—. Lo había dejado la noche anterior y no se quejó». A pesar de que fuera tan temprano, Felipe y David Milford Haven, su padrino de boda, o «partidario», como suele llamarse en los círculos de la realeza, apuraron un *gin-tonic* para brindar por los últimos momentos de soltería de Felipe.

En la víspera de la boda, el rey había admitido en la familia real al teniente Mountbatten al nombrarle caballero de la Orden de la Jarretera y autorizarle a utilizar el título de «Alteza Real», al que había renunciado al convertirse en súbdito británico. Asimismo, el rey le había concedido el ducado de Edimburgo, que había sido creado originalmente por Jorge II en 1727 para el príncipe Federico, su hijo y heredero.

Mientras tanto, en el palacio de Buckingham, por una vez la doncella de la princesa, Margaret *Bobo* MacDonald, no había tenido que despertar a «su niñita», como siempre la llamaba ella. Isabel ya estaba levantada y con la bata puesta, sentada a la ventana mirando a la multitud. «No puedo creer que de verdad esté pasando, Crawfie —le dijo a Marion Crawford, su antigua institutriz, que se acercó a ella—. Tengo que pellizcarme todo el rato».

Para las 11.25, el príncipe Felipe y David Milford Haven habían ocupado sus puestos en el interior de la abadía para esperar la llegada de la novia y el rey.

Eileen Parker, invitada junto a su marido, Mike (ligeramente resacoso al haber participado en la despedida de soltero de Felipe la noche anterior), recordaba el momento: «Al sentarnos, el órgano empezó a tocar el concierto en do mayor de Elgar. De repente, toda la congregación se puso en pie de nuevo y me pregunté a quién se debería. La princesa Isabel debía salir del palacio exactamente a las 11.03 para llegar a la abadía a las 11.28. Volviéndome ligeramente, pude vislumbrar cómo Winston Churchill recorría el pasillo junto a su mujer. Fue emocionante verlos tan cerca».

Seis reyes y siete reinas se encontraban presentes; se trataba de la mayor reunión de monarcas, reinantes o exiliados, que nadie podía recordar. Cuando el sonido de los vítores que llegaban del exterior de la abadía pasó de un ruido sordo a un tremendo clamor, el conmovedor himno «Praise My Soul, The King Of Heaven» proporcionó el telón de fondo vocal a la entrada de la princesa y el rey. La joven novia, en su traje de raso en blanco marfil, diseñado por Norman Hartnell, caminaba del brazo de su padre, ataviado con el uniforme del almirante de la flota. Justo detrás de ellos y tres pasos por delante de las otras damas de honor, en deferencia a su rango, entraba sola la princesa Margarita.

Si bien el arzobispo de York estaba en lo cierto, debió de sonar inverosímil que dijera ante tantas galas juntas —tiaras, sombreros de copa, vestidos largos, uniformes y trajes de ceremonia— que el matrimonio era «esencialmente igual que el que habría contraído cualquier granjero que se hubiera casado esa tarde en una capilla de algún remoto pueblo de los Yorkshire Dales».

Tras la ceremonia, la duquesa de Edimburgo colocó su ramo nupcial —que estuvo brevemente perdido mientras todo el mundo se preparaba— sobre la Tumba del Soldado Desconocido. Cuando los recién casados regresaron al palacio de Buckingham en el carruaje Glass Coach, la policía perdió temporalmente el control y la multitud irrumpió a través del cordón en el patio delantero del palacio.

El rey, que pareció estar al borde de las lágrimas durante la firma del registro, no dirigió ningún discurso durante el banquete, simplemente levantó su copa para brindar «por la novia». Poco antes le había confesado al arzobispo que llevar al altar a su hija le había conmovido más que casarse él mismo.

Según la perspectiva de Crawfie, más simplista, el banquete fue «un alegre almuerzo»: «Las mesas estaban decoradas con ramos de zarzaparrilla [una planta de bayas rojas] y claveles blancos y en cada uno de nuestros sitios había un pequeño ramo de brezo blanco, enviado desde Balmoral. La famosa vajilla dorada y los lacayos en su uniforme escarlata le concedían a todo un ambiente de cuento de hadas».

De hecho, estos siempre se quedan al otro lado de las puertas, cerradas a cal y canto, de la Bow Room, apareciendo solo cuando se los llama. Dentro del santuario, la familia real y sus invitados degustaron un bufé frío, realizaron los brindis de felicitación y cortaron la tarta —con una espada—, lo que a menudo provoca muchas risas bienintencionadas.

Unos días después, cuando ya se encontraba de vuelta en Atenas, Alicia, la madre del príncipe Felipe, le escribió: «Qué maravilloso resultó todo, me reconfortó verte tan genuinamente feliz y notar que tu decisión era la correcta desde todos los puntos de vista». Alicia también escribió una detallada descripción de veinte páginas de la boda que envió a las hermanas de Felipe, ausentes.

El padre de la princesa escribió una carta a su hija llena de amor y orgullo explicándole cómo sería su vida sin ella:

No sabes lo orgulloso de ti que me sentía y la ilusión que me hacía tenerte tan cerca de mí al recorrer el camino al altar de la abadía de Westminster, pero cuando entregué tu mano al arzobispo sentí que había perdido algo muy precioso. Tú estuviste muy tranquila y serena durante la celebración y dijiste lo que debías con tal convicción que supe que todo iba bien.

Me encanta que hayas escrito a Mamá para decirle que, en tu opinión, la larga espera antes del compromiso y los meses antes de la boda han sido para bien. Me preocupaba mucho que pensaras que estaba siendo muy severo al respecto. Tenía muchas ganas de que vinieras a Sudáfrica, como sabes. Nuestra familia, nosotros cuatro, la familia real, debe permanecer unida, aunque se unan algunos miembros en los momentos oportunos. Te he visto crecer todos estos años con orgullo bajo la hábil dirección de Mamá —quien, como sabes, es la persona más maravillosa del mundo para mí— y puedo, lo sé, contar siempre contigo, y ahora con Felipe, para que nos ayudéis en nuestra tarea.

Tu marcha ha supuesto un gran vacío en nuestras vidas, pero recuerda que este sigue siendo tu hogar y que puedes volver tanto tiempo y con tanta frecuencia como desees. Soy consciente de que eres completamente feliz con Felipe, lo que está muy bien, pero espero que no nos olvides.

Tu padre, que te quiere y adora.

Aunque años más tarde recordaría el gran baile de forma más vívida, a Pamela Mountbatten también le conmovió la ceremonia. El día en sí, comentaba, se convirtió en un alegre recuerdo borroso. Su sensación al ver a la pareja real —ambos parientes suyos— era la de estar frente a dos personas inmersas en un cuento de hadas.

«Felipe era el príncipe azul —afirmaba—. Pero más guapo que en los cuentos, porque era muy viril. Y ella, con esa maravillosa complexión, estaba impresionante. Con el carruaje dorado y los caballos, parecían una especie de visión. Diluviaba, pero la multitud, al más puro estilo británico, lo ignoró e hizo cola toda la noche a fin de guardar su sitio. Ver después desde el balcón cómo el enorme gentío se concentraba a las puertas del palacio me produjo una sensación increíble».

Recordaba a la dama de honor más joven, la princesa Alejandra —la prima de la novia, de doce años—, corriendo alborotada mientras las mayores fingían estar horrorizadas. La princesa Margarita, primera de las damas de honor, «puso firmes» a las otras y la reina Juliana de los Países Bajos «murmuraba sobre lo sucias que estaban las joyas de todos».

Como recordatorio, el príncipe Felipe regaló a las damas de honor una polvera de plata y oro rosa que él mismo había diseñado. En una de las escasísimas entrevistas que concedió nunca, lady Elizabeth Longman recordaba el modo brusco en que el príncipe Felipe ofreció el generoso presente, como si estuviera avergonzado, lo que sin duda era cierto. «Nos las repartió —afirmaba ella— como si estuviera jugando a las cartas. Cuando las comparamos, nos alegró mucho comprobar que eran ligeramente diferentes, si bien todas llevaban las iniciales de los novios».

Pamela Mountbatten añadió: «La mía tiene seis zafiros en la parte baja. Solía llevarla en el bolso siempre, pero ya no es seguro hacerlo cuando una va en el autobús, el metro o caminando por la calle». Sin embargo, reconoce que la mayor decepción de la boda fue que el príncipe Balduino, heredero al trono belga, rechazara acompañar a las damas de honor a Ciro's, el club nocturno al que se trasladó la fiesta. «Era el único joven presente. Todas pensamos: "Alto, moreno y futuro rey". Pero él no quiso arriesgarse. Nos pareció que no podía ser más soso».

David Milford Haven, el primo y padrino de boda de Felipe, se decidió por Ciro's porque la mayoría de sus amigos no se habrían dejado ver por allí ni muertos y pensó que las damas de honor, tan jóvenes y espontáneas, se sentirían más cómodas en aquel lugar acogedor.

Cuando los recién casados bajaron, cogidos de la mano, la gran escalera curva del palacio de Buckingham para partir en su luna de miel, fueron rociados con pétalos de rosas. En el exterior, un landó abierto de dos caballos esperaba para llevarlos a la estación de Waterloo, donde tomarían el tren a la mansión de Broadlands, en Hampshire, hogar de los Mountbatten. Arropada bajo las mantas de cuadros y un par de bolsas de agua caliente, se encontraba Susan, la peluda corgi galesa de la reina, que pasaría la luna de miel con ellos. Los invitados siguieron el carruaje hasta las verjas frontales del patio del palacio, e incluso la reina se remangó la falda y corrió hasta la reja para verlos desaparecer entre la multitud, que los vitoreaba después de haber esperado tanto para hacerlo.

El comienzo de la luna de miel no fue nada excepcional. La prensa hizo todo lo que estuvo en sus manos para robar fotografías de los recién casados. Desde que llegaron a la estación de Romsey, los siguió durante diecisiete kilómetros hasta las verjas de la mansión de Broadlands. Los Mountbatten se encontraban en la India, controlando el proceso de independencia, y durante su ausencia las cosas no estaban funcionando del todo bien. El domingo por la mañana, cuando la pareja llegó a misa a la abadía de Romsey, los fotógrafos tenían tantas ganas de tomar una imagen de ellos que habían colocado escaleras de mano contra las paredes del templo para poder mirar a través de las ventanas de la abadía. Fue el bautismo de fuego de la pareja real, pero una vez se encontraron en Birkhall, Escocia, los dejaron solos en el lugar más romántico que se podía imaginar.

La princesa escribió a su madre para contarle lo feliz que era, pero también para decirle que se había dado cuenta de cuántos cambios iba a traer el matrimonio a su vida. Quería pedirle consejo a su madre sobre cómo lidiar con el espíritu libre de su marido y con la tradición de las anticuadas formalidades de la corte. «Felipe es terriblemente independiente —le escribió— y entiendo que el pobre quiera comenzar con buen pie ahora que debemos [subrayado] hacer las cosas por nosotros mismos». Ella sabía que sería difícil para ambos, dado que él estaba muy acostumbrado a hacer lo que quería, encontrarse ahora encerrados en una sucesión de salas de un palacio inmenso y vetusto en el que todo se encontraba sujeto a un interminable protocolo. Era consciente también de que él encontraba a muchos de los cortesanos pomposos, ridículamente conservadores y estirados, al tiempo que ellos lo veían a él brusco y grosero. Estaba claro que para ganarse el respeto que su posición exigía debía trazar una estrategia a largo plazo.

«Todo es tan agradable y tranquilo ahora —continuaba la princesa en su carta—. Felipe está leyendo tumbado en el sofá, Susan se estira delante del fuego, Rummy casi está dormido en su caja, al lado de la chimenea, y yo te escribo esto sentada en uno de los sillones que hay junto al fuego (¡para que veas lo importante que es la chimenea!). ¡Es como estar en el cielo!».

«Hacía un frío glacial y nevaba muchísimo, pero el fuego de leña mantenía la casa acogedora», recordaba John Dean, el ayuda de cámara de Felipe. Dean y la doncella de la princesa, Bobo MacDonald, tuvieron que trabajar juntos debido a sus cargos, y Dean reconoce que él disfrutó mucho de la compañía de ella una vez que logró «ablandarla un poco»: «Era una maravillosa bailarina y muy divertida, con un agradable sentido del humor. Pero incluso cuando nos encontrábamos en alguna aldea y acudíamos al pub local, siempre se dirigía a mí como "señor Dean"».

La presencia de Bobo en la vida del príncipe Felipe fue mucho más problemática. Felipe y Lilibet eran unos jóvenes amantes que deseaban la privacidad que con frecuencia se les negaba. La princesa estaba acostumbrada a estar rodeada de empleados y a menudo ignoraba la presencia de estos, pero Felipe no. Le molestaba no poder estar a solas con su mujer cuando lo deseaba y no esperaba encontrar a Bobo todo el rato al lado de su esposa, incluso cuando esta se encontraba en el baño.

«A él la vida en la corte le resultó muy frustrante al principio —explicaba lord Brabourne, marido de Patricia Mountbatten—. Era muy agobiante. [Tommy] Lascelles [secretario particular del rey] era imposible. Eran crueles con él. Lo subestimaban. Lo trataban como a un extraño. No era divertido. Él se lo tomaba a risa, pero seguro que le dolía. No estoy seguro de si la princesa Isabel se daba cuenta. De alguna manera, el matrimonio apenas modificó la vida de ella. Pudo seguir haciéndolo todo como antes. Al casarse, ella no sacrificó nada. En cambio, la vida de él dio un vuelco. Él renunció a todo».

El príncipe no podía escapar del protocolo real, ya que incluso debieron vivir con sus cuñados en el palacio de Buckingham mientras se reformaba Clarence House. La vieja guardia de palacio encontraba a Felipe difícil, pero más aún, les preocupaba que no tratara a la princesa con la sensibilidad que creían que ella merecía y necesitaba.

Según el rabino Arthur Herzberg, un prestigioso escritor estadounidense que ha hablado mucho con Felipe: «Ha perdido su verdadera identidad. Una vez me dijo que se ve a sí mismo como un cosmopolita europeo». Pamela Mountbatten confirmó que aquello era difícil para él: «Sabía que lo estaban echando a los leones. Era muy consciente de cómo se le estaba tratando y de lo mucho que tendría que luchar para defender su posición y su independencia [contra la clase dirigente]. Lo que no sabía era lo encarnizada que sería la batalla».

Como apoyo, la pareja escogió a un equipo reducido, pero fiel. Jock Colville, diplomático y antiguo secretario particular adjunto de Neville Chamberlain, Churchill y Clement Attlee entre 1939 y 1945 en Downing Street, fue recomendado por Lascelles y se convirtió en secretario particular de la princesa Isabel hasta 1949. Pero Felipe escogió al australiano Mike Parker como su secretario particular y este también desempeñó las labores de caballerizo de la pareja. El interventor y tesorero de la casa de Edimburgo era sir Frederick *Boy* Browning, casado con la novelista Daphne du Maurier y antiguo jefe de gabinete de Louis Mountbatten.

En esa época, la clase dirigente era sin duda capaz de ejercer una gran influencia personal, solucionando los problemas a menudo mediante unos buenos whiskies o una partida de *bridge*. Rara vez se discutían las cosas de forma abierta, pero las soluciones siempre se encontraban de modo discreto. Las figuras de la clase dirigente eran poderosas de forma prudente, serena y modesta. Nunca admitían errores, nunca se quejaban unos de otros, nunca dimitían y nunca se les llevaba la contraria. El príncipe Felipe no encajaba en este mundo ni por asomo. «Si quien se hubiera casado con la reina hubiera sido algún aristócrata de la clase dirigente —observaba Richard Charteris, antiguo obispo de Londres—, todo el mundo se habría muerto de aburrimiento. Y Felipe podría ser muchas cosas, pero aburrido no».

El primer año de matrimonio, al vivir en el palacio de Buckingham, no fue sencillo, pero finalmente Clarence House volvió a estar disponible. «Estaba hecha un desastre —recordaba Mike Parker—. Pero se reformó muy rápido, y ellos la amueblaron con muchos de sus regalos de boda». Tras una infancia algo agitada, este era el primer hogar de verdad que tenía el príncipe Felipe. Por fin había encontrado la felicidad y la estabilidad con la mujer a la que amaba, pero ambas cosas iban a ser muy breves.

Capítulo 2

Contrastes de niñez

La princesa Isabel, futura reina de Inglaterra, y el príncipe Felipe de Grecia nacieron en una época en la que era casi impensable que un miembro de ninguna de las casas reales europeas se casara con un plebeyo. Los príncipes se casaban con princesas, los miembros de casas reales se casaban con sus primos, miembros de otras casas reales. Cuando en 1840 la reina Victoria se casó con su primo, el joven príncipe Alberto de Sajonia-Coburgo-Gotha, se formó una dinastía que emparentó los tronos de Gran Bretaña, Dinamarca, Grecia y Rusia con los grandes ducados de Prusia.

La princesa Isabel llegó al mundo a las 2.40 de la mañana del 21 de abril de 1926 en el número 17 de Bruton Street, en el corazón del londinense barrio de Mayfair. En aquella época, Londres era la ciudad más grande del mundo, así como la más contaminada y sucia, y tenía una población cercana a ocho millones de habitantes. En Hyde Park aún estaban permitidas las ovejas, cuya lana se llenaba de hollín debido a la gran cantidad de humo que había en el aire, pero estas mantenían la hierba corta y los pastores competían para que sus lanudos rebaños pastaran en los parques de la ciudad.

La aristocracia británica, con sus enormes y estupendas mansiones y fincas, disfrutaba de inmensos privilegios, y a pesar de que la Primera Guerra Mundial había alterado la estructura de clases doméstica, sus vidas seguían desarrollándose alrededor del calendario deportivo. En Mayfair, la mayoría de las casas de cinco pisos eran de propiedad privada y disponían de magníficos salones de baile. Habitualmente se encontraban vacías durante las temporadas de caza, cubriéndose en ellas con sábanas blancas un mobiliario que solo volvía a la vida durante la temporada londinense. Los grandes almacenes más elegantes eran Harrods, que se jactaban de contar con una espléndida sección de alimentación y cuyo edificio actual fue finalizado en 1905, y Selfridges, inaugurado en 1909. A pesar de ello, existían muy pocos grandes hoteles, como el Savoy y el Ritz, ya que Grosvenor House no abrió hasta 1929. Allí aprendería a patinar sobre hielo la pequeña princesa a los siete años, en la pista de patinaje existente en el Gran Salón y cuya maquinaria aún se encuentra bajo el suelo de esa sala.

La casa en la que nació la princesa era el hogar londinense de sus abuelos, el conde y la condesa de Strathmore, dueños también de una propiedad en Escocia (el castillo de Glamis) y una casa de campo en Walden Bury, Hertfordshire. La casa de Bruton Street, de doble fachada con columnas, ya no existe, pero, frente a donde estuvo esta, la fachada del número 10, edificio de la década de 1930 donde se encontraba la sala de muestras del diseñador Norman Hartnell, ofrece una idea de la grandeza que ostentaba la zona.

En aquellos años, una pinta de leche costaba tres peniques y una vivienda media rondaba las seiscientas veinte libras, frente a las doscientas noventa mil libras de hoy. En una época en la que la mayoría de la gente fumaba, un paquete de veinte cigarrillos costaba menos de un chelín. La última moda del año eran los crucigramas del periódico, que comenzó a imprimir en 1924 el *Sunday Express*, imitándolo pronto el resto de diarios. «Sería algo imprudente, incluso para los más instruidos, menospreciar la actual moda de los crucigramas. Después de todo, el vocabulario de la mayoría de nosotros es incómodamente limitado», escribía el *Yorkshire Observer*.

A los británicos también les encantaba leer excitantes novelas de intriga e historias de detectives; Edgar Wallace, que escribía para el *Daily Express*, era el autor más popular de la época. En ese año no se publicaron menos de dieciocho novelas de Wallace y en la segunda mitad de 1926 sus ventas alcanzaron la increíble cifra de setecientos cincuenta mil ejemplares. Entre sus devotos seguidores se encontraban el rey Jorge V y el primer ministro Stanley Baldwin. Wallace era una celebridad entonces y se consultaba su opinión sobre una gran variedad de temas. «Simplemente monstruoso», fue como describió el autor en el *Daily Express* la introducción por parte del gobierno de un impuesto sobre el juego ese mes de noviembre.

El año terminó con la transformación de la British Broadcasting Company en la British Broadcasting Corporation el 1 de enero de 1927. La primera retransmisión fue un baile de Año Nuevo, que comenzó con el tema «The More We Are Together The Merrier We Will Be» [Cuanto más estemos juntos, más felices seremos]. Las noches de estreno eran ocasiones de obligada etiqueta, vestidos largos en el caso de las damas, e, incluso en muchos hogares de clase media, se esperaba que la familia se arreglara para cenar y contara con servicio.

Sin embargo, no todo el mundo disfrutaba de tales privilegios. También existía el descontento social y, doce días después de que la princesa naciera, se convocó una huelga general por primera vez en la historia de Gran Bretaña. La huelga, que paralizó el país, fue precipitada por la retirada por parte del gobierno del subsidio a la industria minera y la disputa entre los empresarios del sector y los mineros sobre la propuesta de reducción de los salarios en una época en la que todo el país dependía del carbón.

Mucha gente, incluido el rey Jorge V, sentía simpatía por los mineros, debido a cómo habían sido tratados estos por sus empresarios, pero durante un tiempo el conflicto pareció representar una grave amenaza al orden público. Algunos ciudadanos aunaron esfuerzos para realizar las tareas que los huelguistas habían abandonado, como la descarga de alimentos de los barcos que llegaban a los muelles, la conducción de autobuses, etcétera. Mientras tanto, las chicas de la alta sociedad hacían de camareras para ayudar a alimentar a estos trabajadores interinos.

Fue en este mundo de malestar social y desempleo, por un lado, y de inmensos privilegios, por el otro, en el que nació la princesa. Su padre, el duque de York, era el segundo de cuatro hermanos, los hijos del rey Jorge V y la reina María, y el segundo en la línea de sucesión al trono. Su madre, lady Elizabeth Bowes-Lyon, era la hija de los condes de Strathmore, y una de esas maravillosas personas que iluminan una habitación con su energía cuando entran en ella. Elizabeth había rechazado al principio la propuesta de matrimonio del duque, agobiada al pensar que no disfrutaría de las exigencias de la vida de la realeza, pero él insistió y ella acabó aceptando. El 26 de abril de 1923, se convirtió en la primera plebeya en casarse con un miembro de la casa real en trescientos años.

Casi tres años después de ese día, la duquesa se puso de parto en una noche oscura y lúgubre de abril, mientras la lluvia azotaba las ventanas del dormitorio del piso de arriba, convertido en paritorio para el nacimiento. Los médicos que lo asistían eran sir Henry Simpson y Walter Jagger y, a primera hora de la mañana del 21 de abril, sir Henry decidió practicar una cesárea, dado que el bebé venía de nalgas. Como era costumbre en la época, el ministro del Interior, sir William Joynson-Hicks, estuvo presente y envió un mensaje al alcalde de Londres para anunciarle el inminente nacimiento. No mencionó nada de la cesárea.

Unas horas después, se anunció oficialmente que «Su Alteza Real la Duquesa de York había dado a luz a una princesa a las 2.40 de la mañana». La circular de la corte informaba de que el rey y la reina, que se encontraban en su residencia de Windsor, «recibieron con gran placer la noticia de que la Duquesa de York había dado a luz a una hija esa mañana».

Muchos de los periódicos nacionales pudieron contar la noticia del nacimiento en sus titulares ese mismo día y el *Morning Post* describía la siguiente escena: «En el exterior de la fachada gris del número 17 de Bruton Street, se fue aglomerando a la espera una multitud, ignorando la fuerte lluvia [...] Poco después apareció una impecable y eficiente enfermera que dirigió su mirada hacia la calle. Los rostros que se giraron hacia ella debieron de transmitir todos la misma pregunta, porque la dueña del uniforme contestó con un asentimiento y la sonrisa más tranquilizadora del mundo».

«Debo de haber sido una de las primeras personas, al margen de la familia real, en ver a la princesa —recordaba Mabell, condesa de Airlie, en sus memorias—. Pasé por el número 17 de Bruton Street el 22 de abril, el día después del nacimiento. Aunque en ese momento no podía imaginar que estaba rindiendo homenaje a la futura reina de Inglaterra, porque en aquella época se esperaba que el príncipe de Gales (entonces de vacaciones en Biarritz) se casara en uno o dos años».

Cuando nació, la pequeña princesa ocupaba el tercer lugar en la línea de sucesión al trono, inmediatamente después de su padre y el glamuroso hermano mayor de este, el príncipe de Gales. Detrás de ella estaban sus tíos el príncipe Enrique, quien más tarde sería el duque de Gloucester, y el príncipe Jorge, posteriormente duque de Kent, y su tía María, quien se convertiría en la princesa real.

La edición británica de la revista *Vogue* celebró el nacimiento de la nueva princesa, si bien su modelo preferido seguía siendo el príncipe de Gales, dado su gran atractivo, que lo colocaba al nivel de las estrellas de cine. Practicaba la caza del zorro en el exclusivo Quorn, jugaba al polo y saltaba a caballo; cenaba en Ciro's en París; bailaba en el Embassy Club londinense e imponía la moda en el vestir de un modo similar a como lo hace hoy la duquesa de Cambridge. Sus bombachos, el cuadro príncipe de Gales, sus jerséis Fair Isle, de punto y grecas, sus boinas y sus sombreros de paja ayudaban al negocio de la moda y, además, sus gestos de solidaridad con los desempleados lo hacían aún más popular.

Los York, en cambio, representaban la alegría doméstica. Según *Vogue*, el lema de la duquesa —«Quiero que sea una niña llena de volantes»— había sido adoptado por las niñeras de Mayfair en la época en que nació la princesa. Da fe de ello el relato acreditado de un antiguo miembro de la casa cuando describe los cambios de vestuario de la pequeña princesa. «Por la mañana, vestido blanco. Por la tarde, vestido entallado de cuerpo sencillo, mangas cortas y la importantísima falda corta compuesta de volantitos. A los londinenses les fascinaba verla de lejos paseando por el parque con un vestido rosa de capota clásica y sujetando sobre su cabecita con la mayor seriedad una sombrilla rosa diminuta».

Como a la mayoría de los niños pequeños, le encantaban los animales y a esa edad jugaba con los perros chinos de su madre, lady Strathmore, a los que le gustaba acariciar, y aplaudía y se reía dando saltitos cuando los veía. También disfrutaba pasando la mano por el lomo de los grandes perros de caza de su padre y viéndolo salir de cacería desde Naseby Hall, en Northamptonshire. Los duques se instalaban en esta casa durante la temporada de caza y la princesa pasaba gran parte del invierno allí cuidada por su niñera, Clara Knight. También le tenía mucho cariño a Charlotte, el loro gris de su abuelo, el rey Jorge V, y solía escoger terrones de azúcar para dárselos al pájaro cuando su abuelo estaba enfermo.

Más tarde, cuando los duques se mudaron desde la residencia Strathmore de Bruton Street a su propio hogar, en el número 145 de Piccadilly, las ventanas de su habitación de juegos, impregnadas de hollín, ejercían una gran fascinación en la pequeña princesa. No solo podía ver a los caballos de carga tirando de pesados carros, sino que cuando oía el trote de muchas pezuñas sabía que podría atisbar a los soldados sobre sus monturas abriéndose paso bajo el arco que daba a Constitution Hill.

Fue bautizada el 29 de mayo en la capilla privada del palacio de Bukingham, que tiempo después destruiría una bomba. La ceremonia fue presidida por el arzobispo de York, Cosmo Gordon Lang, y sus padrinos fueron lady Elphinstone (su tía); Arthur, el duque de Connaught (tío bisabuelo); la reina María y el rey Jorge V (abuelos paternos); el conde de Strathmore (abuelo materno); y la princesa María, vizcondesa Lascelles (su tía). Dicha ocasión fue descrita por Mabell Airlie, que atendía a la reina María como una de sus ayudas de cámara ese día: «Era un bebé precioso, aunque lloró tanto durante toda la ceremonia que, en cuanto esta acabó, su anticuada niñera [Clara Knight] le dio un biberón de infusión de eneldo, para sorpresa de las jóvenes madres modernas presentes y diversión de su tío, el príncipe de Gales».

Recibió el nombre de Isabel Alejandra María —por su madre, su bisabuela y su abuela, respectivamente— y lució el faldón de cristianar de satén color crema y encaje de Honiton que había sido vestido por los nueve hijos de la reina Victoria y posteriormente por todos los niños de la familia real desde 2004. Fue bautizada con agua del río Jordán, enviada desde Tierra Santa para la ocasión. La botella de agua bendita fue llevada a Bruton Street el día después de que finalizara la huelga general por Mabell Airlie, quien debió hacerse hueco a empujones para poder entrar. «Siempre hay gente esperando poder verla —le dijo el duque de York cuando finalmente lo logró—, pero nunca había habido tantos como hoy».

Este patrón de comportamiento duraría toda su vida. Pero en la década de 1920 y en gran parte de la de 1930, la idea de que la princesa Isabel fuera a convertirse en reina apenas se tomaba en consideración, y menos que nadie por los York, que deseaban ampliar gradualmente su familia. Confiaban en ir alejándose de la línea de sucesión gracias a los hijos que surgieran de un eventual matrimonio del príncipe de Gales, sin ser conscientes de lo que estaba por llegar.

Aunque en una ocasión el príncipe Felipe se describió a sí mismo como «un desprestigiado príncipe de los Balcanes sin méritos ni distinciones particulares», por sus venas corre sangre real por herencia tanto materna como paterna, y ambos podrían afirmar sus vínculos con la realeza desde hace generaciones. Tanto él como la princesa Isabel eran tataranietos de la reina Victoria y, como tales, primos lejanos. El padre de Felipe, el príncipe Andrés, era hijo del rey Jorge I de Grecia, un príncipe danés al que se había otorgado el trono griego. Su familia era más danesa que griega, de ser algo, aunque sería más preciso describirlo como un miembro de la gran familia de príncipes alemanes que llegarían a ocupar muchos de los tronos de Europa. Una de las hermanas del rey, Alejandra, se casó con el príncipe de Gales, más tarde rey Eduardo VII, y otra con Alejandro III, zar de Rusia. La madre de Felipe, la princesa Alicia de Battenberg, había nacido en el salón de Tapices del castillo de Windsor en presencia de su bisabuela la reina Victoria y había fallecido ochenta y cuatro años después en el castillo de Buckingham.

El padre del príncipe Felipe era alto, atractivo e inteligente y oficial del ejército griego. Tenía cuatro hermanos a los que les gustaba bromear entre sí. El príncipe Felipe recordaba: «Cualquier cosa podría ocurrir cuando juntabas a algunos de ellos. Eran como los hermanos Marx».

Cuando los padres de Felipe se comprometieron en 1903, el príncipe y la princesa de Gales —más tarde el rey Jorge V y la reina María— celebraron una fiesta en su honor en Marlborough House a la que asistió el rey Eduardo VII, quien declaró que «ningún trono europeo era demasiado bueno para Alicia». Su boda, que tuvo lugar en el gran ducado de Hesse-Darmstadt, hogar ancestral de los Battenberg, fue un fastuoso acontecimiento ese octubre, al que asistieron miembros de la realeza de toda Europa, entre los que se encontraban la reina Alejandra de Inglaterra y un amplio elenco de grandes duques, príncipes y princesas del continente.

Los días previos al matrimonio se organizaron festejos espectaculares en Darmstadt. El zar Nicolás II de Rusia se trajo al Coro Imperial Ruso desde San Petersburgo para entretener a la concurrencia. En la ceremonia rusa ortodoxa, la segunda de las tres por las que pasó la pareja, Alicia, que había nacido profundamente sorda, no oía bien lo que se le decía. Respondió «no», en lugar de «sí», cuando se le preguntó si accedía libremente al matrimonio, y contestó «sí», en lugar de «no», cuando se le planteó si había prometido ya su mano a alguien. Aunque era capaz de leer los labios, en esta ocasión se lo impidió el profuso vello facial del sacerdote ruso.

Una vez completadas las formalidades, se celebró un banquete familiar en el que el zar Nicolás bebió tanto que acabó golpeando a Alicia en el rostro con un zapato de seda cuando ella ya se marchaba en el carruaje real. Alicia fue capaz de coger el zapato y acertarle en la cabeza al zar, dejando a este en el camino partido de la risa.

Tras una breve luna de miel en Schloss Heiligenberg, uno de los diversos castillos que poseía la familia Battenberg, la pareja partió para Grecia en el yate real *Amphitrite*. Alicia ya era un miembro de la familia real griega, a pesar de que nunca hubiera puesto un pie en ese país, al haber sido educada por sus padres en Inglaterra. Después de una corta estancia en los palacios reales de Atenas, Alicia y Andrés se mudaron a Corfú.

El hogar familiar se llamaba Mon Repos, y era una sólida casa de campo de estilo clásico construida en la década de 1820 por sir Frederick Adam, alto comisionado británico, para su mujer. Aunque carecía de servicios como gas y electricidad, era todo un palacio para lo que era habitual en Corfú. Levantada en campos repletos de naranjos y limoneros y jardines perfumados de eucaliptos y pinos con vistas al mar Jónico, Andrés acabaría heredándola de su padre en 1913. Él se refería a Mon Repos como su «castillo real».

La isla era la «bella y rica tierra» de Homero y la última parada de Ulises en su viaje de regreso desde Ítaca. Mon Repos está situada en la península Kanoni, al sur de la ciudad de Corfú, sobre el emplazamiento de la antigua capital: Córcira. La residencia se encontraba algo desvencijada, pero las habitaciones estaban muy bien proporcionadas y no es difícil imaginar lo preciosa que llegó a ser. Una pequeña placa en la puerta exterior es el único indicativo existente de que ese fue el lugar de nacimiento del príncipe Felipe, ya que el interior es en la actualidad un museo y el comedor donde supuestamente vino al mundo está vacío, salvo por algunas vitrinas que describen la historia de la finca de Mon Repos.

Andrés y Alicia tuvieron cuatro hijas entre 1905 y 1914, antes de que, tras un espacio de siete años, naciera el príncipe Felipe el 28 de mayo de 1921 (más tarde considerado el 10 de junio cuando Grecia adoptó el calendario gregoriano). El médico de la familia decretó que la mesa del comedor era el lugar más apropiado de la casa para el parto. Como oficial del ejército griego, Andrés se encontraba fuera, luchando contra los turcos, en el momento del nacimiento, así que los primeros meses Felipe los pasó en compañía de mujeres llenas de cariño que lo adoraban.

La ama de llaves, Agnes Blower, al ser entrevistada años más tarde, afirmó que Felipe, rubio y de ojos azules, era «el bebé más dulce y guapo». Añadió que la familia era «pobre como las ratas». Quizá le fallaba la memoria, pues Andrés daba empleo (además de a la propia ama de llaves) a una niñera inglesa, la señorita Roose, un cocinero griego, una pareja británica y varios lacayos de la zona. En la época de crecimiento de las hijas, también tenían a una institutriz francesa. Incluso más tarde, en los años del exilio, Andrés contó con un ayuda de cámara que se ocupó de él hasta el día de su muerte. La casa estaba bien provista de comida y ropa de bebé, que la señorita Roose pedía a Londres.

Felipe tenía tres meses cuando realizó su primera visita a Inglaterra en compañía de su madre y hermanas. A pesar de tan largo viaje, quisieron asistir al funeral del abuelo materno de Felipe, el príncipe Luis de Battenberg, almirante de la flota y por aquel entonces marqués de Milford Haven. La familia viajó en tren desde Londres hasta Atenas a través de Roma y París. La señorita Roose, una doncella de Alicia y el ayuda de cámara de Andrés completaban la comitiva.

La familia pudo haber vivido en condiciones relativamente apuradas, pero siempre contaba con fondos para viajar. Un mes más tarde, Andrés, ya de vuelta del frente, en Corfú, hizo ir al alcalde local a Mon Repos para registrar oficialmente el nacimiento de Felipe. Con la reina madre Olga de Grecia como madrina, recibió el nombre de «Philippos» en el registro civil. A ello le siguió un bautizo formal en la iglesia ortodoxa de Corfú. Una multitud jubilosa flanqueaba las calles hasta la iglesia, donde tocaba una banda y los representantes de la ciudad observaban cómo el bebé Felipe era sumergido en la pila.

En julio de 1922, la familia y su comitiva viajaron a Londres de nuevo para asistir a la boda del hermano pequeño de Alicia, lord Luis Mountbatten (el tío Dickie, para Felipe) con la heredera Edwina Ashley. La gran ceremonia tuvo lugar en la iglesia de Santa Margarita, en Westminster, y contó con el glamuroso príncipe de Gales como testigo y con el rey Jorge V como líder de la reunión de miembros de la realeza llegados desde toda Europa. Las cuatro hermanas de Felipe fueron damas de honor, ataviadas de blanco y azul delfinio. A Felipe se le consideró demasiado joven para asistir y se quedó con la señorita Roose en Spencer House, donde todos se estaban alojando.

Sin embargo, esta vida, relativamente estable, se encontraba a punto de volverse un caos, ya que la guerra greco-turca iba a tomar un giro decisivo después de tres años de lucha derivada de la Primera Guerra Mundial. Un mes más tarde, las fuerzas griegas fueron derrotadas en Esmirna. Las bajas helenas fueron numerosas y más de un millón de griegos se convirtieron en refugiados.

El avance griego previo, en el que había participado Andrés, se había convertido en una devastadora victoria turca, y para el otoño de 1922 los griegos habían sido expulsados de Asia Menor, acabando así con una presencia que se remontaba dos mil quinientos años. Esmirna, la principal ciudad griega en el continente asiático, fue saqueada; entre quienes escaparon de ella se encontraba un joven Aristóteles Onassis, que huyó a Argentina para comenzar su meteórico ascenso social.

Mientras tanto, había surgido una creciente oposición a la guerra en Grecia, e inmediatamente después de la caída de Esmirna, la nación se levantó en una revolución. El príncipe Andrés fue arrestado, acusado de traición y afrontaba la pena de muerte por fusilamiento, un destino al que ya habían sido condenados varios de sus compañeros oficiales.

—¿Cuántos hijos tienes? —le preguntó el general Theodoros Pangalos, el nuevo líder militar de Grecia, a su prisionero real.

—Cinco —contestó Andrés.

—Pobres huerfanitos —contestó el general.

La única ventaja de la que disponía Andrés en aquella época era ser pariente de la familia real británica, y eso podría no haber sido una ventaja en absoluto si a Jorge V no lo hubiera asaltado el recuerdo de lo que les había ocurrido a sus otros parientes reales, los Romanov, tres años antes. Como Marion Crawford, institutriz de la futura esposa de Felipe, se esforzó en explicar, la historia es «lo que le sucede no a un montón de polvorientas figuras de arcilla en el pasado, sino a personas de carne y hueso que tienen problemas y preocupaciones reales». Incluso aunque Crawfie no informara a la joven Isabel del fatal papel que su abuelo había desempeñado en las trágicas consecuencias de sus parientes, el rey era demasiado consciente de ello.

En febrero de 1917 Rusia había caído en manos de los bolcheviques y el zar Nicolás II había sido depuesto. Era primo carnal de Jorge V (sus madres eran hermanas); ambos hombres se conocían y se llevaban bien, se veían de vez en cuando e intercambiaban correspondencia. Incluso se parecían físicamente. «Era exactamente como el duque de York [futuro Jorge V], solo que más delgado; su viva imagen», observó una vez de Nicolás una de las damas de compañía de la reina Victoria. Cuando Nicolás solicitó a su primo asilo en Gran Bretaña, Jorge V se aseguró personalmente de que este fuera rechazado. ¿Dónde iba a quedarse?, se preguntaba el rey. ¿Y quién iba a hacerse cargo de sus gastos?

El primer ministro, David Lloyd George, había ofrecido en un principio a la familia imperial el santuario que buscaban. Sin embargo, al rey, consciente de la inestabilidad social y del correspondiente aumento del republicanismo que en Gran Bretaña había generado la Primera Guerra Mundial, le preocupaba que Nicolás trajera consigo el caos revolucionario ruso. Sacrificando la sangre familiar en aras de la conveniencia, ordenó a su secretario particular, lord Stamfordham, que escribiera a su secretario de Asuntos Exteriores, lord Balfour, «la residencia en este país de los antiguos zares [...] sin duda comprometería la posición del rey y la reina».

La oferta fue debidamente retirada, y el 16 de julio de 1918 el zar Nicolás, su mujer, Alejandra, sus cuatro hijas y su hijo fueron fusilados y acuchillados con bayonetas hasta la muerte en una bodega de Ekaterimburgo, en los Urales. No existe ningún registro de Jorge V que exprese lamento, y mucho menos arrepentimiento, de su papel en la tragedia.

Pero ahora otro pariente de la realeza —y uno que de nuevo tenía esposa, cuatro hijas y un hijo— afrontaba una ejecución. Era un asunto que el rey no podía ignorar. Andrés, al igual que el zar asesinado, era también su primo carnal; su padre, Jorge I de Grecia, era hermano de las madres de Jorge V y Nicolás II. Además, tenían otros vínculos. Como hemos visto, la mujer de Andrés era hija del antiguo almirante de la flota, el primer marqués de Milford Haven. Alicia era prima segunda del propio Jorge V.

Como parte de la familia real griega y oficial del ejército griego, Andrés tuvo que aceptar una gran parte de la responsabilidad del desastre final que parecía destinado a sucederle a él y a su familia. Durante el conflicto con Turquía en 1921, era un general de división con mando sobre una división emplazada en Asia Menor. Sus tropas, declaró, eran «gentuza»; sus oficiales, unos inútiles; el alto mando, incapaz. Su afirmación era precisa, aunque poco diplomática. Como tampoco demostró un gran nivel de profesionalismo militar el que desobedeciera las órdenes, claras y directas, de avanzar, en lugar de lo cual solicitó ser relevado de su mando. Cuando cayó Esmirna y se expulsó de nuevo a la familia real —algo recurrente desde que fueran invitados a ocupar el trono en 1863—, Andrés supuso para los nuevos mandatarios militares el chivo expiatorio perfecto debido a sus acciones del año anterior. Fue arrestado, juzgado y sentenciado por un jurado de jóvenes oficiales, que, según la princesa Alicia, «ya tenían decidido que debía ser condenado a muerte».

Jorge V se había preparado para dejar a los Romanov en manos del destino, pero la idea de permitir que otro grupo de parientes cercanos cayera ante la hoja o las balas del verdugo le resultaba demasiado cruel, incluso a pesar de lo imperioso que era como monarca. Atendiendo las llamadas realizadas por la princesa Alicia a través de su hermano pequeño, Luis, el futuro conde Mountbatten de Birmania, el rey personalmente ordenó salvar a su incauto pariente.

El comandante Gerald Talbot, antiguo agregado naval británico en Atenas, que entonces trabajaba como agente secreto en Ginebra, fue debidamente enviado, de incógnito y con documentación falsa, para abrir las negociaciones con Pangalos. Las cosas no fueron bien hasta que no apareció el crucero de la marina británica *Calypso,* con los cañones preparados, para ayudar a que el gobierno militar se concentrara. Lo que se logró: mientras los compañeros oficiales de Andrés fueron ejecutados, él fue conducido al puerto por el propio Pangalos y puesto a bordo del *Calypso,* donde su mujer lo estaba esperando.

El buque de guerra zarpó entonces hacia Corfú para recoger a Felipe, que tenía dieciocho meses, y sus cuatro hermanas. La familia parecía tomarse con filosofía el exilio, «porque vivían así con frecuencia», como observó Herbert Buchanan-Wollaston, el capitán del *Calypso.* La hermana de Felipe, la princesa Sofía, de ocho años en aquel momento, no era tan optimista. Más tarde rememoraría que el recuerdo que se le había quedado grabado al abandonar Mon Repos era el olor a humo de todas las chimeneas. Alicia había ordenado a sus hijas quemarlo todo: cartas, papeles y documentos para no dejar nada tras ellos.

«Fue terrible, un caos absoluto», recordaría más tarde. Cruzar el mar hasta Bríndisi, Italia, fue un trayecto duro, y todos en la familia, además de su dama de compañía griega, su institutriz francesa y su niñera inglesa, acabaron mareados.

Una vez en tierra firme, tomaron el tren de Bríndisi a Roma, y de allí a París. Felipe pasó gran parte del viaje gateando por el suelo, poniéndose perdido de la cabeza a los pies e incluso lamiendo las ventanas. Su madre trataba de impedírselo, pero la señorita Roose —«Una mujer divina, mucho más agradable que el resto de niñeras, la adorábamos», recordaba la princesa Sofía— le aconsejó con amabilidad: «Déjelo hacer». Desde París, la familia tomó el transbordador ferroviario para cruzar el canal de la Mancha y llegar a Londres, donde la madre de Alicia, la condesa viuda de Milford Haven, les ofreció alojamiento temporal en el palacio de Kensington.

Así, Felipe abandonó Grecia para siempre a los dieciocho meses. Nunca volvió a vivir allí y nunca aprendió a hablar griego, aunque de joven firmaba como «Felipe de Grecia». En respuesta al planteamiento de Basil Boothroyd, su biógrafo oficial, acerca de una infancia en las inestables e infelices circunstancias del exilio, el príncipe Felipe lo niega: «No creo que fuera particularmente infeliz. Y nada era tan inestable».

Por lo que a él respecta, no carecía de nada y aceptaba su existencia nómada como algo completamente normal, y sus padres pronto se instalaron en las afueras de París. Mantenía una fuerte unidad familiar en forma de cuatro hermanas que lo adoraban. Más tarde, cuando comenzó a ir al colegio en Inglaterra y sus hermanas ya estaban casadas, pasaba las largas vacaciones de verano con ellas en diversos castillos alemanes, a menudo con su padre. A consecuencia de ello, Felipe vio mucho más a su padre de lo que nadie podría suponer. Hasta los nueve años, cuando comenzó la escuela en Inglaterra y su padre cerró la casa de París y su madre fue ingresada en un sanatorio suizo tras sufrir un ataque de nervios, nunca se sintió particularmente distinto a los demás.

De hecho, no lo era. En aquellos días, muchas madres ricas se veían privadas de la oportunidad de cuidar de sus hijos y con frecuencia debían retirarse, neuróticas y deprimidas, «enfermas», a sus dormitorios durante años. En esa época, casi todo aquel que pudiera permitirse una educación privada para sus hijos, los enviaba a un internado, sobre todo en el caso de los chicos. Los padres que vivían en el extranjero apenas veían a sus vástagos, excepto durante las largas vacaciones de verano, y no ejercían un papel activo en su educación. Los niños pueden ser muy flexibles, aceptan lo que les ocurre a ellos como lo normal e incluso idealizan las remotas figuras de sus padres. Felipe no parece haber sido muy diferente, pero su entrada en un colegio inglés iba a abrirle todo un nuevo camino en su vida.

Capítulo 3

Crecer juntos separados

A medida que el rey Jorge V envejecía, cada vez le alarmaba más el comportamiento de su hijo y heredero. El príncipe de Gales cambiaba a una mujer casada por la siguiente y acabó escogiendo a la menos recomendable de todas: la señora Wallis Simpson, una divorciada estadounidense. Su testaruda reticencia a encontrar una novia apropiada que pudiera convertirse en una esposa adecuada inevitablemente dirigía la atención hacia la heredera presunta: la joven princesa Isabel. Sin embargo, en el ambiente de la realeza, ningún miembro de la casa real rompió el código de discreción refiriéndose a la crisis que se cernía. «Tal vez la esperanza general era que, si nadie decía nada, todo el asunto acabaría desapareciendo», dijo al respecto Marion Crawford, la institutriz de la princesa.

Dada la creciente posibilidad de que la princesa finalmente ocupara el trono, la reina María creía que era imprescindible que Isabel estudiara genealogía para que comprendiera que era desde la reina Victoria desde donde partía la maraña de parentescos que surtía de miembros de la realeza a toda Europa. Insistió, asimismo, en la importancia de la historia, así como de la poesía («maravilloso ejercicio memorístico») y de la geografía del Imperio británico. Pero ¿matemáticas?

«¿Tenía realmente más valor la aritmética —quería saber la reina— que la historia?». La economía no es una de las preocupaciones prácticas de la familia real, por lo que Isabel, observaba la reina con una reveladora visión de futuro, probablemente nunca tendría que ocuparse de las cuentas de su casa. Crawfie tomó buena nota. «Las sugerencias prácticas de la reina María eran más que bienvenidas, así que me encargué de revisar el programa escolar de la princesa Isabel en este sentido».

Si la duquesa de York supo alguna vez de esto, o si, de hacerlo, le importaba, es algo que no nos consta. La respuesta es probablemente no en ambos casos. Los York, tan decididamente burgueses para el resto de temas, simplemente no consideraban que una educación plena tuviera ninguna importancia para el bienestar de sus hijos. «Nadie ha tenido nunca unos jefes que intervinieran en su tarea tan poco», afirmaba la institutriz. Afortunadamente, la princesa era capaz de aprender de la experiencia. Antes de cumplir los diez años ya estuvo presente en la celebración del jubileo de plata de sus abuelos en 1935 y de las bodas de sus tíos Jorge, duque de Kent, y Enrique de Gloucester, en la que fue dama de honor.

A los York les preocupaba muchísimo más el idilio del príncipe de Gales con Wallis Simpson. Era una relación marcada con el sello de la catástrofe; para el país, para la Corona y en especial para los propios York. El fallecimiento, el 20 de enero de 1936, de Jorge V (a manos de su médico, se ha sabido, quien lo mató inyectándole una dosis letal de cocaína para asegurarse de que el anuncio de su muerte llegara a tiempo de entrar en la edición de la mañana del *Times* y no en la de los menos respetables periódicos vespertinos) significó que el tío David se convirtiera en el rey Eduardo VIII. Su apego a la corona, sin embargo, fue menor que el que Wallis Simpson tenía por él y unos meses después renunciaría a sus derechos de nacimiento por «la mujer a la que amo».

El duque de York, o Bertie, como solían llamarlo, aquejado de tartamudeo y una salud delicada, no quería cargar sobre sus hombros la responsabilidad del reinado. No creía que fuera capaz. No había sido formado para ello, protestaba. Diversos altos consejeros del gobierno estuvieron de acuerdo y, cuando quedó patente que iba a haber que encontrar un nuevo rey, se planteó seriamente la sugerencia, registrada en 1947 «con el gracioso permiso de Su Majestad el Rey», por parte de Dermot Morrah, miembro del All Souls College de Oxford, de que la corona la heredara su hermano menor, el mujeriego duque de Kent.

«La situación es absolutamente desesperada —lamentaba Bertie ante su primo, el futuro conde Mountbatten de Birmania—. Nunca he visto un documento oficial». (Otro primo suyo, el zar Nicolás II, había expresado idénticos sentimientos en términos muy similares cuando tuvo que hacerse cargo de la corona de Rusia: «¿Qué voy a hacer? No estoy preparado para ser zar. Nunca quise serlo. No sé nada sobre gobernar. Ni siquiera sé cómo dirigirme a mis ministros»). La única solución real a la crisis que amenazaba con tragarse la casa de Windsor era traspasarle la corona al siguiente en la línea de sucesión, por muy reacio que este fuera a aceptarla. Había que poner orden en el caos que había causado el irreflexivo lío de faldas de David.

Cuando Bertie fue informado por su madre de que Eduardo VIII, rey sin corona, había hecho lo inconcebible y había abdicado del trono en diciembre traspasándole las obligaciones a él, recuerda haberse «venido abajo y sollozado como un niño». A la reina la avergonzó mucho esta exhibición de debilidad en otro más de sus hijos. «¡Por favor! —se la oyó quejarse en medio de la crisis—. Esto parece Rumanía».

La duquesa de York no había constituido el apoyo que bien podría haber sido a medida que las cosas se dirigían hacia su desenlace. Cuando se acercó el momento de la abdicación, se retiró a la cama enferma. Sin embargo, cuando debió afrontar una situación ante la que no cabía retirada, la nueva reina consorte mostró su valía. Nunca había deseado ser reina, pero cuando tuvo que aceptar el papel, lo asumió con elegancia y aplomo. Al conocerse la noticia, Margarita se giró hacia su hermana en el cuarto de juegos del número 145 de Piccadilly y le preguntó:

—¿Significa esto que tú serás la próxima reina?

—Sí, algún día —contestó con gravedad Isabel, que entonces tenía diez años.

—Pobrecita —le respondió su hermana.

Existía una oscura faceta personal frente a este rostro público en apariencia tan floreciente. Bertie, ya metamorfoseado en Jorge VI, siempre había sido propenso a los berrinches, lo que en su familia llamaban «rechinar». La confusión y el miedo engendrados por este espectacular cambio en su posición y por las posteriores preocupaciones causadas por la guerra solo contribuirían a exacerbar su inestable y en ocasiones violento carácter. Su padre había sufrido arrebatos similares. Su vida conyugal no era precisamente maravillosa, y el rey y la reina a veces encontraban tan difícil comunicarse entre ellos que debían escribirse cartas.

Años más tarde, Eduardo VIII, entonces duque de Windsor, le confesó a James Pope-Hennessy: «Entre nosotros, mi padre tenía un carácter espantoso. Era asquerosamente grosero con mi madre. Buf, he llegado a verla levantarse de la mesa por lo maleducado que era hacia ella, y los niños la seguíamos todos —y añadía—: No en presencia del servicio, por supuesto». Pero los empleados siempre acaban enterándose de este tipo de cosas. El comportamiento de Jorge V era motivo de conversación en las dependencias del servicio, si bien escenas de infelicidad y frustración tan íntimas nunca tuvieron lugar en público.

En la medida en que fuera posible contenerlos, no se permitían arranques de esta clase en el piso de los niños. «Querremos que nuestros hijos vivan una infancia feliz a la que siempre puedan recurrir», insistía la reina Isabel. Pero el idilio de la familia feliz se había estropeado. Fueron obligados a mudarse del número 145 de Piccadilly al palacio de Buckingham, un edificio frío e impersonal con pasillos interminables que llevaba una mañana entera recorrer. ¿No podrían construir un túnel por el que volver a Piccadilly?, sugirió con melancolía Isabel. Pero a este nuevo mundo, con sus contratiempos y disputas domésticas, con sus sutilezas de estatus y obligaciones inexorables, no podía cerrársele la puerta. El rato del baño con sus padres, que siempre había sido un ritual, tuvo que cancelarse porque el rey y la reina, que hasta entonces habían pasado la mayoría de las noches en casa, ahora salían prácticamente todas las veladas a causa de recepciones oficiales.

La princesa Margarita, que contaba entonces seis años, e Isabel, su hermana mayor, no podían evitar enterarse de las tensiones y tiranteces provocadas por su padre, o del modo en que su madre, que antes estaba tan relajada y despreocupada, ahora parecía tan envejecida y demacrada. Se había producido incluso un cambio en la propia situación de Isabel. De niña, la habían enseñado a hacer reverencias a sus abuelos cuando los visitaba. El aura de majestad había recaído ahora en sus padres y, según le informó Crawfie, ahora serían aquellos quienes tendrían que hacerles reverencias a mamá y papá.

—¿Margarita también? —preguntó Isabel.

—Sí, Margarita también —le respondió—. Intenta no perder el equilibrio.

El rey y la reina consorte detuvieron aquello rápidamente. A pesar de ello, la princesa no tenía ninguna duda sobre cuál era su situación... desde hacía varios años. Isabel, insistía Crawfie, era una niña «especial»: ordenada, atenta, meticulosa, de gran comportamiento y «muy tímida». Sin embargo, era consciente desde su más temprana infancia de dónde se encontraba en el orden jerárquico. Sus padres querían que su hija se sintiera «un miembro más de la comunidad», pero, como comentaba Crawfie, «no es fácil explicar lo difícil que resulta lograr eso cuando una vive en un palacio. Una cortina de cristal parece separarte del mundo exterior, distanciar las duras realidades de la vida de aquellos que moran en la corte».

Cuando jugaba en Hamilton Gardens, a menudo se congregaba un gentío para observarla a través de las verjas, como si estuvieran contemplando a alguna criatura exótica en el zoo. Cuando paseaba por Hyde Park, con frecuencia la reconocían. «Ignóralos», le ordenaba su niñera, Clara Knight, a la que ella llamaba *Allah,* que seguía su propio consejo y caminaba a paso rápido con determinación, dejando atrás a quienes las observaban con la boca abierta, sin mirar a izquierda ni derecha. Adiestrada por Allah, Isabel pronto fue capaz de hacer caso omiso de las miradas de los curiosos de forma instintiva. Pero sabía por qué la miraban.

Cuando tenía siete años, el lord Chambelán se dirigió a Isabel con un alegre «Buenos días, damita».

«No soy una damita —replicó ella de forma imperiosa—. Soy la princesa Isabel».

Esta demostración de aspereza regia fue demasiado para la reina María, quien inmediatamente llevó a su nieta al despacho del lord Chambelán y le dijo: «Esta es la princesa Isabel, que algún día espera poder llegar a dama».

Pero princesa sin duda era y, una vez que se había marchado su tío y dado que la probabilidad de que sus padres engendraran a un hijo varón y heredero menguaba cada año, cada vez era más probable que acabara siendo reina. Y el impacto de esa inminente carga no hacía sino consolidar su autodominio emocional. La muerte de Jorge V no le había provocado ninguna demostración externa de sentimientos, tan solo se planteó si era correcto que siguiera jugando con sus caballos de juguete (Crawfie le dijo que sí). Después de que la llevaran a velar a su abuelo en Westminster Hall, comentó: «El tío David estaba allí y no se movió nada. Ni siquiera parpadeó. Fue maravilloso. Todo el mundo tan callado. Como si el rey estuviera dormido».

«Era reservada y se guardaba para sí sus sentimientos», apuntaba Crawfie. Algo que la propia reina reconocería años más tarde al comentar: «He sido educada desde que era niña para no mostrar mis emociones en público».

Las niñas pasaban el día mirando por el hueco de la escalera las entradas y salidas del jefe de gobierno y sus ministros, para a continuación correr hacia las ventanas a observar el gentío que se congregaba fuera. Una vez llegó una carta dirigida a Su Majestad la Reina, e Isabel se giró hacia lady Cynthia Asquith para decirle, con la voz temblando de miedo: «Esa es mamá ahora».

Pero cualquier temor que sintiera quedaba compensado por su serenidad interior y su considerable sentido de la responsabilidad. No era sofisticada y sigue sin serlo. Nunca se pretendió que lo fuera. La costumbre de guardarse para sí misma sus sentimientos en público se convirtió en un hábito también en privado. No le gusta que la toquen. Levanta la voz muy raras veces; ni el enfado ni el temperamento forman parte de este ejercicio vitalicio del autodominio. En lugar de ello, demuestra su disgusto mediante un silencio helador. Si esto la vuelve incompleta como persona —y existe un elemento infantil en su incapacidad para abordar el comportamiento en ocasiones díscolo de su propia familia—, posee también otra característica regia que resulta tan tranquilizadora como intimidante. Irradia un aura de majestad de forma natural. Es como si siempre hubiera sabido que estaba destinada a ser reina y hubiera empezado desde la más tierna infancia a adquirir las habilidades necesarias, empeñándose siempre en hacer «lo que sentía que se esperaba de ella».

No se unía a Margarita en esas bromas que tan tradicionales son en la familia real (ya en 1860, lord Clarendon decía que él nunca contaba sus mejores chistes porque les divertía más que fingiera pillarse un dedo con la puerta). Cuando Margarita escondía el rastrillo del jardinero o amenazaba con tocar la campana del palacio de Windsor, lo que hacía salir a la guardia, Isabel se ocultaba avergonzada. Siempre debía mantenerse el orden. Era, en palabras de Crawfie, «cuidadosa y metódica hasta lo indescriptible. A veces se levantaba en mitad de la noche solo para asegurarse de que sus zapatos estaban bien guardados».

El autocontrol era esencial. En la coronación de su padre en la abadía de Westminster, dijo de su hermana pequeña: «Espero que no nos deshonre quedándose dormida en mitad de la celebración». Y cuando sus padres partieron en la gira de visita por Estados Unidos y Canadá, justo antes del estallido de la Segunda Guerra Mundial, y Margarita le dijo que ella ya tenía su pañuelo preparado, Isabel la reprendió con dureza: «Es para saludar, no para llorar».

A pesar de esta discreción emocional, era compasiva. Durante la guerra ambas princesas debieron mudarse a la relativa seguridad del castillo de Windsor. Sufrieron ocasionales ataques aéreos, pero nunca bombardeos intensos. Aun así, Isabel se interesó y preocupó por el bienestar de aquellos a los que la masacre había afectado más directamente. Cuando, en octubre de 1939, fue torpedeado el buque de guerra *Royal Oak* por un submarino alemán que se había colado a través de las defensas de la base naval Scapa Flow, situada en el mar del Norte, lo que provocó la pérdida de ochocientas vidas, ella exclamó: «¡No puede ser! Todos aquellos simpáticos marineros...». Esa Navidad debía de seguir pensando en aquellas muertes, pues comentó: «Quizá seamos demasiado felices. Sigo acordándome de aquellos marineros y cómo debe de haber sido la Navidad en sus hogares». Y cuando leía el nombre de alguien a quien conocía que hubiera perecido en combate, habitualmente algún oficial que hubiera estado destinado brevemente en el castillo, escribía a la madre de este y «le ofrecía una imagen de lo mucho que ella le había apreciado durante su estancia en Windsor y de lo que habían hablado», contaba Crawfie. «Era completamente idea suya». De forma más mundana, pero también típico de ella, le pedía a su hermana, mucho más bulliciosa, que no señalara y se riera de quien llevara un «sombrero raro».

Suscribía la opinión de Luis XIV de que la puntualidad es la cortesía de los príncipes (y las princesas) y siempre llegaba a la hora. Era obediente: su única transgresión de recomendación alguna, aparte de las ocasionales peleas en el cuarto de juegos con su hermana, se produjo cuando tenía siete u ocho años y decidió volcar un tintero decorativo sobre la cabeza de la señorita que le daba clases de francés.

Era discreta. Cuando el rey voló a Italia en 1944, le dijo a su hija adónde iba. Su viaje se consideró secreto e Isabel se guardó la información para sí y ni siquiera la compartió con todas esas mujeres —Allah, Bobo MacDonald y Crawfie— que tan cerca de ella estaban. También adquirió la costumbre de la familia real de desterrar aquellos pensamientos y personas desagradables de su pensamiento. Simplemente dejaban de existir para ella. Su tío David no estaba muerto, pero por lo que a ella respectaba, como si lo estuviera. El duque de Windsor le había tenido mucho cariño a su sobrina. Había ido a verla con frecuencia a su casa de Piccadilly y le suponía un placer casi infantil sumarse a los juegos de la niña, pero desde la abdicación, dejó de existir para ella. «Ni en palacio ni en el castillo se mencionaba nunca su nombre», apuntaba Crawfie.

Una vez que estuvo claro que ella heredaría la corona, su padre, desde el día en que se convirtió en Jorge VI, empezó a confiarse a ella, «tratándola como a una igual». Para el final de la guerra, ya asistía a reuniones del consejo, en las que pedía asesoramiento al primer ministro, Winston Churchill, y discutía asuntos de Estado con su padre a diario. Dada su nueva condición de heredera al trono, la reina Isabel puso más interés en la educación de su hija y fue a instancia suya por lo que esta fue enviada a estudiar historia constitucional con sir Henry Marten, el vicerrector de Eton College, al otro lado del Támesis, frente al castillo de Windsor.

A pesar de toda su madurez, siguió siendo infantil en muchos sentidos. Sus refinados modales y su conversación de adulta ocultaban mucha inexperiencia. Durante su infancia y casi toda su adolescencia vistió la misma ropa que su hermana, a pesar de que esta tuviera cuatro años menos que ella. También compartía su aula en el cuarto de juegos con Margarita. Nunca se vio obligada a perfeccionar sus virtudes frente a quienes tenían su misma edad.

Aislada tras la cortina de cristal, apenas podía disfrutar de vida social propia. Y la poca que tenía se la dejaba organizar a su madre. Esto fue así hasta que se formó una compañía de *girls scouts* para ella, momento en el que su círculo se amplió para incluir a niñas que no formaban parte de su privilegiado entorno. Al grupo se unieron varias evacuadas londinenses procedentes del East End, y para Isabel fue «sin duda muy instructivo», según Crawfie, mezclarse con jóvenes que no tenían «tendencia a darle ventaja, dejarla ganar o relevarla de las tareas más desagradables», como hacían los chicos de la corte.

Ahora, reconoce Crawfie, «cada uno debía velar por sí mismo». La princesa no se sentía cómoda en este entorno tan competitivo. A ella le gustaba la estabilidad de la sencilla y segura rutina de la vida de la realeza. Desde que era pequeña, había compartido el dormitorio con Bobo, aquella escocesa veintidós años mayor que ella que se había convertido en su mejor amiga, lo que seguía siendo. Le resultaba difícil manejar la intimidad informal de un campamento. «Estaba haciéndose mayor, y la habían educado tan sola que puedo entender por qué no quería desvestirse delante de un montón de chicas de repente, y pasar la noche con ellas», afirmaba Crawfie.

Cuando debía tratar con chicos, se inhibía aún más. Para la princesa y su hermana, los chicos de cualquier tipo eran extrañas criaturas llegadas de otro mundo, comentaba Crawfie. Pero mientras Margarita coqueteaba sin darse cuenta cuando estaba en compañía del sexo opuesto, Isabel, esencialmente tímida, era mucho más reservada delante de esta infrecuente compañía. «Esa sencillez suya siempre ha sido parte de su encanto», comentaba la institutriz.

Cuando se encontraba bajo la tutela de sir Henry Marten en su estudio de Eton, sus alumnos habituales a veces intentaban verla, pero, con esa despreocupación tan típica de la institución, aparentaban no saber de quién se trataba y, tras quitarse con educación la chistera, se retiraban rápidamente de nuevo. Isabel, por su parte, fingía no advertir las interrupciones.

Tenía trece años cuando estalló la guerra, pero eso no significó que surgieran más oportunidades para ella. A punto de cumplir los dieciocho años, según el capitán Peter Townsend, caballerizo de su padre, «aún no había alcanzado la presencia de una adulta. Era tímida, en ocasiones hasta el punto de faltarle soltura».

No se realizó ningún verdadero intento de que se relajara cuando estuviera en compañía de chicos. La señorita Betty Vacani, la profesora de baile londinense que también enseñaría sus pasos a la siguiente generación de la realeza, fue llamada a Windsor durante la guerra para que organizara clases de baile para las princesas. Las instrucciones de la casa real eran que solo asistieran chicas. «Las princesas no entendían las payasadas que hacían los chicos, y este no parecía el mejor momento para explicárselo», dijo Crawfie.

Sin embargo, a pesar de todo esto, sí había un chico en el que se fijaba Isabel. Era alto y rubio, con apariencia de vikingo. Era el príncipe Felipe de Grecia, y ella se quedó deslumbrada por él desde el primer momento en que lo vio, cuando ella tenía trece años, y él, dieciocho. Se casaron ocho años más tarde y es el único hombre con el que ella haya estado.

No era del todo inevitable que se conocieran. Los padres del príncipe Felipe, Andrés y Alicia, llegaron a Londres desde Corfú en 1922 con sus cinco hijos y un séquito de seis sirvientes. La entrada del diario del rey Jorge V del 19 de diciembre de ese año reza: «Andrés ha venido a verme, acaba de llegar de Atenas, donde fue juzgado y casi fusilado». A su llegada, la marquesa viuda de Milford Haven los acogió en el palacio de Kensington, lugar en el que años más tarde el alumno Felipe mantendría una base en la que guardaría sus pertenencias y el baúl escolar en las vacaciones.

Andrés seguía manteniendo su casa en Corfú, mientras Alicia disponía de una asignación de la familia Mountbatten, pero para lo que era habitual entre la realeza no tenían mucho dinero. Sin embargo, no puede decirse que la infancia de Felipe transcurriera en condiciones de pobreza; Andrés tuvo la suerte de contar con dos hermanos casados con herederas que demostraron ser generosos en cuanto a ayuda económica.

Aunque despojados de la nacionalidad griega, Andrés y su familia podían viajar libremente con sus pasaportes daneses. Cuando su hijo Guillermo ascendió al trono como Jorge I de Grecia, el rey Cristián de Dinamarca insistió en que sus descendientes mantuvieran la nacionalidad danesa. Poco después de su llegada a Londres, Andrés y Alicia zarparon hacia Nueva York como invitados de Cristóbal, hermano de este, quien se había casado con la heredera estadounidense de un magnate del estaño que disponía de un yate y de casas en California y Florida. Cristóbal proporcionaría más tarde fondos para la educación de Felipe. Mientras tanto, este se quedó a cargo de la niñera Roose, quien lo llevaba a diario a dar paseos en su cochecito por los jardines de Kensington.

Uno de los hermanos mayores de Andrés, Jorge, estaba casado con la princesa María Bonaparte, bisnieta del hermano de Napoleón, cuya madre había heredado una fortuna de la familia que fundó el casino de Montecarlo. Jorge invitó a Andrés a que llevara a su familia a París, donde él disponía de varias propiedades. El tío Jorge le proporcionó una casa a la familia en el barrio parisino de St. Cloud, de la que la tía María corría con todos los gastos.

Fue la niñera Roose quien asumió la responsabilidad de la educación de Felipe y quien más influencia sobre él ejerció. Le enseñó rimas infantiles y, a pesar de la ausencia de fondos, insistió en vestirlo con ropa que les enviaban desde Londres. Y se aseguró de que hablara inglés y se educara en las costumbres británicas. «Salvo mi niñera, nadie puede darme un azote», le comunicó Felipe a la niñera de un amigo suyo que estaba a punto de castigarle por romper un jarrón muy caro. Su niñera debía ocupar un papel central en su educación porque su madre, Alicia, era profundamente sorda desde su nacimiento y se comunicaba con el mundo exterior mediante el lenguaje de signos, que Felipe tuvo que aprender.

La niñera Roose permaneció junto a la familia hasta que la artritis la obligó a retirarse a un clima más cálido en Sudáfrica. En las cartas que enviaba a las hermanas de Felipe, una vez escribió que Felipe le había dicho que le gustaba «tanto como la piña». En otra carta que este le mandó a «Roosie», que era como la llamaba, le recordaba la vez en la que una mañana de Pascua ella le apremió a levantarse rápido porque llegaban tarde. Mientras Roosie estaba fuera de la habitación, Felipe se vistió y volvió a meterse debajo de las mantas, solo para salir completamente vestido cuando la niñera regresó para reprenderlo. «Muy divertido», es como ella le recordaba con cariño.

Una de las amigas más cercanas de Felipe era Hélène Foufounis, en cuya villa palaciega cercana a Le Touquet el príncipe pasó varias veces sus vacaciones de verano. Como él, ella también se acabaría mudando a Gran Bretaña, donde, bajo el nombre de Hélène Cordet, se convertiría en Londres en una cantante de cabaret y propietaria de un club nocturno y siguió siendo una de sus más íntimas confidentes. «Era más un chico inglés que griego o alemán. Tenía una niñera inglesa. Todo el mundo lo adoraba, especialmente mi madre, porque era guapísimo», recordaba Hélène Cordet.

Pasaba las vacaciones traqueteando en tren por media Europa para mantenerse en contacto con aquellos que habían logrado conservar sus propiedades reales y vivían a lo grande. Iba a Rumanía, por ejemplo, donde su tía Missy era la reina (lucía tiara en todas las cenas) y donde otra prima de Felipe, la reina Alejandra de Yugoslavia, recordaba «a todas nuestras niñeras tomando alegremente el té con boles de caviar». Al joven, cuyas condiciones de vida eran algo más difíciles, no se le permitían ese tipo de derroches. Se le había educado, decía Alejandra, «para ahorrar y economizar mejor que el resto de niños, por lo que se granjeó la reputación de tacaño». Otras veces pasaba las vacaciones en Inglaterra, en Lynden Manor, Berkshire, la casa de campo de su tío George Milford Haven. Allí encontró un gran amigo en su primo David, quien años más tarde sería su padrino de boda.

«Era increíblemente encantador —decía su hermana Sofía—. Tenía un tremendo sentido del humor». También era un auténtico chicazo, de personalidad aventurera y extrovertida, aficionado a trepar a los árboles, que siempre estaba poniéndose a prueba frente a los elementos y a sus compañeros de juegos. «Siempre era Felipe —decía Alejandra— quien se atrevía a meterse donde no hacía pie» cuando estaba en la costa, «o quien reunía a los chicos que se encontraba en la playa y organizaba brigadas para construir castillos». Le regalaron una cámara Box Brownie y aprendió a tomar fotografías, una afición que mantendría toda su vida. Como a muchos chicos, también le interesaban los automóviles.

El humor que mencionaba su hermana era más bien bullicioso. «Era muy fanfarrón, siempre quería llamar la atención cuando venían visitas», señalaba una de sus hermanas. En una ocasión, mientras se alojaba en casa de otra de sus tías, la reina Sofía de Grecia, y su hermana, la gran duquesa de Hesse, Alejandra lo recordaba liberando una piara de cerdos y provocando una desbandada de ellos por la elegante reunión del té que celebraban las damas.

No obstante, también podía ser muy bondadoso. Una vez una de sus primas ricas, fascinada por él, le trajo un juguete, pero al tiempo le soltó cruelmente a Ria, la hermana de nueve años de Hélène, que estaba postrada por un problema de cadera: «A ti no te he traído nada porque no puedes jugar». «Felipe se puso colorado y salió corriendo de la habitación —comentaba Hélène—. Y volvió con los brazos llenos de sus propios juguetes, entre los que estaba el nuevo, los volcó sobre la cama y dijo: "Son todos para ti"».

Los primeros años de la educación de Felipe no destacaron por sus éxitos académicos. Cuando tenía cinco, fue enviado a The Elms, el exclusivo colegio americano de París. Felipe iba allí en una bicicleta que se había comprado con unos ahorros que comenzaron con la libra que su tío, el rey de Suecia, le enviaba cada año. Su informe escolar lo calificaba como «un chico difícil, alborotador, pero siempre notablemente cortés».

Estos primeros años en St. Cloud fueron felices, pero a medida que pasó el tiempo la familia de Felipe empezó a descomponerse poco a poco. Su madre se obsesionó profundamente con la religión y al final debió ser ingresada en un sanatorio en 1930; su padre, Andrés, al carecer de nada mejor que hacer, se convirtió en un vividor y se instaló en Montecarlo. Las hermanas de Felipe fueron acercándose a sus parientes alemanes, entre los que todas acabaron encontrando a sus maridos.

Cuando Felipe tenía ocho años, George Milford Haven consiguió que lo aceptaran como interno en la Cheam School de Surrey, uno de los colegios privados más antiguos de Inglaterra, donde David Milford Haven era alumno. Desde ese momento, fueron George y su mujer quienes actuaron *in loco parentis*. El propio George era antiguo alumno de Cheam y asistía con regularidad a los torneos deportivos y las entregas de diplomas. George acababa de dejar la marina para entrar en el mundo de los negocios y se había convertido en director de diversas compañías públicas. Su interés en todo tipo de utensilios y su ingenio son rasgos que transmitió a Felipe. Como joven oficial de la marina, George inventó una tetera automática que le despertaba por las mañanas y tenía un sistema de ventiladores que proveían de aire acondicionado a su habitación. Años más tarde, Felipe lo haría mejor todavía inventando un descalzador y limpiador de botas que llegó a ser comercializado.

Su prima Alejandra había sido enviada a Heathfield School, cerca de Ascot, al mismo tiempo que Felipe ingresaba en Cheam, y ambos mantuvieron correspondencia. Alejandra cuenta algunas de las animadas aventuras que Felipe compartía con su primo David. En una ocasión los chicos pedalearon hasta un campamento desde Lynden Manor, en Bray, hasta Dover, un trayecto de casi doscientos kilómetros. Llegaron muy doloridos a causa del sillín, pero eufóricos. Sin ninguna gana de volver a casa en bici, se metieron de polizones en una barcaza del puerto de Dover que zarpaba hacia el muelle de Londres. Pasaron dos noches durmiendo entre sacos de grano y sobrevivieron gracias a los pasteles de roca que habían llevado consigo.

En Cheam, Felipe destacaba siempre en los deportes. Ganó la competición de salto de trampolín, compartió el primer puesto en salto de altura, venció en la carrera de vallas para menores de doce años y se convirtió en un prometedor jugador de críquet. A pesar de que demostró tener un gran interés en historia, no brilló académicamente en absoluto. Ganó el premio de tercer curso de francés, pero como le dijo su prima Alejandra, «ya podía, con todos los años que había vivido en París». Al igual que en otros colegios similares de la época, la vida allí era dura para los chicos, con baños fríos, mala comida, camas duras y castigos corporales con la vara. Felipe creía que ese régimen contribuía a formar el carácter, y a su debido tiempo envió a su hijo, el príncipe Carlos, a Cheam, donde este no lo pasó nada bien.

Cuando Felipe cumplió los doce, le llegó el momento de dejar Cheam. Podría haberse esperado que entrara en alguno de los colegios privados de Inglaterra, pero el lado alemán de su familia intervino. Su hermana Teodora se había casado con Bertoldo, margrave de Baden, en 1931. Su suegro, el príncipe Maximiliano de Baden, el último canciller del Imperio alemán, había fundado la escuela de Salem con la ayuda de su secretario personal, el doctor Kurt Hahn, en 1920, en su hogar familiar en Alemania. En 1933, cuando llegó Felipe, había cuatrocientos veinte alumnos, y Salem estaba considerada una de las mejores escuelas de Europa. El plan de estudios era exigente, estaba basado en la educación física y en la independencia, y Teodora logró convencer a los Milford Haven de que Felipe fuera a Salem.

Pero el momento no pudo ser menos oportuno. En enero de ese año, Hitler había llegado al poder como canciller, y los nazis rápidamente tomaron el control sobre todos los aspectos de la vida en el país. Pronto, el doctor Kurt Hahn, que era judío, tuvo problemas con las autoridades. Los nazis no podían permitir que un hebreo educara a la juventud alemana, así que este fue arrestado y encarcelado. Personalidades influyentes de toda Europa, entre las que estaba el primer ministro británico, Ramsay MacDonald, solicitaron a Hitler la liberación de Hahn. Como consecuencia, se le permitió emigrar a Gran Bretaña, donde comenzó a establecer una nueva escuela en Escocia: Gordonstoun.

Felipe duró menos de un año en Salem. Se metió en líos por ridiculizar el saludo nazi y, cuando las juventudes hitlerianas empezaron a infiltrarse en el colegio, Teodora estuvo de acuerdo en que debía regresar a Inglaterra y estudiar en Gordonstoun. Esta escuela se encontraba aún en pañales cuando llegó Felipe, en otoño de 1934. Solo había veintiséis alumnos, pero era tal el talento de Hahn que el número había ascendido a ciento cincuenta y seis para cuando Felipe se marchó en 1939.

A Hahn le cayó bien Felipe de inmediato. «Cuando llegó al colegio —escribió— su rasgo más acentuado era un espíritu imbatible [...] se oía su risa por todas partes [...] En los trabajos escolares demostraba ser muy vivo. En la vida comunitaria, una vez que había asumido la tarea, prestaba una atención meticulosa por los detalles y un orgullo por el trabajo que lo llevaba a no estar nunca satisfecho con resultados mediocres».

Hahn tenía el convencimiento de que todo alumno debía aprender náutica y la asignatura que más disfrutaba Felipe consistía en navegar bajo la dirección de un oficial naval retirado, el comandante Lewty, quien guio expediciones a las islas Shetland y a la costa de Noruega. Entre las obligaciones de Felipe a bordo se encontraban las de cocinar. Se decía que se pasaba un poco con la mantequilla al preparar huevos revueltos, pero ha conservado el interés por la gastronomía y la comida durante toda su vida. Felipe no solo disfrutó muchísimo sus días en Gordonstoun, sino que le concedió a Hahn todo el mérito en la creación del Premio Duque de Edimburgo. Reconoció: «Aunque no en todos los detalles, fue básicamente idea de Hahn. Yo nunca lo habría puesto en marcha si no fuera por él, sin duda. Él me sugirió que debía hacerlo y yo me resistí durante bastante tiempo».

La situación en el continente europeo siguió su desarrollo. En 1935, la monarquía fue restaurada en Grecia. Como parte de los acuerdos posteriores, los cuerpos de los miembros de la familia real que habían muerto en el exilio fueron repatriados para ser de nuevo enterrados en el panteón familiar. Para esta ceremonia de Estado, a Felipe se le concedió un permiso de ausencia en Gordonstoun y pudo reunirse con su gran familia en Atenas, donde vio juntos a sus padres por primera vez desde que había dejado St. Cloud. Pasó tiempo con su madre, que se había instalado en Atenas, donde permaneció durante toda la guerra, siempre ataviada con su hábito de monja. Se produjo una gran reunión en Atenas de todas las ramas de la casa real griega. La prima Alejandra contaba que Felipe quería saber exactamente quién era quién y que le sorprendió enterarse de que él era el tercero en la línea de sucesión al rey Jorge II de Grecia, que había recuperado el trono tras ser depuesto en 1924. Andrés recibió presiones para que Felipe ingresara en la Escuela Naval de Grecia, pero no lo contempló debido al trato que él había recibido cuando fue expulsado del país; el futuro de Felipe, aparentemente, estaba en Inglaterra.

Sin embargo, su vida sufrió otro trauma cuando, en abril de 1938, Hahn tuvo que comunicarle la noticia de que George Milford Haven había muerto de cáncer a los cuarenta y cinco años. Su fallecimiento tuvo importantes consecuencias para Felipe, dado que su tío, lord Luis *Dickie* Mountbatten, el hermano menor de Milford Haven, ocupó el puesto de George como amigo y consejero.

Ese verano, el año antes de que Felipe dejara Gordonstoun, pasó las vacaciones en Venecia con su prima Alejandra como invitado de la madre de esta, Aspasia, viuda del rey Alejandro de Grecia. Aspasia había recibido estrictas instrucciones de Andrés para que Felipe no se metiera en líos. El verano era una rueda continua de fiestas y a Felipe le llovían las invitaciones. No faltaban preciosas jóvenes deseosas de que Felipe las escoltara a casa a última hora de la noche. En palabras de Alejandra: «Rubias, morenas y pelirrojas encantadoras; de forma galante y, creo, bastante imparcial, Felipe las acompañaba a todas».

Es probable que Felipe se enamorara por primera vez ese verano en Venecia. El objeto de su afecto era Cobina Wright, una bella debutante estadounidense, que ganó el título de Miss Manhattan el año siguiente. Durante tres semanas, Felipe acompañó a Cobina por Venecia, a lo que seguiría una semana de cenas y bailes en Londres. Cuando ella volvió a Nueva York, Felipe se prometió seguirla un día a Estados Unidos, pero eso nunca ocurrió. En 1973, en una entrevista concedida a la revista *Town and Country,* Cobina confirmó que había conocido a Felipe en Venecia y que en su dormitorio conservaba fotografías de los tres grandes amores de su vida, uno de los cuales era él. También dijo que seguían siendo buenos amigos y que se escribían a menudo.

En su último año de colegio, Felipe se convirtió en delegado o «tutor», capitaneó el equipo de críquet y el de hockey y representó a Gordonstoun en el campeonato de atletismo colegial de Escocia. Escribió a Alejandra contándole que el tío Dickie tenía el ascensor más rápido de Londres y un comedor que podía convertirse en cine en la casa de Upper Brook Street en la que él pasaba a veces sus vacaciones. Dickie ya se encontraba a mitad de una exitosa carrera naval, y fue siguiendo su consejo como Felipe realizó el examen de entrada a la Real Escuela Naval de Dartmouth.

El informe de graduación de Felipe que redactó Kurt Hahn en 1939 fue muy elogioso. Escribió: «En el príncipe Felipe confían todos; a todos les cae bien y todos lo respetan. Es el más servicial de todos los chicos del colegio. Es un líder nato, pero necesitará las exigentes demandas de un gran servicio para hacerse justicia a sí mismo. Si da lo mejor de sí, es sobresaliente; pero si no se esfuerza tanto, sus resultados no son suficientes. Dejará huella en cualquier profesión en la que deba someterse a una prueba de esfuerzo genuina [...] Su civismo es ejemplar; su sentido de la justicia nunca decae; ha demostrado un valor y una resistencia inusuales cuando surgen los inconvenientes y la dureza; tiene madera de gran gestor y es tan amable como firme; su resistencia física es bastante extraordinaria».

El entusiasmo del príncipe Felipe por Gordonstoun no era menos elogioso. Decía: «Debo confesar que disfruté de mis días en Gordonstoun. Me gustaría que muchos chicos se divirtieran en sus días de colegio tanto como lo hice yo». Años más tarde, el príncipe Felipe, como rector honorario de la Universidad de Edimburgo, al nombrar a Kurt Hahn doctor *honoris causa* en Derecho, añadió: «Nunca serían demasiados aquellos a quienes se diera la oportunidad y el deseo de colmar de honores a sus antiguos directores de colegio».

Para preparar el examen de ingreso a Dartmouth, por consejo del tío Dickie, Felipe se alojó con los Mercer, un oficial naval retirado y su mujer, en Cheltenham. Durante las semanas de estudio intensivo, sus anfitriones lo encontraron muy trabajador, deseoso de aprender y nada presuntuoso. Aprobó el examen en decimosexto lugar de los treinta y cuatro admitidos, la mayoría de los cuales provenían de escuelas navales. En mayo de 1939, Felipe ingresó en la Real Escuela Naval de Dartmouth como cadete, siguiendo los pasos de los tres anteriores reyes de Inglaterra: Jorge V, Eduardo VIII y Jorge VI.

Pocos meses después de comenzar allí, estalló la guerra. Felipe, como Isabel a su manera, habían aprendido la importancia de cumplir con su deber. Habían visto las consecuencias de lo que ocurría cuando la gente anteponía sus propios intereses, como en el caso de la abdicación de Eduardo VIII, y gracias a sus tutores habían desarrollado un gran civismo, incluso a su temprana edad. Los años de la guerra no solo reforzarían ese mensaje, también los unirían a ambos.

Capítulo 4

Primos que se besan

En 2016, en una subasta celebrada en Chippenham Auction Rooms, Wiltshire, se vendió por más de deiciséis mil euros una carta escrita por la reina en 1947 en la que describía cómo, siendo aún una joven princesa Isabel, se había enamorado del príncipe Felipe. El precio final excedió con mucho la estimación inicial de mil cuatrocientos euros. La carta, de dos páginas, estaba dirigida a la escritora Betty Shew, que estaba recopilando información para un libro titulado *Royal Wedding* [Boda real] que se entregaría como recuerdo de la celebración, y la joven princesa accedió a compartir algunos detalles de su relación con su prometido, el oficial naval. La carta está manuscrita a pluma en un papel de correspondencia con membrete del castillo de Balmoral.

En ella, la princesa Isabel recuerda cómo conoció al príncipe Felipe en 1939, habla de su anillo de compromiso y su alianza de boda y de cómo la pareja bailaba en clubes nocturnos londinenses como Ciro's y Quaglino's. La reina escribía:

> La primera ocasión en que recuerdo haber visto a Felipe fue en la Real Escuela Naval de Dartmouth, en julio

de 1939, justo antes de que comenzara la guerra. (Tal vez nos viéramos antes, en la coronación o en la boda de la duquesa de Kent, pero no lo recuerdo).

Yo tenía trece años, y él, dieciocho; era un cadete a punto de embarcarse. Ingresó en la marina al estallar la guerra, y yo solo lo vi de forma muy ocasional, cuando estaba de permiso, creo que unas dos veces en tres años.

Después, cuando sus tíos, lord y lady Mountbatten, se encontraban fuera, él pasó varios fines de semana con nosotros en el castillo de Windsor. Más tarde, se embarcó para el Pacífico y el Lejano Oriente durante dos años, como todo el mundo sabrá.

Comenzamos a vernos con más frecuencia cuando Felipe aceptó un trabajo de dos años en la Real Escuela de Contramaestres de la Marina Real, en Corsham; antes de eso apenas nos conocíamos. Pasó fines de semana con nosotros y, mientras la escuela se encontraba cerrada, estuvo seis semanas en Balmoral: ¡fue una suerte que lo destinaran en tierra! A ambos nos encantaba bailar: íbamos a Ciro's y Quaglino's y a otras fiestas.

De su anillo de compromiso decía: «No sé mucho de la historia de la piedra, salvo que está tallada a la antigua y de forma magnífica. Me la dieron poco antes de que se anunciara el compromiso».

También escribió: «Felipe disfruta conduciendo... ¡y lo hace muy deprisa! Tiene su propio MG, del que está muy orgulloso: me ha llevado en él, una vez a Londres, lo que fue muy divertido, solo que es como estar sentada en la carretera porque las ruedas están casi tan altas como tu cabeza. En esa única ocasión nos persiguió un fotógrafo, por lo que nos quedamos un poco chafados».

El anillo de compromiso fue realizado por los joyeros Philip Antrobus, de Old Bond Street, utilizando diamantes de una tiara que pertenecía a la madre de Felipe, la princesa Alicia de Grecia. El propio Felipe fue el encargado del diseño, que utilizaba como pieza central un solitario de tres quilates, flanqueado por cinco diamantes más pequeños a cada lado, todos engastados en platino. La alianza de boda fue realizada a partir de una pepita de oro galés procedente de la mina Clogau St. David, cercana a Dolgellau.

Aunque Felipe había estado invitado en el castillo de Windsor en varias ocasiones cuando la princesa Isabel era niña, su romance nunca habría florecido si no le hubiera tocado acompañarla cuando tenía trece años, junto a su hermana pequeña, Margarita, en la visita que realizaron a la Real Escuela Naval de Dartmouth en julio de 1939. La familia real se encontraba de visita oficial al yate real *Victoria and Albert*. La circular de la corte de ese día reza: «Su Majestad el Rey y Su Majestad la Reina, Su Alteza Real la Princesa Isabel y Su Alteza Real la Princesa Margarita visitaron la Real Escuela Naval de Dartmouth. El capitán de la Marina Real lord Luis Mountbatten los acompañó».

El plan era que la familia asistiera a misa en la capilla de la escuela naval, pero debido a un brote de paperas y varicela entre los cadetes, se decidió que las princesas no fueran al servicio religioso. Dickie Mountbatten, tío de Felipe, estuvo presente desempeñando su papel de ayudante de campo del rey. No cabe duda de que Mountbatten intervino para asegurarse de que Felipe fuera escogido sobre el resto de capitanes cadetes para cuidar a las princesas durante el servicio en la capilla, dado que sus ambiciones dinásticas no tenían límites.

El día siguiente consiguió que se invitara a Felipe a almorzar a bordo del yate real. Según el relato escrito por la

institutriz Marion Crawford, la princesa Isabel le preguntó
a Felipe qué le gustaría comer. Este procedió a devorar varios
platos de gambas y un banana split. En su libro de memorias
sobre Felipe, la reina Alejandra de Yugoslavia (anteriormente
princesa Alejandra de Grecia) dice que años después, cuando
la reina y el príncipe Felipe intentaban recordar su encuentro,
escuchó a Felipe decirle a la reina: «Eras tan tímida... No podía sacarte ni una palabra».

En cualquier caso, parece que el príncipe Felipe causó
una impresión favorable en la joven princesa Isabel y entre
ambos comenzó un intercambio de correspondencia. Aunque
nadie puede recordar exactamente cuándo, sin duda Marion
Crawford incitó a Isabel a que escribiera una carta de agradecimiento a Felipe por entretenerlas a ella y a su hermana durante la visita real, y los primos lejanos continuaron su correspondencia durante los años de la guerra.

En junio de 1941, la princesa Alejandra escribía que en
una ocasión en que Felipe estaba de permiso en tierra en Ciudad del Cabo, lo encontró redactando una carta. «¿Para quién
es?», le preguntó. «Para Lilibet..., la princesa Isabel de Inglaterra». Alejandra supuso que Felipe estaba buscando ser invitado y puede que tuviera razón. Para octubre de ese año,
Felipe había pasado el primero de varios fines de semana de
permiso en el castillo de Windsor. El rey, Jorge VI, escribió
a la abuela de Felipe, Victoria Milford Haven: «Felipe pasó
con nosotros un fin de semana hace poco. Qué chico más
encantador, me alegro de que continúe en mi marina».

En uno de sus fines de semana en Windsor, él y David
Milford Haven (quien más tarde sería su padrino de boda)
enrollaron las alfombras, que quedaron así durante tres noches, y tomaron a las hermanas Isabel y Margarita por parejas, tratándolas como si fueran elegantes damas adultas en un

baile londinense, en lugar de dos escolares encarceladas en un antiguo castillo con gruesos muros de piedra rodeados de alambradas. Sin embargo, por lúgubre que pudiera resultar el castillo de Windsor para otros, a ellas les encantaba. «A Lilibet y a mí nos fascinaba Windsor, el mejor de nuestros hogares —recordaría más tarde la princesa Margarita—. Es tan especial».

Al príncipe Felipe obviamente también le gustaba, pues, si bien con su despreocupación habitual no le daba importancia al tiempo que estaba allí, pasó varias Navidades espectaculares con la familia real. Al rey y a la reina el asunto les preocupaba un poco, no porque no les gustara Felipe, que lo hacía, sino porque pensaban que su hija era demasiado joven para interesarse tanto por alguien, y más por alguien tan apuesto y masculino como aquel príncipe prácticamente arruinado.

En diciembre de 1943, el rey y la reina celebraron un pequeño baile en el castillo de Windsor en honor de sus hijas. El rey creía que Isabel se había perdido el tipo de vida social que debería haber tenido durante sus años de adolescencia, y a causa de la guerra tampoco había podido disfrutar de muchas diversiones. La reina se quedó impresionada con los buenos modales de la mayoría de los muchachos invitados, aunque Felipe no fue uno de ellos al tener que guardar cama en el Claridges Hotel (hablando de lugares lúgubres, según la reina).

Para gran regocijo de ambas princesas, se encontraba lo suficientemente bien para asistir a su obra teatral familiar y quedarse durante el resto del fin de semana. A fin de recaudar fondos para obras de caridad en tiempo de guerra y mantener a todo el mundo entretenido, el rey había concebido la idea de poner en escena una obra teatral familiar cada Navidad. Ese año tocaba *Aladino*, con la princesa Isabel como protagonista masculino. Según Crawfie, actuó mejor de lo que lo hubiera hecho nunca. «Nunca había visto a Lilibet tan animada. Tenía una chispa que ninguno de nosotros le había visto nunca». Y añadía: «El príncipe Felipe se cayó de su silla de la risa». Después pasó las Navidades con ellos, a quienes se unió su primo David Milford Haven. Según la princesa Isabel, «nos lo pasamos muy bien, con la película, las cenas y los bailes junto al gramófono». El secretario particular del rey, Tommy Lascelles, recordaba que «brincaron y juguetearon hasta cerca de la una de la madrugada».

Echando la vista atrás años después, el príncipe Felipe describía su amistad con la familia real en la época de la guerra, como era habitual en él, quitándole importancia: «Fui al teatro con ellos una vez, o algo así. Y durante la guerra, si estaba por allí, llamaba e iba a comer. Pasé una o dos Navidades en Windsor, porque tampoco tenía otro sitio adonde ir. No le daba mucha importancia, creo. Nos escribíamos a veces... Pero, siendo parientes —conocía a la mitad de la gente, éramos todos parientes—, no es tan raro tener una relación familiar. No es que uno esté pensando en el matrimonio».

En su carta de agradecimiento a la reina tras las Navidades, Felipe escribió que confiaba en que su comportamiento «no se le hubiera ido de las manos». Añadió que también esperaba —si no era demasiado atrevido— poder sumar Windsor a Broadlands (hogar de los Mountbatten) y Coppins (la casa de campo de los duques de Kent) como sus lugares favoritos: «Eso tal vez os dé una pequeña idea de lo mucho que he apreciado los pocos días que con tanta amabilidad me habéis dejado pasar con vosotros».

A pesar de sus recelos, no hay duda de que ni el rey ni la reina hicieron nada para disuadir a la princesa Isabel de ver a Felipe. «Es inteligente, tiene un buen sentido del humor y ve las cosas de la forma correcta», escribió el rey a su madre, la reina María. Añadió que tanto él como la reina veían a su hija «demasiado joven aún, pues nunca ha conocido a ningún joven de su edad».

En Dartmouth, el príncipe Felipe destacó. Obtuvo la daga real, que se otorgaba al mejor cadete del primer trimestre, lo que coronó con el premio al mejor cadete del año. Esto era algo excepcional, pues la mayoría de sus coetáneos habían estado en Dartmouth varios años mientras él se encontraba en Gordonstoun. Premiado con un libro como recuerdo, escogió un ejemplar de *La defensa de Gran Bretaña,* de Liddell Hart, una elección significativa al vislumbrarse ya la guerra con Alemania, a pesar de la promesa de paz que auguraba el primer ministro, Neville Chamberlain. El 3 de septiembre de 1939 Inglaterra declaró la guerra a Alemania.

El primer destino del príncipe Felipe como guardia marina fue el buque *Ramillies* en enero de 1940 en el Pacífico sur. Pasó los pocos días de su permiso en tierra en Australia, trabajando en una granja de ovejas en lugar de juntarse con sus compañeros, que estaban divirtiéndose en los bares de Sídney. Con el correr de los meses, Felipe fue destinado a diversos barcos y, como guardia marina, se le exigió que elaborara un cuaderno de bitácora de todo aquello que de interés sucediera en cada navío. Se ha elogiado su diario por las detalladas observaciones de asuntos técnicos, que ilustraba con planos, mapas y diagramas, además de ocasionales notas humorísticas. Según dicho cuaderno, su puerto de escala favorito era Durban, que menciona en diversas ocasiones con signos de exclamación (sin duda, por lo bien que se lo pasó allí).

El cuarto destino del príncipe Felipe fue el buque *Valiant,* en la flota del Mediterráneo, desde el que por primera vez presenció acciones bélicas con el bombardeo de Bardia, en la costa de Libia. Su cuaderno de bitácora registra: «Toda la maniobra fue espectacular». Después pasó dos días en Atenas, donde vio a su madre, la princesa Alicia, y a su prima Alejandra, entre otros parientes griegos. En una fiesta celebrada allí el 21 de enero llamó la atención del político y escritor sir Henry *Chips* Channon, cuya entrada de diario de esa fecha reza: «El príncipe Felipe de Grecia estaba allí. Es extraordinariamente apuesto [...] Se convertirá en nuestro príncipe consorte, y ese es el motivo de que esté sirviendo en nuestra marina».

Pudo haber sido casualidad o quizá la ilusión que mantenía el príncipe Nicolás de Grecia, con quien Chips había estado charlando un rato antes. Años después, el príncipe Felipe comentaría sobre esa entrada de diario que él debía de estar en la lista de jóvenes deseables, pero que habría bastado que dijera eso para que alguien como Chips Channon fuera un paso más allá y asegurara que ya estaba decidido. Chips también recogió algún cotilleo sobre los padres de Felipe. Dijo que su madre, Alicia, era «cuando menos excéntrica», mientras que su padre, Andrés, «flirteaba por la Costa Azul».

En marzo de 1941, a bordo del *Valiant*, el príncipe Felipe se vio inmerso en la batalla del cabo Matapán, al suroeste de la península del Peloponeso, donde fue interceptada la marina italiana. Felipe estaba a cargo de los reflectores del buque. «Mis órdenes eran que, si cualquier barco señalaba un objetivo, yo debía encender el reflector e iluminarlo para que lo viera el resto de la flota». Con el haz de su reflector descubrió dos cruceros italianos, y permitió al *Valiant* hundirlos a ambos. Debido a su participación en la acción, Felipe fue mencionado en los despachos del almirante Cunningham, comandante de la flota británica del Mediterráneo. No mucho después, Felipe obtuvo un permiso en tierra en Alejandría, donde se reunió con su primo David Milford Haven y su prima Alejandra.

«En aquella época Felipe solía hablar de un hogar propio, una casa de campo en Inglaterra», recordaba ella, que encontraba muy conmovedor que fuera lo que él quería, aunque ella sabía que, al carecer de patrimonio familiar y tan solo poder contar con su sueldo de marino para vivir, Felipe tendría que casarse excepcionalmente bien para lograr su sueño.

Para junio de 1941, el príncipe Felipe debió regresar a Inglaterra para presentarse al examen de subteniente. Su buque zarpó hacia casa pasando por Halifax, Nueva Escocia, para recoger allí a tropas canadienses y, después, mientras repostaban en el Caribe, varios de los fogoneros chinos desertaron y desaparecieron. Durante el resto del viaje, Felipe y los demás guardia marinas se afanaron en el abrasador calor de la sala de calderas añadiendo toneladas de carbón a paladas. Por esto, le concedieron un certificado de fogonero cualificado. Según la princesa Alejandra, el certificado ocupa un lugar de honor entre sus más queridos recuerdos, junto a la factura del ramo nupcial de su mujer.

En Portsmouth aprobó los exámenes con un sobresaliente y Felipe regresó pronto al mar como subteniente del *Wallace*. Más o menos en esa época conoció al australiano Mike Parker. Al principio, fueron rivales; luego, los mejores amigos, y finalmente se convirtieron en los tenientes más jóvenes de la marina. Parker recordaba: «Éramos muy competitivos. Ambos queríamos demostrar que teníamos los buques más eficientes, más limpios y mejores de la marina». La novia de Mike, Eileen, con quien más tarde se casaría, conoció a Felipe cuando él y Mike estaban destinados en la base naval de Rosyth en el fiordo de Forth, en Escocia.

«Recuerdo muy bien, pensando en aquella época, lo apuesto que era Felipe de Grecia», apuntaba Eileen. «Alto, con unos ojos azules penetrantes y una mata de pelo rubio peinado hacia atrás. No me sorprendió en absoluto oír que todas las mujeres solteras de la marina le tenían echado el ojo». Añadía que era inconcebible que un joven oficial tan buen partido no tuviera un amor en algún sitio, pero nadie se acercó a él lo suficiente como para averiguar quién podría ser ella.

Eileen tenía razón en cuanto a que Felipe tuviera, si no un amor, al menos una novia. Osla Benning era una preciosa debutante canadiense a la que él conoció en 1939, cuando ella compartía piso con Sarah Baring, una ahijada de Dickie Mountbatten, quien le pidió que le presentara a Felipe a alguna chica agradable. Osla y Felipe se hicieron íntimos y solían ir a bailar al 400 Club, situado en un sótano de Leicester Square y que fue descrito por un periódico como «la sede nocturna de la alta sociedad». Tenía una orquesta de dieciocho instrumentos, que siempre tocaba bajito para no ahogar las conversaciones. Y contaba con una pista de baile mínima y comida, aunque no menú. Si los invitados querían comer algo, simplemente pedían aquello que desearan y se les servía de inmediato, lo que era una tremenda hazaña para la época. Según Sarah Baring, la pareja se mantenía en contacto cuando Felipe se encontraba en el mar, ya que Osla le enseñó a Sarah cartas de Felipe en las que le decía cuánta ilusión le haría verla cuando volviera. Está claro que Felipe escribía muchas cartas.

«Estoy segura de que él fue su primer amor —decía Janie Spring, la hija de Osla, años después—. Nunca me habló de él en años. Solo decía: "Me enamoré de un oficial de la marina". Entonces encontré una foto preciosa de Felipe, muy joven, con el cabello despeinado, algo rizado [...] Puedo imaginarme por qué se llevaban bien. Ambos eran personas sin raíces, ajenas al entorno británico en el que se movían. Ninguno de los dos había experimentado gran cariño o seguridad emocionales de niños. Probablemente de forma inconsciente, ellos reconocieron esa semejanza en el otro y esto es lo que los vinculó de forma especial».

Sin embargo, la relación no duraría, y una vez que Felipe empezó a pasar tiempo en el castillo de Windsor y poner sus miras en la joven princesa Isabel, Osla y él se separaron; aun así, siguieron siendo amigos y Felipe más tarde apadrinaría al hijo de Osla.

Es posible que la idea de casarse con la princesa Isabel no estuviera en la cabeza de Felipe en aquella época, pero no andaba lejos del pensamiento de otras personas. En Londres, en marzo de 1944, la princesa Alejandra se casó con el rey Pedro de Yugoslavia, y el rey Jorge VI fue padrino de boda de este. El rey Jorge II de Grecia llevó al altar a la novia y aprovechó la oportunidad de sacar el tema de Felipe y Lilibet con el rey. Jorge VI admitió que no le agradaba la idea porque ella era demasiado joven. Aún no había cumplido los dieciocho y Felipe solo tenía veintidós años. El rey prometió considerar el asunto, pero pronto aconsejó a Jorge de Grecia que «sería mejor que Felipe no pensara más en el tema de momento».

Después de realizar otra visita a Windsor en julio, Felipe escribió a la reina acerca de «la sencillez con la que disfrutaba de los placeres y diversiones familiares y de lo bienvenido que se sentía al compartirlos. Me temo que no soy capaz de expresar correctamente todo esto y que sin duda soy incapaz de mostraros la gratitud que siento».

El príncipe Felipe se convirtió en el primer teniente del nuevo destructor *Whelp*. Mientras se acababa el flamante buque, el príncipe Felipe era un invitado frecuente en Coppins, el hogar de su prima Marina, la duquesa de Kent, cuyo marido había fallecido trágicamente en un accidente aéreo en Escocia en 1942. Para el verano, ya se hablaba de un posible matrimonio real. Sir Michael Duff, lord teniente de Caernarvonshire y figura de la alta sociedad, le contaba a su prima lady Desborough: «La duquesa de Kent vino a cenar acompañada del príncipe Felipe de Grecia, que es encantador y al que considero perfecto para ocupar el papel de consorte para la princesa Isabel. Lo tiene todo a su favor; es atractivo, inteligente, buen marino y solo habla inglés [...] Tengo entendido que va bastante a Windsor. Tiene veinticuatro años y está listo para el puesto».

Para agosto de 1944, el buque de Felipe se encontraba en pleno funcionamiento y listo para el servicio. Tanto el *Whelp* como el *Wessex*, la nave de Mike Parker, zarparon para unirse a la flota del Pacífico. Felipe y Mike se encontraron en la base australiana de la flota. Cuando estaban de permiso en tierra, Mike organizaba fiestas de sociedad tanto en Sídney como en Melbourne en las que toda joven heredera soltera quería conocer al apuesto príncipe. Para entonces, Felipe y Mike lucían exuberantes barbas. Solían bromear en las fiestas fingiendo que el príncipe era Mike y viceversa. Muchas chicas se arrojaban sobre Felipe, pero Mike, afirmaba que nunca ocurrió nada serio con «todas aquellas chicas colgadas del brazo [...] éramos jóvenes, lo pasábamos bien, tomábamos copas, íbamos a bailar y eso era todo».

Para entonces, Felipe y la princesa Isabel no solo se escribían con regularidad, sino que ambos tenían fotografías del otro expuestas. La princesa tenía una imagen de Felipe con barba sobre el tocador y, a su vez, la foto de ella ocupaba un lugar en el camarote de él, pero su servicio en el Lejano Oriente aún lo mantendría lejos de Inglaterra durante algún tiempo, retrasando cualquier progreso de su relación y sometiéndola a su primera prueba.

Mientras tanto, en Inglaterra, en febrero de 1945 la princesa Isabel se unía al Servicio Territorial Auxiliar (ATS, por sus siglas en inglés) como conductora y experta en mecánica. Ese uniforme de comandante de rango inferior del ATS lo luciría con orgullo el día del Recuerdo de 1945, el primero que se guardaba en seis años, cuando colocó su propia corona sobre el Cenotafio.

Por aquel entonces, la gente comenzaba a advertir que la guerra en Europa estaba llegando a su fin. Isabel pudo regresar a sus antiguos aposentos del palacio de Buckingham. A su dormitorio, de su tono de rosa preferido, con las butacas forradas de cretona (que aún le encantan); y aunque disponía de su propia sala de estar, seguía desayunando cada mañana en su antiguo cuarto de juegos con Margarita. Su retahíla de caballos con ruedas de la infancia permanecía aún en el descansillo, casi como si los últimos seis años no hubieran ocurrido.

Su padre tenía razón al recomendarle que fuera prudente respecto al matrimonio. Isabel seguía siendo en parte una niña, ya que había vivido encerrada en el castillo de Windsor durante gran parte de la guerra. A pesar de que había desarrollado un profundo sentido del deber, lo que la hacía parecer más sofisticada de lo que era en realidad, aún era muy inocente y le faltaba experiencia en muchos ámbitos habituales. Durante la guerra, no había podido asistir a ninguna obra de teatro o concierto alguno, con lo que le gustaban. Tanto la música como las diversiones le llegaban, como a tanta otra gente, a través de la radio. La familia real al completo se sentaba unida y escuchaba a Tommy Handley en su programa cómico *ITMA (It's That Man Again)* [Aquí está este otra vez].

Finalmente, el 8 de mayo de 1945, el día de la Victoria en Europa, la guerra terminó en el continente. Las princesas Isabel y Margarita salieron de palacio para unirse a la muchedumbre que cantaba en las calles. «Fue una de las noches más memorables de mi vida», diría la princesa Isabel más tarde. «Fue de lo más emocionante..., fuimos a todas partes», recordaría la princesa Margarita.

Felipe no pudo acompañarlas, pues se encontraba aún en el mar, a bordo del *Whelp*, que navegaba hacia la bahía de Tokio. Fue testigo de la rendición japonesa en agosto a bordo del *Missouri*, el buque insignia de la marina estadounidense, y no regresó a Inglaterra hasta enero de 1946. El *Whelp* fue retirado de la circulación antes de ser ofrecido a Sudáfrica, mientras el príncipe Felipe fue destinado como profesor a la escuela de entrenamiento de oficiales de Corsham, cerca de Bath.

Siempre que tenía permiso, conducía hasta Londres en su MG deportivo para quedarse en la casa de los Mountbatten en Chester Street, Belgravia. John Dean, quien tiempo después sería su ayuda de cámara, escribió: «Era tan considerado, le agobiaba tanto dar el mínimo problema a las personas que, después de todo, cobrábamos por cuidar de la familia, que todos le teníamos en gran estima y estábamos deseando que nos visitara».

Dean comentaba que Felipe no tenía mucha ropa de paisano y que a menudo ni siquiera disponía de una camisa limpia. «Por la noche, después de que se hubiera acostado, le lavaba los pantalones cortos y los calcetines para que los tuviera listos por la mañana. También le remendaba la ropa. Era muy sencillo cuidar de él, y nunca pedía que nadie le hiciera nada, pero a mí me caía tan bien que lo hacía de todas formas. Siempre que el príncipe Felipe traía una bolsa de fin de semana y yo se la deshacía, encontraba una pequeña fotografía en un desgastado marco de piel; era una imagen de la princesa Isabel».

Debido a las rígidas normas de etiqueta de la corte, salvo en las raras ocasiones en que Felipe se las arreglaba para hacer coincidir sus permisos con invitaciones para las mismas fiestas que la princesa, debían tener paciencia, lo que Felipe no lograba. Apenas podía aparecer por el palacio sin una invitación personal y si Isabel lo invitaba a tomar algo antes de la cena en sus aposentos, siempre debían estar acompañados. La princesa Margarita estaba a menudo con ellos, pero exigía tanta atención de Felipe como si él fuera su admirador. Si los invitaban a las mismas fiestas, lo más que podían esperar era un par de bailes juntos, ya que, de haber sido más, la gente habría comenzado a murmurar aún más de lo que ya lo hacían, ya que los rumores del noviazgo real habían empezado a aparecer en la prensa después de que el príncipe Felipe y la princesa Isabel fueran vistos juntos en el teatro y bailando en clubes nocturnos.

Fueran cuales fueran sus sentimientos por el otro, seguía habiendo obstáculos. Al rey le preocupaba que su hija no dispusiera de la oportunidad adecuada para conocer a otros jóvenes solteros, y por eso organizaba fiestas en el castillo de Windsor a las que se invitaba a oficiales de la guardia apropiados y elegantes. Deseaba asegurarse por todos los medios de que ella era consciente de estar tomando la decisión correcta. También estaba el tema de la nacionalidad de Felipe. A algunos cortesanos les preocupaba que los parientes alemanes de Felipe pudieran ponerlo en algún compromiso.

La princesa Isabel no albergaba estas dudas y en agosto de 1946 invitó a Felipe a pasar parte de las vacaciones de verano en Balmoral para cazar urogallos. Según el príncipe Felipe, no fue hasta entonces cuando las cosas empezaron a ir en serio. Dijo: «Supongo que una cosa llevó a la otra. Imagino que comencé a pensar en ello en serio, a ver, déjeme pensar, cuando volví en el año 46 y fui a Balmoral. Fue probablemente entonces cuando, cuando se volvió..., ya sabe, cuando empezamos a pensar en ello en serio, e incluso a hablar de ello».

En algún momento de las vacaciones en Balmoral, el príncipe Felipe se declaró e Isabel aceptó la propuesta. Debía ser un compromiso no oficial sin anuncio público. Iba a realizarse un viaje real a Sudáfrica a principios de 1947 y el rey no quería que la atención pública se apartara del viaje a causa del anuncio. La princesa Isabel aceptó que era su deber olvidarse de sus deseos personales hasta que la gira hubiera acabado. Jorge VI le escribiría más tarde: «Me preocupaba mucho que pensaras que estaba siendo muy severo al respecto. Tenía muchas ganas de que vinieras a Sudáfrica, como sabes. Nuestra familia, nosotros cuatro, la familia real, debe permanecer unida, aunque se unan algunos miembros en los momentos oportunos».

En su carta de agradecimiento a la reina Isabel fechada el 14 de septiembre de 1946, el príncipe Felipe escribía: «Estoy seguro de que no merezco todas las cosas buenas que me han ocurrido. No haber sufrido daño en el conflicto y haber vivido la victoria. Haberme enamorado completamente y sin reservas hace que todos los problemas de uno e incluso los del mundo parezcan pequeños e insignificantes. Solo ahora me doy cuenta de lo mucho que han supuesto para mí estas pocas semanas, que ahora parecen haber pasado volando. La generosa hospitalidad y la cálida amistad han hecho mucho para que recupere mi fe en los valores permanentes y estos iluminen una visión de la vida anteriormente bastante deformada. Naturalmente, existe una circunstancia que ha supuesto más para mí que ninguna otra en mi vida».

Dos días antes de la partida del viaje real a Sudáfrica, Dickie Mountbatten ofreció una pequeña cena de gala en Chester Street. El rey y la reina estaban presentes, si bien la princesa Margarita se ausentó por un resfriado. Los invitados brindaron por Felipe e Isabel con champán, salvo el rey, que siempre bebía whisky. John Dean decía que el compromiso real flotaba en el ambiente esa noche. La familia real zarpó el 1 de febrero de 1947 en un nuevo buque de guerra de la marina, el *Vanguard,* comenzando una gira que duraría hasta mediados de mayo.

La princesa y Felipe se escribieron mutuamente con regularidad y la separación forzosa no pudo desalentar su amor. Al contrario, lo intensificó. Afortunadamente para ella, el viaje estaba repleto de compromisos, y tanto sus días como sus noches llenos de recepciones, cenas, viajes en tren y bienvenidas, culminando con su discurso el día de su vigésimo primer cumpleaños en Ciudad del Cabo, ofrecido en los jardines de la sede del gobierno. Este había sido redactado por Dermot Morrah, editorialista y corresponsal en la corte del *Times.* La princesa se dirigió desde el corazón a la juventud de todo el imperio, y sus palabras tuvieron el efecto pretendido: «Declaro ante vosotros que toda mi vida, sea larga o corta, se dedicará a serviros a vosotros y a nuestra gran familia imperial, a la que todos nosotros pertenecemos. No tendré la fuerza para llevar a cabo esta tarea sola a menos que me ayudéis, como os invito ahora a hacer». La reina María se conmovió tanto con las palabras de su nieta que confesó «haber llorado» al oír el discurso por la radio.

Tras el regreso de la familia, el príncipe Felipe le comunicó a la reina que, aunque ella había acertado al convencerlos de que retrasaran el anuncio, ahora él y la princesa querían comenzar su nueva vida juntos, y en su ausencia él había estado haciendo todo lo que estaba en su mano para asegurarse de que desaparecían todas las objeciones. En febrero, se había nacionalizado británico, con lo que el príncipe Felipe de Grecia se convirtió en el teniente Mountbatten. El arzobispo de Canterbury escribió al rey sugiriéndole que Felipe, que había sido bautizado por el rito de la Iglesia ortodoxa griega, fuera oficialmente recibido por la Iglesia anglicana, lo que se llevó a cabo en octubre.

Aun así, los padres de la princesa todavía mostraban preocupación, como es típico en cualquiera cuando le llega la hora de llevar a su hija al altar. «Puede imaginar lo que me emociona este compromiso —le escribió la reina a Tommy Lascelles—. Es una de esas cosas que aparecen en primer plano de cuanto uno espera y planea para una hija que ha de soportar tamaña carga, y una solo puede rezar por que ella haya tomado la decisión correcta, y creo que lo ha hecho, si bien a él aún no lo hemos puesto a prueba».

En julio, la reina escribió a su hermana, May (lady Mary Elphinstone, madre de la honorable Margaret Rhodes), para contarle en secreto que Lilibet «ya había decidido» comprometerse con Felipe Mountbatten. «Como sabes, se conocen desde que ella tenía doce años y creo que le tiene mucho cariño; rezo por que sean felices. Lo estaban manteniendo en "tremendo secreto" porque ella no quería que la prensa se enterara y "lo arruinara todo"».

La fecha definitiva fue fijada cuando Felipe supo a través de los joyeros Antrobus que el anillo estaba listo. El miércoles 9 de julio de 1947, el día antes de que se celebrara en el palacio de Buckingham una fiesta en el jardín, para que la pareja pudiera hacer su primera aparición pública conjunta, se realizó un anuncio desde el palacio de Buckingham: «Con gran placer el Rey y la Reina anuncian los desposorios de su amada hija la Princesa Isabel y el Teniente de la Marina Real Felipe Mountbatten, hijo del fallecido Príncipe Andrés de Grecia y la Princesa Alicia de Battenberg, unión a la que el rey ha dado encantado su consentimiento».

La reina María envió un mensaje de felicitación a Alicia, la madre de Felipe, quien le contestó: «La joven pareja parece tenerse mucho cariño. Han tenido tiempo para reflexionar sobre una decisión tan seria y rezo por que encuentren la felicidad y gran amistad en su futura vida como casados. Lilibet tiene un carácter maravilloso y creo que Felipe tiene mucha suerte de haberse ganado su amor».

Con la boda programada para ese mismo año, Isabel y Felipe estaban a punto de mostrar su relación ante los focos de la opinión pública mientras comenzaban a planear el resto de sus vidas juntos. Era un viaje que duraría más de setenta años.

Capítulo 5

Cambios

En la primavera previa al anuncio del compromiso real, hace ya setenta años, Gran Bretaña sufrió las inundaciones más catastróficas que se recuerdan. El país ya había pasado por una prolongada y dura helada en el invierno que más había nevado en todo el siglo XX, y para marzo de 1947, la nieve se acumulaba hasta una altura de casi cinco metros en algunos lugares. La nación estaba sumida en el caos: el transporte, tanto por tren como por carretera, quedó bloqueado; la escasez crónica de carbón provocó cortes de energía en todo el país y el racionamiento de la comida fue más severo que en la época de la guerra. En la base de entrenamiento naval de Corsham, el príncipe Felipe debió darles clase a sus alumnos a la luz de una vela y pertrechado con su grueso abrigo naval. Cuando las temperaturas subieron repentinamente, derritiendo la nieve sobre el suelo congelado, un viento tremendo levantó la crecida, sobre todo por encima de los diques de East Anglia, alrededor de Sandringham, y más de veinticinco mil hectáreas de zonas pantanosas acabaron convertidas en un mar interior.

La situación creó un breve pico de desempleo, pero, a pesar del regreso de miles de excombatientes en busca de trabajo, esto no supuso un problema de la magnitud del acontecido durante los años de entreguerras, y para el otoño el paro no llegaba al 2 por ciento de la población trabajadora. Aunque la guerra había acabado dos años antes, la comida seguía racionándose, como también la ropa, el carbón, el mobiliario y la gasolina. Londres había quedado marcado por los bombardeos. Entre el anuncio del compromiso en julio de 1947 y la boda en noviembre, las cosas empeoraron para mucha gente; se redujo la ración de carne y las patatas empezaron a escasear como consecuencia de la pobre cosecha. La austeridad estaba a la orden del día.

Isabel les había prometido a sus padres que tendría paciencia y se aseguraría de que seguía sintiendo lo mismo por Felipe a su regreso de Sudáfrica. Por supuesto, su pasión se intensificó, pero ambos debieron esperar aún dos meses antes de que se proclamara oficialmente el desposorio en la circular de la corte el 10 de julio. Como si fuera una muestra de lo que estaba por venir, en la tarde del anuncio la pareja no pudo estar junta. Felipe se encontraba de servicio en Corsham e Isabel estaba invitada a un baile privado en Apsley House, Hyde Park Corner, donde habían vivido sucesivos duques de Wellington desde que una nación agradecida hubiera regalado la propiedad al vencedor de la batalla de Waterloo.

Por todo el país y el mundo entero, miles de periódicos y revistas publicaron fotografías de la sonriente pareja. Winston Churchill, entonces líder de la oposición al haber perdido las elecciones de 1945 frente al Partido Laborista de Clement Attlee, dijo que el compromiso era «una pincelada de color en la dura senda que debemos transitar». Hubo cierta reticencia a una boda suntuosa en aquellos tiempos tan austeros. En una carta dirigida al rey Jorge VI, la sección de Camden Town del sindicato de los trabajadores de la madera escribía: «Cualquier banquete u ostentación de riqueza en la boda de su hija sería en este momento un insulto al pueblo británico. Sería aconsejable que se organizara una boda muy tranquila acorde a los tiempos».

Pero muchos otros respondieron de forma más positiva. Entre los miles de mensajes de felicitación enviados al príncipe Felipe y la princesa Isabel había uno de Mike Parker, su íntimo amigo de la primera época en la marina. Para sorpresa de Mike, en su carta de agradecimiento, el príncipe Felipe le contestaba: «Me gustaría mencionar que estoy considerando la posibilidad de reunir una plantilla de empleados y querría que te unieras a ella en calidad de niñera general y factótum». Esta nueva plantilla de Felipe incluía un secretario, un detective privado y al ayuda de cámara John Dean. A este grupo se sumó Parker como secretario particular del príncipe.

De acuerdo con su nueva situación, Felipe se mudó al palacio de Kensington con su abuela, la marquesa viuda de Milford Haven. Más tarde se le uniría su futuro padrino de boda, David Milford Haven. John Dean llegaba debidamente a las ocho en punto de la mañana para despertar a Felipe y David con tazas de té y para limpiarles los zapatos y encargarse de su ropa. Felipe fumaba mucho y siempre mantenía a John ocupado rellenando las cajas de cigarrillos y vaciando los ceniceros. Pero gracias a una extraordinaria fuerza de voluntad, que aún sigue demostrando a sus noventa y tantos años al levantarse a las cinco de la mañana para empezar pronto el día, Felipe dejó de fumar el día de su boda a petición de la que iba a ser su esposa.

A pesar de los esfuerzos de su ayuda de cámara, a Felipe, que mostraba poco interés en su apariencia, le llevó un tiempo aceptar los trajes de Savile Row y los zapatos hechos a mano de Lobb, en St. James's Street. En la fiesta celebrada en el jardín del palacio de Buckingham inmediatamente después de que se anunciara el compromiso, Felipe apareció en un uniforme naval muy gastado y raído. Una semana más tarde, acompañó a su prometida a Edimburgo, donde iba a recibir las llaves de la ciudad. Mientras la princesa pronunciaba su discurso de aceptación, el príncipe Felipe se mantuvo sumisamente dos pasos por detrás, una posición que debería adoptar muchos miles de veces en los años siguientes. Fue la primera vez que él vio el símbolo físico de cómo siempre estaría en un segundo plano con respecto a su futura mujer.

Esa noche en Edimburgo, en un baile celebrado en su honor, la pareja ejecutó un complicado *reel*. Felipe había sido lo bastante astuto como para tomar algunas lecciones de baile escocés de la princesa Margarita antes de viajar a Edimburgo y salió correctamente del paso. Cuando el rey se enteró de lo sucedido esa noche, le envió un mensaje al rey Pablo de Grecia que decía: «Felipe se las está arreglando bien».

El príncipe Felipe seguía estando destinado en Corsham, pero siempre que tenía tiempo conducía en su MG deportivo hasta Londres para ver a la princesa Isabel. Su récord para este trayecto de ciento sesenta kilómetros era una hora y cuarenta minutos. En el otoño de 1947, se salvó por los pelos de un accidente grave cuando su vehículo chocó contra un árbol, lo que le provocó un esguince de rodilla. Sin embargo, esto no menguó su pasión por conducir, y solía llevar a la princesa en el MG a Richmond Park. Para evitar la atención no deseada del público, ella se disfrazaba poniéndose una bufanda sobre el cabello y Felipe lucía sus gafas de sol graduadas. Un coche de servicio, con el siempre presente detective, los seguía de forma discreta.

Considerando las apuradas condiciones económicas del país después del gran coste que supuso la guerra, el Parlamento fue muy generoso al aprobar cincuenta mil libras para la restauración de Clarence House, a tiro de piedra del palacio de Buckingham, que iba a ser el hogar palaciego de la pareja tras la boda. Además, a Felipe se le concedió una asignación de diez mil libras al año y la de Isabel se fijó en cincuenta mil libras anuales. El príncipe se interesó mucho en todos los detalles de los planos de Clarence House; incluso consultó a su plantilla a fin de que sus despachos se dispusieran de la forma más eficiente. Lo que más le agradó fue el minicine completamente equipado del sótano, un regalo de boda de los Mountbatten.

Después de la boda, la pareja vivió en los aposentos de Isabel en el palacio de Buckingham mientras se terminaban las obras de Clarence House. El general sir Frederick *Boy* Browning, marido de la novelista Daphne du Maurier, fue designado interventor y tesorero de su casa. Era un antiguo oficial de la guardia que había sido jefe de personal de Dickie Mountbatten.

Como el príncipe Felipe no quería pasar todo el tiempo en el palacio, Browning les encontró una casa de campo de alquiler en Windlesham Moor, Surrey, en la que Felipe inmediatamente transformó la hierba de la pista de tenis en una cancha de críquet. Siempre estaba pendiente de su salud y era algo vanidoso en cuanto a su peso. Si pensaba que había ganado algún kilo, se ponía dos o tres jerséis y corría por el campo hasta que había sudado. Entraba exhausto, se tumbaba y después se daba un baño para recuperarse. Esto divertía a la princesa, quien pensaba que estaba mal de la cabeza, pero Felipe ha logrado mantener una esbelta figura hasta hoy, otro ejemplo de su disciplina mental.

Windlesham era también un lugar donde podían recibir a sus amigos de un modo menos formal que en Londres, y allí celebraron cenas y fiestas de críquet. En las veinte hectáreas de terreno, había un minigolf con búnkers y *greens* ondulantes, y se invitaba a la gente de la zona a jugar. Allí, como más tarde en Clarence House, Felipe era el hombre de la casa. Era él, más que Isabel, quien revisaba los menús y decidía las comidas del día, y el personal le consultaba a él los asuntos domésticos. La vida en el palacio de Buckingham sería muy diferente cuando Isabel accediera al trono.

Para la princesa, Windlesham era la casa más pequeña en la que había vivido nunca, aunque seguía siendo regia. Contaban con seis personas de servicio residentes, además de Bobo, la ayuda de cámara de Isabel, y el ayuda de cámara de Felipe, cuando ellos se encontraban en la residencia. Incluso a los perros se le daba tratamiento real. Cada tarde a las cuatro y media un lacayo traía una bandeja con mantel, cucharas y tenedores de plata, un plato de galletas y otro de carne picada, y una salsa espesa. Isabel servía entonces a cada perro por separado en su propio bol especial.

Durante los primeros meses de casados, a Felipe se le concedió un empleo de despacho en el almirantazgo que no le entusiasmaba. «No era más que un recadero, moviendo barcos de aquí para allá», lo describió él. Más tarde, fue destinado a un curso para el personal residente en la Real Escuela Naval de Greenwich. Este exigente curso estaba diseñado para preparar a los oficiales para los puestos de alto rango e implicaba que Felipe viviera en Greenwich durante la semana y volviera al palacio los fines de semana. Además, debía encontrar tiempo para sus compromisos públicos, entre los que estaba una visita oficial a París con la princesa Isabel, por aquel entonces embarazada, en mayo de 1948.

Poco después del nacimiento del príncipe Carlos en noviembre, el rey, por consejo de sus médicos, canceló una gira programada por Australia y Nueva Zelanda. Su débil estado

El príncipe Felipe (nombrado duque de Edimburgo con motivo de su matrimonio) y la princesa Isabel en Broadlands durante su luna de miel, en 1947.

Adoptando una pose idéntica sesenta años después, en 2007. La reina lleva el mismo broche crisantemo, de zafiros y diamantes, y el mismo collar de perlas.

El duque y la duquesa de York con su hija Isabel el 29 de abril de 1926, una semana después de su nacimiento.

El futuro duque de Edimburgo con sus padres, la princesa Alicia y el príncipe Andrés de Grecia, en el mismo año.

La princesa Alicia de Grecia y su hijo Felipe a la edad de tres años, fotografiados en 1924, durante el periodo en que vivieron en Francia.

La princesa Isabel en febrero de 1931, a los cinco años, con su madre, la duquesa de York.

La princesa Isabel, con su padre el rey Jorge VI y su hermana la princesa Margarita, en 1946, un año antes de su matrimonio.

El rey Jorge VI, la princesa Isabel, la princesa Margarita, la reina y el príncipe Felipe en la boda de Patricia Mountbatten en octubre de 1946.

La princesa Isabel y el príncipe Felipe con sus hijos Carlos y Ana en el jardín de Clarence House, 1951.

El príncipe Andrés, a los siete meses, es el centro de atención mientras la familia disfruta sus vacaciones anuales en el castillo de Balmoral en septiembre de 1960.

El príncipe Felipe, en 1965, riendo un chiste del famoso cómico Jimmy Edwards durante un partido de polo. Felipe disfrutaba la compañía socarrona de amigos del mundo del espectáculo y apoyaba sus actos benéficos.

de salud provocó que redujera sus apariciones en público. El peso de estas funciones oficiales recayó entonces sobre Isabel y Felipe. Al mismo tiempo, este último añadió a su carga de trabajo la presidencia de la organización benéfica National Playing Fields Association, así como de otras organizaciones de las cuales aceptó ser patrón.

Por muy ocupado que estuviera, Felipe sacaba tiempo para divertirse en el Thursday Club, que se reunía semanalmente en una sala privada de la marisquería Wheeler's, en el Soho. El club lo había puesto en marcha Baron Nahum, que había sido uno de los fotógrafos oficiales de la boda real. En una tarde cualquiera, el Thursday Club reunía entre diez o quince miembros. Además de Felipe y Baron, actores como David Niven y James Robertson Justice, Peter Ustinov y John Betjeman, Cecil Beaton, David Milford Haven, Iain MacLeod (posteriormente canciller de Hacienda) y algunos directores de periódicos, así como ocasionales personajes más traviesos. Felipe siempre asistía acompañado de Mike Parker.

La princesa Isabel se refería a esta variopinta pandilla como «los amigos divertidos de Felipe». Corrían rumores de fiestas salvajes, incluso orgías, pero nunca se ha confirmado lo que realmente ocurría en el club. «Teníamos fama de salvajes —reconocía Parker—, pero la verdad es que nos divertíamos saliendo con gente que sabía lo que pasaba [...] lo de que era una orgía de borrachos es una estupidez. La gente se lo pasaba muy bien, pero no se emborrachaba. En lo que respecta a ser salvaje, soy inocente. En lo que respecta a andar con mujeres, soy inocente».

Eileen Parker, que creía que los amigos de Felipe eran «definitivamente raros», lo conocía desde años antes de que se casara con la futura reina. Desde el principio, decía, «siempre fue un solitario. Era muy apuesto; alto, con ese cabello rubio y esos penetrantes ojos azules. Te dabas la vuelta y preguntabas: "¿Quién es ese?". "Ah, es el príncipe de Grecia, pero no tiene nada que ver con nadie"».

El matrimonio no lo había suavizado. Era un hombre de su época, al igual que su esposa era una mujer de su tiempo. Un hombre muy estimado por otros hombres, le gustaba beber y bromear con sus colegas y siguió llevando una vida de soltero. En una ocasión, él y Parker volvieron tan tarde a Clarence House que se encontraron la verja cerrada y tuvieron que escalarla. «Se lo merecen», comentó su mujer irónica.

Parker recordaba esos primeros años como «increíblemente felices, simplemente magníficos». Supervisaba todos los compromisos del príncipe y ambos se copiaban las frases y los gestos, y reían las gracias del otro. De hecho, se hicieron muy conocidos por sus bromas, y una vez, durante unas maniobras de las fuerzas aéreas en el palacio, llegaron a telefonear al ministro del Aire y reprodujeron un combate aéreo de la batalla de Inglaterra mientras gritaban: «¡Socorro! Uno de sus pilotos se ha vuelto loco y está ametrallando el palacio».

La vieja guardia de palacio no lo aprobaba. A ellos les preocupaba bastante el aparente deseo de Felipe de continuar sus amistades de soltero con gente de reputación algo dudosa. Su actitud, más que refrenarlo, pareció más bien espolear al príncipe a seguir su senda. Independiente y resuelto, le disgustaban las restricciones impuestas por ser miembro de la familia real. Por ejemplo, aprender a pilotar un helicóptero le resultó difícil, a pesar de que había logrado sus «alas» en 1953. Cuando el primer ministro, Winston Churchill, se enteró de ello, llamó a Parker a Downing Street, lo mantuvo de pie en silencio durante varios minutos mientras él seguía con su trabajo sentado a la mesa, le dirigió una «larga mirada acusadora» y le preguntó con frialdad: «¿Tiene como objetivo la destrucción de toda la familia real?».

En la primavera de 1949, Isabel y Felipe realizaron un viaje en tren por Lancashire, al que siguió una visita a las islas del Canal en el buque escuela de la marina *Anson*, y finalmente pudieron mudarse a Clarence House. Bajo la supervisión de Felipe, la casa había sido equipada con los últimos adelantos domésticos, entre los que estaba un intercomunicador, lavadoras y una plancha eléctrica para pantalones que utilizaría el ayuda de cámara de Felipe. Las dependencias del servicio disponían de radio en todas las habitaciones y, en la sala de estar del personal, había una televisión, lo que aún era una novedad. Gran parte del mobiliario y los accesorios de la casa habían sido regalos de boda. Tanto Isabel como Felipe disponían de despachos justo al lado, en el palacio de St. James, con el que Clarence House estaba conectada por un pasillo en la primera planta que llevaba a los aposentos estatales. El personal era mayoritariamente joven y Parker describía el ambiente como muy divertido, muy diferente del palacio de Buckingham, donde, según él, «Felipe no contaba con muchos amigos ni ayudas».

La salud del rey mejoró ese verano, no lo suficiente para que emprendiera una ardua gira por el extranjero, pero sí bastante como para que Felipe pudiera regresar a su servicio activo en la marina. Fue destinado como primer teniente al *Chequers,* el buque líder de la flota destructora del Mediterráneo con base en Malta. La ventaja de Malta es que Isabel podía volar allí para reunirse con su marido durante estancias prolongadas.

Mientras reparaban el *Chequers* en los muelles de Malta, Felipe se alojó con Dickie Mountbatten en la casa de campo que este había alquilado cuando era comandante del primer escuadrón de cruceros. Isabel se unió a ellos para celebrar su segundo aniversario de boda en noviembre. Se ha descrito esa época en Malta como la única de su vida en la que pudo vivir como cualquier mujer de marino, conduciendo ella misma, yendo a la peluquería y de compras. Era una vida menos ordinaria.

Guardamangia, la casa de campo, contaba con diecinueve personas de servicio e Isabel habitualmente iba acompañada de su dama de compañía y su detective. El gobernador celebró un baile en su honor y pronto empezaron a llamarla para compromisos civiles, como visitar escuelas y hospitales. Dickie Mountbatten le escribía a su hija Patricia en diciembre: «Lilibet es encantadora y he perdido lo que me quedara de corazón enteramente por ella. Baila divinamente, siempre quiere una samba cuando baila conmigo y halaga mis pasos». La princesa realizó varios viajes a Malta, el más largo de los cuales duró once semanas, durante las cuales el príncipe Carlos se quedó con sus abuelos, por lo que la familia casi nunca se encontraba junta en el mismo sitio. Mike Parker viajaba regularmente entre Clarence House y Malta, manteniendo a Felipe al día de sus nuevos intereses, como la National Playing Fields Association.

De vuelta a bordo, el príncipe Felipe volvió a encontrarse en su elemento. Era muy estricto imponiendo disciplina y exigía mucho a su tripulación en las competiciones deportivas. En los ratos de ocio empezó a jugar al polo, dominándolo enseguida y formando parte del equipo de su tío Dickie. En su progresión naval se produjo un bache pasajero al suspender la parte oral de su examen para convertirse en mando. Se cree que había discutido en el campo de polo con su examinador, que aprovechó la oportunidad de vengarse suspendiéndole. Según Mike Parker, el almirante sir Arthur Power, comandante en jefe de Felipe, quería desautorizar al examinador. Felipe no quiso ni oír hablar de ello, y afirmó: «Si intentan arreglarlo así, dejo la marina para siempre». En lugar de ello, se volvió a presentar al examen y lo aprobó con nota. Poco después, en julio de 1950, Felipe fue ascendido a capitán de corbeta y destinado inicialmente a la fragata *Magpie*. Antes de que lo avisaran para subir a bordo de su nuevo buque, Felipe pudo regresar a Clarence House para estar presente en el nacimiento de su hija, la princesa Ana, el mes siguiente.

Felipe se aseguró de que su barco fuera el mejor de la flota. Era exigente y justo, y eso producía resultados. El *Magpie* destacó en las maniobras y salió airoso de seis de las diez pruebas de la regata anual. Honrado con el título de «gallo de la flota», en su arboladura se colocó un gallo rojo de madera. La gira de su buque fue una combinación de ejercicios navales y visitas ceremoniales. En Gibraltar, Felipe representó al rey en la apertura del consejo legislativo; posteriormente, el *Magpie* también realizó visitas de cortesía a Jordania, Turquía, Egipto e Irán. Cuando Isabel se recuperó del nacimiento de la princesa Ana, volvió a volar a Malta en noviembre, dejando a los niños con sus abuelos. Dado que la fragata no contaba con un alojamiento adecuado para ella, el almirante de la flota puso a su disposición otra nave: el *Surprise*. Al estar Felipe a bordo de su propio barco, se hicieron muchas bromas a costa del intercambio de señales, la más conocida de las cuales fue:

Surprise a *Magpie:* La princesa está harta de judías.

Magpie a *Surprise:* ¿No pueden darle nada mejor para desayunar?

La pareja real realizó una visita no oficial a Grecia, para ver al rey Pablo, primo de Felipe. Se alojaron en el palacio real de Atenas, donde hicieron iluminar el Partenón en su honor. Según su prima Alejandra, cuando Felipe llevó al rey Pablo a bordo del *Magpie,* este quedó asombrado al enterarse de que el camarote de Felipe estaba lleno de documentos en los que se encontraba trabajando, entre los que se incluían los preparativos para la exposición nacional Festival of Britain y la gira por Canadá. Felipe estaba muy interesado en que el festival fuera una brillante muestra del ingenio de los científicos británicos y de su tecnología. Se había organizado para conmemorar el centenario de la Gran Exposición, en la que el príncipe Alberto había desempeñado un papel muy importante.

A pesar de su debilidad, Jorge VI inauguró la exposición el 3 de mayo de 1951, pero pronto recayó a causa de un virus del que no era capaz de librarse. Sus médicos le prescribieron reposo absoluto y debió cancelar todos los compromisos públicos; Isabel y Felipe tendrían que hacerse cargo de ellos. En julio, el príncipe abandonó Malta «con permiso indefinido». Cuando la tripulación de su fragata formó en cubierta para despedirlo, dijo: «He cumplido mi promesa de hacer del *Magpie* uno de los mejores buques de la flota. Los últimos once meses han sido los más felices de mi vida como marino». De vuelta en Clarence House, miraba con melancolía sus blancos uniformes navales y le decía a John Dean: «Pasará mucho tiempo hasta que vuelva a necesitarlos».

Durante el verano, Isabel representó a su padre en muchos compromisos públicos, entre los que estuvo la ceremonia de presentación de la bandera o Trooping the Colour. Se había organizado un plan detallado para que Isabel y Felipe realizaran una visita oficial a Canadá en septiembre, pero los médicos aconsejaron al rey que debía ser operado para que le extirparan el pulmón izquierdo, lo que se llevó a cabo. En lugar de zarpar hacia Canadá en los días posteriores a la operación, Felipe convenció al gobierno para que él y la princesa fueran en avión a fin de que no se retrasara el comienzo de la visita.

Una vez que aterrizaron aquel 8 de octubre de 1951, una nerviosa princesa Isabel, de veinticinco años, bajó a la pista de Montreal, donde una multitud de quince mil personas la esperaba. Estaba a punto de comenzar su primera visita real importante, durante la cual sería el centro de atención. El viaje duró treinta y tres días, durante los cuales la pareja real viajó de costa a costa y vuelta. La gira supuso un gran éxito, aglomerándose multitudes enormemente entusiastas en todas las paradas.

Las autoridades canadienses habían puesto el mayor cuidado en asegurarse de que todas las personas implicadas, prensa incluida, se comportaran de forma impecable. No puede decirse lo mismo de la prensa estadounidense en los días que la pareja real realizó un pequeño desplazamiento adicional para visitar al presidente Truman en Washington. Una vez de vuelta en Canadá, Isabel desplegó todas sus habilidades mímicas para imitar a los fotógrafos estadounidenses cuando era ella la que filmaba. Apuntando con la cámara hacia su marido, gritaba con una voz nasal y acento estadounidense: «¡Eh! ¡Usted de ahí! ¡Eh, duque! ¡Mira aquí un momento! ¡Eso es! ¡Gracias!».

Sobre Canadá, una vez de vuelta en el Reno Unido, Isabel expresó lo siguiente: «Estoy segura de que no podría encontrarse bajo el sol una tierra más llena de esperanza, felicidad y gente estupenda, leal y generosa. Han plantado en nuestros corazones un amor por su país y su gente que nunca se apagará y que siempre nos hará regresar a sus costas».

Las noticias en casa eran buenas. El rey había mejorado desde su operación, tanto que parecía posible que Felipe pudiera volver al servicio activo como comandante de su propio destructor. Winston Churchill volvía a ser primer ministro, los conservadores habían ganado las elecciones generales a finales de octubre con una mayoría moderada de diecisiete escaños. La familia real pasó las vacaciones de Navidad en Sandringham, y el rey salió a cazar varios días.

Al regresar a Londres, la familia real fue a ver el musical *South Pacific*, en el Drury Lane Theatre. Al día siguiente, el 31 de enero, el rey se despidió de Isabel y Felipe en el aeropuerto de Londres, desde el que volaron a Nairobi para iniciar la primera parte de su gira por la Commonwealth. La princesa no albergaba ninguna duda de que volvería a ver a su padre; después de todo, parecía haberse recuperado bien de la operación, y ella quería pensar que mejoraría. Sin embargo, como precaución, a la princesa se le entregó un dosier sellado que contenía el borrador de la declaración de ascenso al trono, que debía abrirse en caso de muerte del rey. También se metió en el equipaje un estandarte real, así como ropa de luto.

Lord Chandos, el secretario de las Colonias, describía así la escena en la que Isabel y Felipe dejaban el aeropuerto de Heathrow: «El rey y la reina vinieron para verlos despegar [...] Me impresionó el aspecto del rey. Yo estaba muy familiarizado con su apariencia y sus gestos, pero parecía bastante alterado y tenso. Me asaltó una sensación de desastre, que fue creciendo a medida que menguaban los minutos antes de la hora de partida. El rey subió al tejado del edificio para despedirlos con la mano. El fuerte viento le despeinaba el cabello. Tuve el presentimiento de que esta sería la última vez que iba a ver a su hija, y de que él también lo pensaba».

Se había acordado que podían viajar a pesar de la tensa situación en Kenia, que afrontaba el comienzo de la rebelión del Mau Mau. El punto culminante de esa parte de la gira fue pasar una noche en Treetops, un prestigioso alojamiento de caza y observación en el coto de Aberdare, a ciento cincuenta kilómetros de Nairobi. El hotel había sido construido sobre las ramas de un enorme árbol, era accesible solo mediante escalera de mano, y daba a un lago ligeramente salado, el mejor abrevadero posible para la caza mayor.

Un comedor y tres dormitorios estrechos conducían a la plataforma elevada de observación donde el séquito real —incluida su doncella Bobo MacDonald; lady Pamela Mountbatten, dama de compañía de la princesa; y el secretario particular del príncipe Felipe, Mike Parker— se quedó a pasar la noche. Se les avisó de que existía la posibilidad de ser arrollados por un elefante durante el camino al alojamiento, pero, como era de esperar, el príncipe Felipe quiso continuar y el grupo se desplazó lo más silenciosamente que pudo. Debían cruzar una distancia de unos cincuenta metros de terreno relativamente abierto antes de llegar a los estrechos puntales de madera que servían de escalera para subir al árbol. La princesa no vaciló y caminó directa hacia la escalera, ignorando al elefante más cercano, que se encontraba justo debajo agitando amenazadoramente las orejas.

Una vez en el árbol, la princesa filmó la escena que se desplegaba ante ella con su cámara cinematográfica sin poder dejar de mirar al conjunto de animales que se reunían en el abrevadero. Cuando el ocaso se difuminó y ya no fue posible usar las cámaras, el grupo siguió hablando en susurros acerca de los ejemplares que habían visto y los que esperaban encontrar. También se expresó preocupación por el padre de la princesa, que había permanecido con la cabeza descubierta en el aeropuerto de Londres en un día gélido para despedirse de ella. Eric Sherbrooke Walker, el propietario del alojamiento, recordaba en su libro *Treetops Hotel* que la princesa le contestó cordialmente: «Siempre es así. Nunca piensa en sí mismo».

«Después se refirió a la larga enfermedad de su padre y al gran placer que experimentó la familia cuando todos pensaron que había llegado al punto de inflexión. Nos dijo que ese día se puso el bastón en el hombro y declaró: "Ahora mismo podría incluso disparar". Ella fue informada de los planes de su padre y pudo contarnos que estaba pensando en salir a cazar al día siguiente. Obviamente, por el tono de la conversación, cuando se despidió de su padre confiaba en que este se recuperara por completo».

Al alba, la princesa —o la reina, que era en lo que sin saberlo se había convertido durante la noche— estaba en el balcón ajustando el filtro de su cámara para filmar a un rinoceronte, cuya silueta se destacaba sobre el amanecer africano, en el abrevadero salado. El príncipe Felipe no le quitaba ojo a otro rinoceronte, que llegaba a la escena jadeando y resoplando, como si fuera a producirse una enconada lucha. Mike Parker fue al balcón, porque pensaba que él se encontraría con la reina en aquel momento en el que comenzaba el nuevo reinado, observando cómo amanecía sobre la sabana y cómo un águila sobrevolaba sus cabezas.

«No lo pensé hasta más tarde —recordaba—, pero era aproximadamente la hora en la que el rey murió».

Tras un desayuno de beicon y huevos fritos sobre una estufa de leña, todos descendieron del árbol y volvieron caminando a través del claro, esta vez sin incidentes. Con la tarde anterior en mente, Walker se giró hacia la princesa y dijo de forma bastante pomposa, aunque sin ser consciente todavía de lo que había ocurrido en Londres: «Si tiene el mismo valor, señora, en afrontar lo que le envíe el futuro que en hacer frente a un elefante situado a ocho metros, vamos a ser muy afortunados».

Al alejarse en el vehículo, la princesa se despidió con la mano y exclamó: «¡Volveré!». Después de que Kenia, como república independiente, entrara en la Commonwealth en 1964, tendrían que pasar otros veinte años antes de que regresara.

Cuatro horas más tarde, el séquito real se encontraba descansando en Sagana Lodge, a unos treinta kilómetros, cuando el director del *East African Standard* telefoneó al secretario particular de la princesa, Martin Charteris, que se alojaba en el único hotel local. El director preguntaba ansiosamente si los teletipos que le llegaban desde Londres sobre la muerte del rey eran ciertos. Había sorprendido a Charteris. Por pura casualidad, un telegrama enviado a la Casa del Gobierno en Nairobi no había sido descodificado porque las llaves de la caja fuerte que custodiaba el código no estaban en su sitio. Charteris, visiblemente nervioso, contrastó la noticia con el palacio de Buckingham e inmediatamente se puso en contacto con Sagana Lodge. Habló con Mike Parker, que encendió su radio de onda corta y escuchó el anuncio de la BBC. En ese momento despertó al príncipe Felipe para darle la noticia. Eran las 2.45 de la tarde allí, las 11.45 de la mañana en Londres.

Según Parker, parecía que a Felipe le hubieran colocado todo el peso del planeta sobre sus hombros. «Se llevó a la reina al jardín y ambos caminaron adelante y atrás mientras él hablaba y hablaba con ella». Pamela Mountbatten, que conocía a Felipe desde que era niño y había venido a quedarse con su familia, recordaba su reacción: «Era como si el mundo se le hubiera caído encima. Se puso un periódico sobre el rostro y se mantuvo así durante unos cinco minutos. Y entonces se recompuso y dijo que debía ir y encontrar a la princesa [...] Ella estaba descansando en su dormitorio [...] y ambos fueron a dar un paseo por el jardín, y estaba claro que, mientras caminaban hacia uno y otro lado, él se lo estaba contando. En ese momento, ella volvió al alojamiento y uno solo podía pensar: "Esta pobre chica, que adoraba a su padre, con lo unidos que estaban...". Creo que le di un abrazo y le dije lo mucho que lo sentía. Y entonces, de repente, pensé: "¡Dios mío, si es la reina!"».

La reina nunca ha hablado de su reacción a la muerte de su padre, salvo para decir: «Mi padre murió demasiado joven y fue muy repentino tener que hacerme cargo y realizar mi trabajo lo mejor que podía». Estaba conmocionada porque no lo esperaba. Como dijo la princesa Margarita: «Murió justo cuando se estaba recuperando». Tres meses más tarde, dejó un indicio de sus sentimientos en una emotiva carta al ayudante de su padre, sir Eric Mieville.

«Todo me sigue pareciendo tan increíble —escribió—, que mi padre ya no esté aquí y que solo después de que haya pasado un tiempo una comience a darse cuenta de lo mucho que se le echará de menos —y añadió—: Mi madre y mi hermana se han portado de maravilla, porque ellas han perdido tanto... Yo en realidad tengo a mi propia familia para ayudarme».

En las horas siguientes, mientras se llevaban a cabo los preparativos para regresar a Inglaterra tan rápido como fuera posible, la reina, con calma y de forma mecánica, escribía cartas y telegramas con Felipe junto a ella. «Se sentó erguida, aceptando completamente su destino —recordaba Martin Charteris—. Le pregunté qué nombre adoptaría y me contestó: "El mío, por supuesto"».

«Pobre tipo —recordaba Parker, refiriéndose al príncipe Felipe en 1999—. Necesitaba hacer algo. Pero allí estaba, con la reina; esa era la cuestión: era como un maldito pilar». En Londres se había comunicado la noticia al primer ministro,

Winston Churchill, cuatro horas antes. La Operación Hyde Park Corner, que contenía el plan secreto para el caso de que muriera el rey, ya estaba en marcha. El secretario particular de Churchill, Jock Colville, recordaba que cuando fue al dormitorio del primer ministro, lo encontró sentado con la mirada perdida bañada en lágrimas. «Nunca había sido consciente de cuánto significaba el rey para él —reconocía—. Intenté animarlo explicándole lo bien que se llevaría con la nueva reina, pero solo era capaz de decir que no la conocía y que era solo una cría».

Una cría no era. La ropa de luto que había sido metida en la maleta con tanto cuidado había salido ya con el equipaje oficial, y la nueva reina se vio obligada a ponerse un vestido de flores y unas sandalias blancas en lugar de su vestido negro, lo que no le hizo gracia, dado que deseaba mostrar el respeto adecuado por su padre. Solicitó que no se le hicieran fotos al dejar el alojamiento en dirección a Londres, pero ya se habían reunido allí un par de fotógrafos.

«Esperamos en silencio en el exterior del hotel —recordaba uno de ellos— mientras los coches se alejaban entre una nube de polvo, sin que ninguno de nosotros tomara una fotografía de ese momento histórico. Al ver cómo se marchaba aquella joven, ahora reina de Gran Bretaña, pude sentir la tristeza de quien nos saludaba con la mano mientras nosotros guardábamos silencio, con las cámaras en el suelo».

Cuando la reina llegó a Londres el 7 de febrero, encontró una nación de duelo. Banderas a media asta, cines y teatros cerrados y eventos deportivos cancelados. El diplomático sir Evelyn Shuckburgh describió la conmovedora escena mientras bajaban la escalerilla del avión. «Hubo una emotiva imagen [de la reina] bajando la escalerilla del avión con el Consejo Privado alineado para saludarla. Apenas podían verse sus pobres nucas ancianas: Winston, Attlee, AE [Eden], Woolton, etcétera. Era la versión del siglo xx de Melbourne galopando hacia el palacio de Kensington para caer de rodillas ante una Victoria en camisón».

Felipe había esperado su turno a salir del avión. Sabía que su papel como cabeza de familia había cambiado para siempre. Además, sus esperanzas de continuar su carrera en la Marina Real habían quedado frustradas. Aunque la muerte del rey a una edad tan temprana no se podía haber previsto, a la reina se la había preparado durante toda su vida por si cambiaban las circunstancias. Pero no a Felipe, quien describió sus sentimientos años más tarde: «Dentro de casa, cuanto hacíamos lo hacíamos juntos. Supongo que ocupé el puesto de forma natural. La gente solía venir a mí y preguntarme qué hacer. En 1952, todo cambió de forma muy muy considerable».

Como soberana, la reina tenía funciones de las que Felipe estaba excluido. Mantenía reuniones semanales con el primer ministro. A diario recibía cajas rojas llenas de documentos —actas del gabinete, telegramas del Foreign Office, expedientes, informes y borradores— que nunca se le mostraban a Felipe. «Era terriblemente difícil para él —decía Mike Parker—. En la marina, comandaba su propio barco, literalmente. En Clarence House, también mandaba él casi siempre. Cuando llegamos al palacio de Buckingham, todo cambió».

En su nuevo papel de consorte, Felipe pidió consejo al príncipe Bernardo de los Países Bajos, quien, como marido de la reina Juliana, tenía una experiencia de quince años como consorte, cuatro de ellos desde que ella había subido al trono. Bernardo era uno de los fundadores del Fondo Mundial para la Naturaleza (WWF) y su presidente antes de que Felipe asumiera el cargo. Bernardo le ofreció un consejo: «Eres nuevo en esto y probablemente no eres consciente de lo que te espera. Prácticamente todo aquello que hagas será objeto de crítica. Y no podrás ignorarla porque parte de ella puede estar justificada. E incluso aunque no lo estuviera, podría ser prudente tenerla en cuenta. Pero que nunca te desanime. En este cargo necesitarás una piel de elefante».

Fue Winston Churchill quien insistió en que se mudaran de Clarence House al palacio de Buckingham. A Felipe, que había empleado tanto tiempo y esfuerzo en la reforma de Clarence House, el único hogar propio que había tenido nunca, le supuso un enorme dolor. La reina, en cambio, simplemente volvía al lugar en el que había vivido gran parte de su vida, con lo que se sentía a gusto allí. El palacio, además, estaba lleno de cortesanos que solo respondían ante la monarca. «A Felipe continuamente se le aplastaba, ignoraba, reprendía o se le echaba una bronca —según Mike Parker—. Era intolerable. Y el problema consistía simplemente en que Felipe tenía energía, ideas, empuje y no casaba con la clase dirigente, ni un poco». Y lo mismo ocurrió con el castillo de Windsor, que se convirtió en el retiro de fin de semana de la familia real.

Otro duro golpe para Felipe ese mismo año fue el que se decidiera que sus hijos y los hijos de estos llevarían el apellido Windsor, por la familia de la reina, y no Mountbatten, que era el suyo. Felipe no estaba solo furioso, también profundamente herido. Fue como una castración. Fue cruel. «Soy el único hombre del país al que no se permite dar su apellido a sus hijos», protestó.

«Le hizo daño, mucho daño —recordaba la condesa Mountbatten—. Había renunciado a todo..., para esto, para que le acabaran insultando. Fue un golpe terrible. Lo deprimió profundamente y lo dejó intranquilo e infeliz bastante tiempo. Por supuesto, yo no culpo a la reina». Fue, obviamente Winston Churchill, animado por Tommy Lascelles, quien lo había decidido y entre ambos no dejaron a Isabel otra opción. Ella era demasiado joven e inexperta para defender lo que deseaba para su marido, que era el apellido Mountbatten-Windsor.

Felipe acababa frustrado, irritado y defraudado a diario, pero fuera del palacio pronto encontró asuntos en los que emplear sus energías. La reina lo nombró guarda del Gran Parque de Windsor, es decir, administrador de la propiedad a todos los efectos. Posteriormente fue ejerciendo una labor de supervisión en todas las fincas de la monarquía, que mejoraron mucho su rendimiento. También fue nombrado presidente de la comisión de la coronación, en la que participaban el duque de Norfolk, Winston Churchill, Clement Attlee y el arzobispo de Canterbury. La comisión evaluaría todos los aspectos de la coronación, incluyendo la cuestión de si debía permitirse que fuera televisada. Mientras tanto, la Real Casa de la Moneda debía poner en circulación nuevas monedas con la efigie de la reina, y Felipe fue nombrado presidente del consejo que asesoraría acerca del diseño de las nuevas monedas y medallas.

Con la ayuda de Mike Parker, que se había convertido en su secretario particular, el príncipe Felipe emprendió la reorganización del palacio de Buckingham, para consternación de la vieja guardia. Aunque le costó mucho esfuerzo, fue modernizando las cosas. Puso en marcha un programa de formación de los lacayos. «Los veteranos nunca habían visto nada así —decía—. Esperaban que los lacayos simplemente siguieran viniendo».

Estableció una revisión de la organización y los métodos y recorrió personalmente cada una de las seiscientas estancias del palacio, descubriendo en este proceso una bodega subterránea que se extendía durante «kilómetros y kilómetros», con cosechas y menús que se remontaban a los tiempos de

Victoria. Puso en marcha la redecoración de los apartamentos privados del segundo piso, instalando una cocina para que la comida no debiera recorrer kilómetros de pasillos en los que hacía corriente. Fue una labor ingente e importante, aunque poco reconocida, pero estaba claro que si quería influir en cómo iban a vivir sus vidas tendría que hacerlo así, ya que su papel público siempre iba a estar supeditado al de la reina.

Dos días antes de que se celebrara la coronación, el martes 2 de junio de 1953, aquellos que no disponían de asientos reservados en las plataformas que flanqueaban la ruta comenzaron a acampar en la calle para tener sitio de pie. Al final, medio millón de personas acompañaría la ruta bajo el azote de la lluvia y el viento. De forma típicamente británica, la multitud compartía tazas de té con ocasionales tragos de brandy. «Una ciudad en chubasquero» fue como describió el *Daily Mail* que aproximadamente diez mil personas acamparan sobre la acera que se extendía del Marble Arch hasta Hyde Park Corner, muchas de las cuales en lo que describían como sus «casas de campaña». «Los niños jugaban al escondite alrededor de los árboles y las tiendas, y familias llegadas de todos los puntos de Gran Bretaña y la Commonwealth se unían en cánticos comunales. Todo el mundo lo pasaba de maravilla», informaba el periódico.

En el palacio de Buckingham, el príncipe Felipe acababa de ser informado de que se había hecho cumbre en el Everest. Justo antes del alba había llegado a Gran Bretaña la noticia de que dos miembros de la expedición británica, dirigida por el coronel Hunt, habían clavado la *Union Jack* en la cima de aquella montaña de 8.848 metros. El neozelandés Edmund Hillary y su guía, Tenzing Norgay, habían alcanzado la cima el viernes 29 de mayo de 1953. La conquista del Everest fue probablemente la última noticia comunicada al mundo por un mensajero a la carrera y el mensaje codificado fue recibido por *The Times* para que la noticia se publicara en la mañana de la coronación. «La reina, el duque de Edimburgo y el resto de miembros de la familia real estaban entusiasmados —escribió el *Daily Mail*—. La soberana envió su enhorabuena a la expedición». Eileen Parker recordaba de forma concisa: «Mi marido y el príncipe Felipe estaban más interesados en ver esa información que en ir a la ceremonia».

Aunque la guerra había terminado ocho años antes, seguía habiendo algo de racionamiento con respecto al azúcar, la carne y muchos otros alimentos, y el de artículos de pastelería había terminado apenas algo antes ese mismo año. A causa de ello, el ánimo en Gran Bretaña en la época de la coronación seguía siendo un poco sombrío, ya que la austeridad continuaba desempeñando un importante papel en la vida de todos, por lo que la noticia de la conquista de la gran montaña en combinación con la propia coronación constituían un símbolo de esperanza y de amanecer a una nueva era. Era casi como si la nueva reina fuera algún tipo de sacerdotisa que pudiera a enderezarlo todo de nuevo.

«Ahora, con Isabel como nuestra estrella guía, y dada esta tregua de la monstruosa calamidad —comentaba el *Daily Mail*—, todas las perspectivas indican que esta isla y sus países hermanos avanzarán hacia un futuro aún mejor que el más brillante de sus pasados». Era una responsabilidad asombrosa, incluso para una mujer de su voluntad y determinación. Sin Felipe a su lado, se habría amedrentado ante las expectativas que recaían sobre ella, pero él era capaz de hacerla reír, ver los retos de forma más prosaica y seguir adelante.

«Todas nuestras esperanzas recaían en esta única mujer y en cómo iba a cambiarlo todo», decía lady Jane Rayne, una de las damas de honor de Isabel. «La guerra había alterado un horrible montón de cosas —observaba lady Anne Glenconner, otra de las damas de honor—, pero con la coronación realmente regresamos a antes de la guerra, ya sabe. Todo comenzó de nuevo como si la guerra nunca hubiera existido».

De hecho, en ese momento, la pareja era adorada de forma muy parecida a como lo eran los príncipes de Gales treinta años antes. Miles de personas aparecían para saludarlos en los viajes al extranjero y se hablaba y se escribía sobre ellos como si fueran personajes de un cuento de hadas. «En los primeros años de su reinado, el nivel de adulación era tal... que no lo creeríais —reconoció el príncipe Felipe años más tarde—. Era increíble. Habría sido corrosivo. Habría sido muy sencillo actuar para la galería, pero tomé la decisión consciente de no hacerlo. Era más seguro no ser demasiado popular. Uno no se caería desde tan arriba».

El papel de Felipe en la coronación era el de arrodillarse ante su esposa, prestando el antiguo juramento de lealtad: «Yo, Felipe, duque de Edimburgo, seré tu vasallo en cuerpo, alma y devoción terrenal; y la fe y la verdad me conducirán a ti, en la vida y en la muerte, contra viento y marea. Que Dios me ayude». Entonces debía ponerse en pie, besarle la mejilla y retirarse. En el ensayo, posiblemente por sentirse un poco castrado, representó su papel sin ninguna convicción. De hecho, murmuró las palabras muy deprisa, no acertó con la mejilla de la reina y se retiró demasiado deprisa. La reina lo reprendió: «No seas tonto, Felipe. Vuelve aquí y hazlo correctamente».

Por supuesto, el día señalado se lo tomó en serio, pero tocó la corona de forma un poco brusca y la reina debió ajustarla rápidamente. Sin embargo, el incidente del ensayo también ilustra lo comprometida que estaba la reina con que las cosas se hicieran de la forma correcta en todas las ocasiones;

entendía que era una parte importante de su papel, y que ella tenía que cumplir dicha obligación.

Además, para la reina era importante hacerlo bien por otro motivo. «La reina es una persona de profundas creencias religiosas —decía Michael Mann, antiguo deán de Windsor—. Veía la coronación del modo en que esta estaba concebida».

«La coronación era una experiencia espiritual muy emotiva para ella —comentaba su prima Margaret Rhodes—, especialmente la parte que no fue filmada: cuando esperaba de pie y con la cabeza descubierta, ataviada con un mero vestido de lino suelto, mientras el arzobispo de Canterbury le hacía la señal de la cruz pronunciando: "Tal como Salomón fue ungido por Sadoc el sacerdote, así serás tú ungida, bendecida y consagrada como reina del pueblo que Dios te ha ofrecido para que gobiernes"».

«Y esta sensación de haber sido designada para ejercer una tarea particular durante toda su vida fue algo que la coronación marcó en ella como un sello», confirmaba Michael Mann.

Cecil Beaton, a quien se había encargado tomar las fotografías oficiales, ofreció una de las mejores y más vívidas descripciones del día cuando entró en la abadía:

Bastones dorados [del cuerpo de guardaespaldas de la reina, Gentlemen at Arms] situados alrededor de los claustros nos indicaban el camino. Estaban azules del frío. Uno de ellos me preguntó si había oído la buena nueva de que Hunt había escalado el Everest. El viento gélido soplaba en círculos alrededor de la escalera de caracol que me condujo al techo y sentí solidaridad con Hunt.

Los invitados, las aristócratas en bloque, en terciopelo rojo oscuro y blanco espuma, con diamantes que brillaban como el rocío. Los miembros menores de la realeza y las casas reales extranjeras y los representantes de otros Estados. La madre del duque de Edimburgo, como contraste a la grandeza, en un vestido gris ceniza como de monja. [...] Esa vetusta gran reliquia, Winston Churchill, dando tumbos sobre sus pies inestables, con ondeantes lazos blancos sobre el hombro y plumas blancas en el sombrero que llevaba en la mano. Y la más impresionante y espectacular, a la cabeza de su comitiva de damas blancas, casi lirios: la reina.

Beaton describía sus «mejillas ligeramente sonrosadas, su cabello rizado y su porte sencillo y humilde», añadiendo «al caminar, permite que la pesada falda se balancee adelante y atrás creando un bello efecto rítmico».

Había llovido de forma abundante durante la mayor parte de la ceremonia, empapando a todos los que aguardaban en el exterior, especialmente a aquellos uniformados que no podían resguardarse en ningún sitio. El carruaje Gold State Coach esperaba en Dean's Yard para llevar a la reina de regreso al palacio de Buckingham. Pero fue un profundo alivio que la ceremonia acabara sin que se produjera ningún contratiempo reseñable.

Entonces, al igual que ahora, la reina y Felipe disfrutaban de que las cosas se alteraran ligeramente, dado lo reglado de sus vidas. Debieron hacer frente a uno de esos momentos en la comitiva de regreso desde la abadía cuando uno de los ayudantes que caminaba junto al Gold State Coach tomó la dirección contraria, hacia Hyde Park. John Taylor, el lacayo que caminaba junto a él, se dio cuenta en el momento y se lo indicó a la reina, quien se lo dijo al duque. Este le gritó a través de la ventana a Taylor: «¿Adónde cree que va? ¡Hazlo volver!».

Nada se dejaba a la improvisación, por lo que el duque llevaba un *walkie-talkie* a su lado, en el tapizado sillón del carruaje para poder coordinar su llegada al segundo, pero ni siquiera él podía dirigirse al lacayo, por lo que debieron de hacerse muchas señas discretamente.

De vuelta en palacio, la principal preocupación de la recién coronada reina y su consorte eran sus hijos. El príncipe Carlos, de cuatro años, había presenciado parte de la ceremonia con su abuela, mientras la princesa Ana se había quedado en casa. Lady Jane Rayne recordaba cómo en cierto momento Carlos cogió la corona, que descansaba sobre una mesa cercana, y se la puso en la cabeza. «No creo que, al ir a levantarla, se diera cuenta de lo pesada que era, y se medio tambaleó al colocársela en la cabeza y no era capaz de caminar con ella, de lo mucho que pesaba. Pero estaba muy mono y todo el mundo se rio, lo que rompió el hielo».

Después hubo que posar durante largas sesiones ante Cecil Beaton, que debía tener listas las fotografías oficiales tan pronto como fuera posible, pues miles de publicaciones esperaban por ellas. El príncipe Felipe se entrometió en su tarea e intentó controlarlo todo, lo que no le agradó a nadie. «Me pidió que sonriera en cierto momento —recordaba Anne Glenconner—. Yo podía notar lo mucho que se estaba enfadando Cecil Beaton, porque él era un profesional y el duque de Edimburgo le estaba diciendo qué debía hacer».

Puede que fuera el punto cumbre de la carrera de Beaton, pero a pesar de las tensiones aún tuvo tiempo de realizar algunas breves observaciones: «La reina parecía extremadamente menuda bajo su vestido y la corona, con la nariz y las manos congeladas y los ojos cansados. El duque de Edimburgo, a su lado, hacía comentarios irónicos, con los labios fruncidos en una sonrisa que me daba pavor. Imagino que no le gusto ni me aprueba [...] Quizá le decepcionó que no le encargaran el trabajo de hoy a su amigo Baron; fuera cual fuera el motivo, adoptó una actitud de burla durante la sesión».

Seguía diluviando, pero la multitud continuaba aclamándolos, y la reina y el príncipe Felipe volvieron a salir al balcón media docena de veces. Tras su última aparición a medianoche, la muchedumbre, que para entonces era una masa sólida que llegaba a Trafalgar Square, comenzó a entonar «Auld Lang Syne». «La reina nos condujo al exterior y todos observamos la extraordinaria multitud de miles de personas que ocupaban el Mall —recordaba lady Glenconner—. No cabía un alfiler, era una especie de clamor de cariño hacia ella».

Ocho días después era el cumpleaños del príncipe Felipe, y Mike Parker celebró en su honor un cóctel en su casa de Launceston Place. Las hermanas del príncipe Felipe todavía seguían en Londres y estuvieron también invitadas. Margarita y Teodora (Dolla) eran de complexión fuerte, mientras que Sofía, la más joven, era alta y esbelta. Había estado casada en dos ocasiones y su segundo marido era el príncipe Jorge de Hannover. A todas les encantaba estar con su hermano pequeño en reuniones informales y charlaron toda la noche, compartiendo bromas privadas en alemán.

El príncipe Felipe adoraba a sus hermanas, pero pasó gran parte de la noche explicándole al príncipe Alfonso de Hohenlohe-Langenburg cómo el vidriero había logrado atrapar una burbuja de aire en el pie de su copa de champán. Felipe estaba muy a gusto con aquel grupo de glamurosos playboys internacionales, y Alfonso, quien tiempo después se casaría con la quinceañera Ira von Fürstenberg, heredera del imperio Fiat, era uno de los que mejor le caía.

Al igual que sucedía con el Thursday Club, para él suponía un cambio con respecto a la remilgada clase dirigente británica de posguerra, que tanto desconfiaba de él. Lo deprimía que lo trataran como a un intruso, aunque sabía que podría compartir retos con la reina. Y si debían criar a dos niños además de todas sus obligaciones públicas, tenían más que suficiente con lo que mantenerse ocupados mientras pasaban a la siguiente etapa de su vida juntos.

Capítulo 6

Paternidad

Casi exactamente un año después de su boda, la princesa Isabel, de 21 años, dio a luz a un varón. Sonaron las campanas de la abadía de Westminster y la unidad King's Troop de la Real Artillería Montada disparó cuarenta y una salvas en su honor. Las fuentes de Trafalgar Square se iluminaron en azul y cerca de cuatro mil personas se acercaron al palacio de Buckingham para presenciar las entradas y salidas del equipo médico.

El nacimiento, sucedido a las 9.14 de la brumosa noche del 14 de noviembre de 1948, no había sido sencillo. El boletín oficial, sujeto a las puertas del palacio de Buckingham, anunciaba que «Su Alteza Real y su hijo se encuentran bien». Más tarde se supo que había nacido por cesárea, pero era tal la mojigatería de la época que nunca se reveló de forma oficial. Ni siquiera se les dijo a sus amigos. Tampoco se hablaba de la lactancia materna; y el embarazo, especialmente un embarazo real, era una condición que la buena sociedad fingía ignorar.

En otra muestra de los hábitos de la época, Felipe no acompañó a su mujer durante el parto. Mike Parker recuerda que, en ese momento, la familia real se había reunido en el despacho del caballerizo aguardando noticias del nacimiento. El rey estaba tumbado junto al fuego y el príncipe caminaba de acá para allá. Finalmente, Parker se lo llevó a jugar al squash. «Bueno, las cosas se estaban alargando un poco y él se encontraba intranquilo», recordaba Parker. Cuando el secretario particular del rey, Tommy Lascelles, trajo la buena nueva, Felipe subió dando brincos al salón Buhl, convertido en un paritorio para la ocasión. Aún en zapatillas de deporte y polo, cogió en brazos a su primogénito.

Su esposa, que había sido sedada para la intervención, no recobró el conocimiento hasta algunos minutos después. Pero tan pronto como lo hizo, Felipe le regaló un ramo de rosas y claveles rojos, que tuvo el detalle de traer Parker. Tiempo más tarde, Isabel diría que el rostro de su marido fue el último que vio antes de quedarse dormida por la anestesia y el primero que se encontró cuando volvió en sí.

Alicia, la madre del príncipe Felipe, se había mudado recientemente a la isla de Tinos, Grecia, a una casa sin teléfono, por lo que él se vio obligado a mandarle un telegrama con la noticia. Emocionada, ella contestó de inmediato: «Te imagino con tu dulce bebé, pienso en tu alegría y en el interés que te tomarás por todas sus pequeñas cosas. Qué fascinante es la naturaleza, pero cuánto hay que pagar por ello en las angustiosas y difíciles horas del parto».

La princesa había abordado su embarazo de un modo mucho más pragmático («Después de todo, para eso estamos hechos», dijo), pero estaba encantada con el fruto de su vientre. «Aún encuentro difícil creer que tengo un bebé propio», comentó. Como suele hacer tradicionalmente todo el mundo, comenzó buscando los parecidos familiares en sus rasgos. Le llamaron la atención las manos del niño. Eran, según ella, bastante grandes «pero elegantes, de largos dedos». Felipe, siempre tan prosaico que llegaba a parecer indiferente, afirmó que recordaba a una tarta de ciruela.

En la sala de música del palacio de Buckingham, el niño fue bautizado como Carlos Felipe Arturo Jorge. Sus padrinos fueron Jorge VI; su bisabuela, la reina María; su tía, la princesa Margarita; su bisabuela paterna, Victoria, marquesa de Milford Haven; su tío abuelo, David Bowes-Lyon; la hija del conde Mountbatten, lady Brabourne; y sus tíos abuelos, el príncipe Jorge de Grecia y el rey Haakon de Noruega. Alicia no asistió, pero recibió todas las noticias de los progresos de su nuevo nieto a través de Luisa, su hermana menor. Le contó que el bebé era como Felipe, pero Marina pensó que se parecía más a Lilibet. «Me alegro mucho por Felipe —escribió—, porque adora a los niños y también a los bebés. Lo coge [al bebé] de forma bastante profesional, para sorpresa de la enfermera».

Isabel le dio el pecho a su hijo y Carlos pasó su primer mes de vida en una cesta de mimbre redonda en el vestidor adjunto al dormitorio de su madre. Entonces ella cogió el sarampión y los médicos le aconsejaron separarse temporalmente del bebé, que fue puesto al cuidado de la niñera Helen Lightbody y la cuidadora Mabel Anderson. Carlos pasó gran parte de sus dos primeros meses en Windlesham Manor, la casa de campo que sus padres habían alquilado. Las dos guerras mundiales habían supuesto un mazazo para el cómodo mundo de sirvientes y doncellas del que disfrutaban las clases altas. Sin embargo, la familia real había capeado este temporal sin grandes cambios y Carlos cayó pronto en la rutina que había constituido la propia infancia de Isabel. Lo llevaban a ver a su madre cada mañana a las nueve, tal cual habían hecho años antes con ella. Y por las tardes, si los compromisos se lo permitían, ella iba a verlo al cuarto de juegos. Pero eso era prácticamente todo, pues vivían vidas separadas. «Que yo sepa, nunca bañó a los niños —reconocía la señora Parker—. Era la niñera quien hacía esas cosas».

Una vez que ascendió al trono, la educación de sus hijos, como lo había sido la suya propia, se dejó en manos del personal de guardería. Era, por tanto, hacia las niñeras hacia quienes Carlos, que pronto se reveló como un niño tímido y sensible, se volvía en busca del afecto que necesitaba. Era la niñera Lightbody —a quien Carlos llamaba *Nana*— quien lo levantaba por las mañanas y lo vestía, del mismo modo que Allah lo había hecho con Isabel. También dormía en la misma habitación que él y lo tranquilizaba cuando se despertaba por la noche.

Parte de sus primeros años los vivió «tras la puerta de tapete verde [...] Mamá era una figura lejana y glamurosa que venía a darte un beso de buenas noches, que olía a lavanda y estaba arreglada para ir a cenar». El príncipe Carlos adoraba a su madre, pero desde lejos. Estaba claro que los hábitos que había adquirido la princesa en su propia infancia eran difíciles de romper y, comedida por naturaleza, ella siempre encontró difícil abrazar o besar a su hijo, prefiriendo dejar tan importantes muestras físicas de emoción a las niñeras.

Sin embargo, Carlos no fue hijo único durante mucho tiempo, y cuando tenía veintiún meses, recibió una hermanita como compañía. La princesa Ana nació diez minutos antes de la medianoche del miércoles 15 de agosto de 1950, en Clarence House, el hogar familiar recién reformado. Dos años antes, el rey Jorge VI había decidido que todo hijo de la mayor de sus hijas recibiría el título de «príncipe» o «princesa». Un decreto especial publicado en el *London Gazette* en noviembre de 1948 declaraba: «Los hijos de la princesa Isabel y del duque de Edimburgo disfrutarán del título y dignidad de Príncipe o

Princesa antes de sus nombres cristianos». Si no se hubiera publicado este decreto, la infanta habría sido conocida simplemente como lady Ana Mountbatten y no habría sido considerada princesa hasta que su madre hubiera accedido al trono.

Felipe adoraba a su hija. «Es la niña más dulce», le contaba a todo el que quisiera escucharlo. «Aunque con una nariz considerable para alguien tan joven», añadía el fotógrafo Cecil Beaton.

La hermana mayor de Felipe, la princesa Margarita de Hohenlohe-Langenburg fue designada madrina, como lo fue también su madre, la princesa Alicia, y lord Mountbatten; del lado materno, fueron elegidos su madre y el reverendo Andrew Elphinstone. Por primera y única vez, el lado de Felipe superaba en número al de Isabel, tres a dos, indicando su estatus como cabeza de familia. La ceremonia tuvo lugar en la sala de música del palacio de Buckingham el 21 de octubre de 1950, coincidiendo —apropiadamente para la carrera de Felipe— con el aniversario de la batalla de Trafalgar, uno de los combates navales más importantes de la historia.

Felipe era el más atento de los padres. Había sido ascendido al rango de capitán de corbeta de la Marina Real el día que Ana nació y se le había otorgado el mando de su propio buque, la fragata *Magpie*, con lo que fue un día aún más especial para él. Ayudó a escoger los nombres —Ana Isabel Alicia Luisa— y la registró en la Oficina de Alimentos de Westminster. Allí le otorgaron la cartilla de racionamiento, con el código MAPM/36, que la pequeña princesa, como el resto de la población en los austeros años de posguerra, aún precisaba para obtener su ración de carne, huevos, mantequilla, pan, azúcar, leche y, para niños en edad de crecimiento, una botella semanal de zumo de naranja y otra de aceite de hígado de bacalao.

Como hemos visto en el capítulo anterior, los compromisos reales de Isabel y Felipe, así como la carrera naval de este, eran sus principales prioridades, hasta tal punto que cuando realizaron el viaje oficial a Canadá en 1951, los dos niños se quedaron en casa. La princesa Isabel se convirtió en una madre aún más distante cuando murió el rey Jorge VI y ella accedió al trono. Godfrey Talbot, el corresponsal en la corte de la BBC en aquella época, recordaba: «Desde la cuna, su padre la educó para que el deber estuviera por encima de todo, incluida su familia. En contra de sus deseos, debió abandonar a sus hijos, que prácticamente no veían a sus padres durante meses enteros. Para ellos era terrible y desconcertante».

En 1953, la nueva reina y su consorte partieron en una gira, retrasada desde hacía mucho tiempo, por los países de la Commonwealth. Estuvieron fuera durante seis meses. Como su madre antes que ella, Isabel lloró al separarse de ellos. Y tal como su madre descubrió después de su viaje de seis meses a Australia en 1927, la larga ausencia se cobró su inevitable peaje. Cuando finalmente se reunieron de nuevo, recordaba la reina, los niños «eran tremendamente educados. Creo que no sabían de verdad quiénes éramos».

En el caso de Felipe eso era aún más fácil de entender. Había logrado pasar las primeras Navidades de Carlos con su mujer e hijo, pero esa sería la última vez en varios años que pudieran reunirse para lo que habitualmente suele considerarse una celebración familiar. En 1949, la madre de Carlos eligió dejar a su hijo en Sandringham con sus abuelos y fue a ver a su marido a Malta, donde estaba destinado en la Marina Real.

Felipe no solo debía tener en cuenta su carrera, sino que como hemos visto anteriormente, intentaba mantener también su vida de soltero, además de que tampoco podía escaquearse de sus compromisos monárquicos. Irascible por naturaleza, las exigencias de la paternidad solo sirvieron para aumentar su irritación y disponía de muy poco tiempo para poder dedicárselo a su hijo, ya que luchaba por encontrar un papel propio en estas frustrantes circunstancias. Tampoco es que mostrara ninguna inclinación para ser uno de esos padres dispuestos, de los que cambian pañales. Carlos, como todo el mundo advertía, era un niño «excepcionalmente dulce por naturaleza», que siempre estaba pendiente de los demás y del mundo que lo rodeaba. Jorge VI, en sus últimos días, comentó: «Carlos entra dando pisotones en la habitación, es tan dulce...».

Sin embargo, no era agresivo ni aficionado al deporte. Su hermana pequeña pronto lo dominó físicamente. Tampoco se le daba bien la mecánica, como a su padre. Además, era un poco zambo, como su abuelo, Jorge VI, y su bisabuelo, Jorge V. Tenía los pies planos y debía llevar unos zapatos ortopédicos especiales. Era propenso a los dolores de pecho y padecía una constante sucesión de toses y dolores de garganta.

Tal vez no sea de extrañar que nada de esto impresionara demasiado a su padre. «Un carácter resistente como el de Felipe, endurecido además por haber aguantado carros y carretas en su vida, y que ve la dureza como una cualidad necesaria para sobrevivir, desea fortalecer a su hijo..., pero su hijo es muy sensible —observaba el conde Mountbatten—. La situación nunca ha sido fácil para ninguno de los dos».

Felipe creía en el castigo físico y, si Carlos se mostraba grosero o se desmandaba, recibía unos azotes, un método de disciplina que era bastante frecuente en la época. Felipe habitualmente dejaba la administración de este castigo a las niñeras. Aun así, sus comentarios podían ser más hirientes.

«Podía ser increíblemente cortante, no solo con sus hijos, sino con cualquiera —recordaba la señora Parker—. Siempre tuvo que luchar para defenderse desde el principio. La reina lo adoraba, pero ella siempre vivió llena de lujos. Él fue quien lo hizo sin comodidades, he llegado a escucharle comentarios horribles». Según ella, la niñera Lightbody también tenía sus dudas con respecto a él: «Nunca dijo que no le cayera bien, pero no creo que estuviera de acuerdo con él en nada».

«Simplemente no puede evitar hacer comentarios personales —decía Gina Kennard, una amiga de la infancia tanto de la reina como del príncipe Felipe—. Se llevaba muy mal con Carlos, pero también podía mostrarse muy sarcástico con Ana».

El método de Felipe para enseñar a nadar a su hijo era zambullirse en la piscina del palacio de Buckingham y ordenarle a gritos a Carlos, a menudo aterrorizado, que lo siguiera. Una mañana de sábado, el niño tenía algo cogido el pecho, por lo que la niñera Lightbody no quería que se metiera en el agua, pero Felipe insistió. Carlos acabó con un buen resfriado. Nana estaba furiosa. «Me enfadé mucho con su padre —reconocería después—, pero el problema es que yo apenas podía decir nada». Felipe, que no dejaba de ser un oficial naval, no toleraba que sus decisiones se cuestionaran.

En ocasiones, sus modales se suavizaban. Creía que era bueno animar a sus hijos a «dominar al menos una disciplina, porque tan pronto como un niño encuentra confianza en un área, esta se extiende a todas las demás». Y Mabel Anderson insistía públicamente: «Era un padre maravilloso. Cuando los niños eran pequeños, siempre sacaba tiempo para leerles algo o ayudarlos a montar esas maquetas de juguete».

Sin embargo, había momentos en los que la exasperación le podía. Intentó enseñar a navegar a su hijo, sin ningún éxito.

Carlos a menudo se mareaba en el mar y no respondía bien a las duras exigencias de la vida a bordo. Más tarde recordaría: «Me acuerdo de un día desastroso en el que fuimos a competir en una regata y, como siempre, mi padre gritaba. Recogimos el cabrestante con demasiada fuerza y la vela se rasgó a la mitad con un ruido tremendo. A papá no le hizo ninguna gracia». Lo diferente de sus personalidades abría una grieta entre padre e hijo. «Ignoré los consejos de mi padre hasta que estuve cerca de la veintena», reconoció Carlos.

Se sentía más a gusto en la compañía de su abuela, que ahora llevaba el título de reina Isabel, reina madre. Como madre, había sido cariñosa y tierna, aunque con frecuencia distraída. Sin embargo, ser abuela le sentaba mucho mejor, y fue capaz de imprimir más afecto a ese papel de lo que había logrado la reina María. En sus últimos días, la anciana reina se ablandó un poco, permitiendo a su bisnieto jugar con su colección de objetos de jade, un placer que siempre había negado a sus nietas, Isabel y Margarita. Pero a pesar de la dulce tristeza que irradiaba su prolongada edad (vivió para ver morir a su marido y a tres de sus hijos, además del exilio de otro), nunca perdió ese intimidante aire de altiva majestad, ni siquiera con su propia familia.

La reina madre, en cambio, era dulce y amable. Recordaba a su nieto como «un niño muy dulce, de gran corazón, lo que yo creo que es la esencia de todo lo demás». El sentimiento era mutuo. En su octogésimo aniversario, Carlos dijo: «Desde que tengo recuerdo, mi abuela ha sido el ejemplo más maravilloso de diversión, risa, seguridad infinita y, por encima de todo, gusto exquisito. Para mí, siempre ha sido una de esas personas tan extraordinariamente infrecuentes cuyo toque puede convertir cualquier cosa en oro, ya se trate de hacer que la gente se sienta a gusto, de convertir algo aburrido en algo divertido, de hacer feliz y reconfortar a la gente en su presencia, o de convertir cualquier casa en la que ella viva en un refugio acogedor y lleno de personalidad».

La otra abuela de Carlos y Ana era la madre de Felipe, la princesa Alicia, que por entonces había fundado una orden de monjas griegas ortodoxas y vestía un hábito (lo que no le impedía seguir fumando de forma empedernida unos nocivos cigarrillos griegos sin filtro, continuar bebiendo un fuerte café muy cargado o disfrutando del jerez). Realizaba viajes ocasionales a Inglaterra desde su retiro griego y le encantaba la compañía de Carlos, a pesar de que él la encontraba una figura bastante alarmante.

«Era muy severa —recordaba Eileen Parker—. Siempre se sentaba muy erguida y tenía una personalidad muy agobiante. La sala se llenaba de humo cuando ella entraba». Chapurreaba el inglés con un fuerte acento gutural y, a causa de su sordera, era difícil entablar conversación con ella. «Tenía que situarse cerca para poder leerte los labios y entender lo que le estabas diciendo —recordaba la señora Parker—. La reina madre era completamente distinta. Muy natural, tenía el don de hacerte sentir a gusto y como si fueras la única persona que había en la habitación».

Algo que Carlos sí compartía con su padre era el interés en la gastronomía y lo que sucedía en las cocinas de palacio, y siempre estaba entrando a ayudar a los chefs a pesar los ingredientes, buscar las cazuelas y avisarlos cuando las ollas o los hervidores estaban a punto de ebullición. Sin embargo, sus esfuerzos culinarios no siempre tenían éxito. En una ocasión, un cocinero llamado Aubrey lo envió a la despensa del palacio a buscar algunas cosas... y, en el camino de vuelta, la bandeja en la que llevaba mantequilla, levadura, dos docenas de huevos y pasas acabó en el suelo. Como no es de extrañar, su presencia no siempre era del agrado de los trabajadores de la cocina, que se quejaban de que los estorbaba.

Sus intentos de fabricar polos también acababan mal. Mabel Anderson tenía que andar subiendo la temperatura de la nevera porque la leche de su hermana siempre estaba demasiado fría. Carlos la bajaba una y otra vez porque de lo contrario sus polos no se congelaban. Que fuera la leche o los polos lo que saliera a su temperatura correcta de la nevera solo dependía de quien hubiera sido el último en pasar por la nevera.

Le gustaba bailar y las danzas escocesas, y tuvo como profesora, al igual que su madre, a la señorita Vacani, que venía al palacio a darle clase junto a otros niños, hijos de los miembros de la casa. Pero a él le costaba mezclarse, así que se aferraba a la niñera Lightbody y se quedaba mirando cómo su hermana Ana «se iba con el resto de niños». Porque, si Carlos era demasiado tímido incluso para hablar, «Ana no se callaba nunca». Cuando estaba nervioso, comentaba la señora Parker, le surgía un tic en un lado de la boca que años más tarde aprovecharían los imitadores cómicos.

Enseguida quedó patente que la princesa Ana crecía de forma muy distinta. En una ocasión comentó que debería haber nacido chico o, como ella decía, «probablemente fuera vista como un chicazo». Algunas personas cercanas a la familia real creen que no solo debería haber nacido varón, sino también haber sido el primogénito. Felipe era uno de los que pensaba así.

Decidida, deportista y valiente, a Ana no la impresionan los rangos o títulos, no teme a las controversias y le importa poco la opinión de los demás. Y si puede ser desconcertantemente «regia» cuando así le apetece («No me llames "querida", soy tu Alteza Real», le advirtió en una ocasión a un fotógrafo que se tomaba demasiadas confianzas), también es alguien que no tiene mayores escrúpulos o reservas en soltarse la melena y arrimar el hombro cuando la ocasión lo exija. En otras palabras, es mucho más la hija de su padre... en un sentido en el que Carlos nunca podría serlo.

«Él siempre se divirtió más con Ana —observaba Eileen Parker—. Carlos se parece más a la reina, mientras que Ana recuerda mucho más al príncipe Felipe». Como el propio Felipe admitiría más tarde: «Tal vez en algunas ocasiones la consentí demasiado».

«Ana dominaba a Carlos; asumía el mando de las cosas —recordaba la señora Parker—. Si veía un juguete que le gustara, lo cogía y punto. También se quedaba con todo lo que le gustaba a Carlos; y cualquier cosa que este tuviera, ella la quería».

Carlos tenía un coche azul de pedales que a él le entusiasmaba. Normalmente su hermana, mucho más agresiva, se lo quitaba sin mucha ceremonia. Y lo mismo ocurría con el triciclo que ambos compartían. Si lo estaba usando Carlos, Ana seguro que lo quería. «Eran unas peleas terribles —decía la señora Parker, que solía recibir a los hermanos en Launceston Place, su casa de Kensington—. La niñera Lightbody siempre les tenía que decir: "¡Ya basta, parad ahora mismo!"».

Pero Ana nunca paraba. Una vez que su padre les regaló un par de guantes de boxeo a cada uno y trató de enseñarles algo de defensa personal, comenzaron a pegarse entre ellos con tal furia que tuvo que quitárselos.

En otra ocasión, estando en Balmoral, lady Adeane, la esposa del secretario particular de la reina, les ofreció una bolsa de papel llena de champiñones que acababa de recoger. Enseguida se produjo una disputa sobre quién se los regalaría a su madre. Empezaron a tirar de la bolsa, que se rasgó lanzando su contenido sobre el camino de gravilla..., momento en el cual Ana, que volvía de sus clases de equitación, la emprendió a golpes de fusta con su hermano. Carlos se puso a llorar justo cuando la reina abría la puerta. Exasperada, esta les gritó: «¡¿Es que no podéis comportaros?!», y les dio un cachete a cada uno.

Como admitiría la princesa: «Nos llevábamos como el perro y el gato». Y Ana no admitía un «no». «Cuando se exaltaba, empezaba a tirarle cosas —contaba la señora Parker—. Tenía un carácter muy fuerte, era una bruja».

Su niñera siempre le decía que no sacara demasiados juguetes, pero ella nunca le hacía caso, vaciaba el armario entero en el suelo y, en aquella época de chimeneas en todas las habitaciones, se «ponía perdida» al hacerlo. Si las cosas no salían a su gusto, «demostraba un carácter espantoso, se tiraba al suelo y pataleaba furiosa».

Carlos era sorprendentemente agradable en comparación con su escandalosa hermanita («tal vez demasiado agradable», observaba la señora Parker); siempre la invitaba a jugar con él, mostrando una actitud preocupada y conciliadora hacia sus excesos. A pesar de sus riñas, los dos se llevaban razonablemente bien, debían hacerlo. Porque, al igual que su madre y la hermana de esta antes que ellos, Carlos y Ana pasaron más parte de su infancia en compañía de adultos —sirvientes, cortesanos, miembros de la familia real— que de otros niños de su edad y solo se tenían el uno al otro como compañeros de juegos. Eso parecía gustarle a Carlos, a quien le costaba relacionarse.

Pero si Ana era más que el igual de su hermano, era Carlos quien acaparaba la mayor atención, independientemente de lo que su padre pensara de sus habilidades. Había nacido para ser rey y ese era un hecho que tanto a él como a su hermana se les fue inculcando sutilmente desde que tienen recuerdo. Según sus palabras, ella «siempre aceptó el papel de ser segunda en todo desde bien pequeña. Aceptas esa posición como parte de tu situación. Comienzas tu vida sabiendo que eres el furgón de cola, la última de la fila». Y por mucho que pataleara y gritara, era allí, por un accidente genético y la ley de primogenitura, donde estaba destinada a quedarse.

Acabaría agradeciéndolo con los años. Desarrolló una opinión positiva de su situación en la jerarquía real. «Soy la hija de la reina y como tal he de implicarme menos que los hombres», reconoció. Eso le permitió desarrollar sus propios intereses, a su manera, sin la presión de ese papel protagonista en la monarquía que tanto cohibía a Carlos. «Yo soy yo, una persona, un individuo, y creo que es mejor para todos que no finja ser lo que no soy», comentó en una ocasión.

En cualquier caso, no hubo lugar para ella en la gran ceremonia de coronación de su madre. Era demasiado joven para presenciar esa fundamental transición no solo de un reinado al siguiente, sino de una era a otra distinta. Ana, que aún no tenía tres años, se quedó en el palacio de Buckingham, padeciendo «el típico enfado de hermana a la que se ha relegado». Se celebró una fiesta para los niños en la clase de baile de la señorita Vacani, y vieron la ceremonia en una parpadeante televisión en blanco y negro.

Los recuerdos de Ana de ese día son inevitablemente vagos. Lo que recuerda es que la sacaron al balcón con el resto de la familia y le dijeron que «saludara a la gente». Fue una lección pública de lo que suponía ser princesa. No se podía escapar de pertenecer a la monarquía. Como ella misma diría años más tarde: «La mera idea de renunciar es imposible».

«El patrón de mi vida desde que nací hasta que entré en el internado, a los trece años, era vivir en Londres entre semana y en el castillo de Windsor los fines de semana —decía—.

Las vacaciones se repartían entre Navidad y Año Nuevo en Sandringham, Pascua en Windsor y la mayor parte de las vacaciones de verano en Balmoral».

Se adaptó a la añeja rutina de la vida en el campo. El trabajo escolar interfería en ocasiones y, para que mejoraran su francés, se contrató a una profesora, una tal mademoiselle De Roujoux. Pero el fútbol parecía ocupar un papel tan importante en su currículo como los verbos irregulares. «La reina siempre se pone de portera, y el príncipe Felipe, la princesa Margarita y los niños participan —recordaba mademoiselle De Roujoux—. Carlos y Ana eran unos diablillos y nunca dejaban de gastarme bromas. Las últimas palabras que me gritaron cuando partí para tomar el tren de regreso a casa fueron *"Cafe au lait, au lit";* se las había enseñado y las habían encontrado de lo más divertidas. Significaban "Café con leche en la cama"».

Ana no tiene queja de cómo los trataban a Carlos y a ella de niños, aunque sus padres no solieran estar presentes tanto como a ellos les habría gustado. Creció con la libertad que disfrutaban. Aunque a ojos modernos este distanciamiento pueda parecer raro, en la época no era algo tan extraño: el mundo ficticio de los Cinco, de Enid Blyton, o Golondrinas y Amazonas, de Arthur Ransome, muestra con qué frecuencia los padres eran figuras relativamente distantes en la vida de los niños. La mayoría de los padres acomodados dejaban a sus hijos al cuidado de niñeras e institutrices, y apenas los llevaron de viaje hasta la llegada de los vuelos baratos. «Nos apoyaban mucho y nunca ponían objeciones a lo que quisiéramos hacer —decía Ana—. En todo caso, de vez en cuando nos preguntaban si algo había sido de verdad una buena idea».

«No debimos de ser muy exigentes, en el sentido de que entendíamos cuáles eran los límites —recordaba recientemente—. Pero no creo que ninguno de los dos pensáramos que ella [la reina] no se preocupara por nosotros del mismo modo en que lo habría hecho cualquier otra madre. A principios de los años cincuenta, cuando yo estaba creciendo, aún seguía habiendo mucha gente que trabajaba y vivía en el campo. La información se pasaba de padres a hijos, el conocimiento se absorbía más que se enseñaba. Mi "conocimiento" de ponis, caballos y equitación lo adquirí en gran medida de esa forma, por absorción».

Es curioso que fuera su padre quien de verdad la animara a montar. Cuando vio lo bien que lo hacía —y cuánto mejor que su hermano—, se puso en contacto con sir John Miller, entonces director de las Caballerizas Reales del palacio de Buckingham y le dijo que «se pusiera con ello». Carlos aún estaba aprendiendo a llevar las riendas cuando Ana ya saltaba y galopaba antes de haber aprendido a trotar apropiadamente. Felipe no tenía reservas a la hora de permitirle a su hija exponerse a los peligros inherentes al deporte ecuestre. «Casi la trataba como si fuera un hijo varón», recordaba un observador.

También encontró tiempo para llevar a su hija a navegar en las aguas de Loch Muick, cerca de Balmoral, con bastante más éxito del que había logrado con Carlos, y Ana pronto se convirtió en la hábil navegante que aún sigue siendo hoy.

También llevaba a los niños a acampar a las ventosas colinas de las Tierras Altas. Cocinaban sobre una hoguera y pasaban la noche en sacos de dormir en una casita construida en la época victoriana como cabaña de picnic. Una vez más, era Ana mucho más que su delicado hermano quien disfrutaba del gran placer de estas escapadas espartanas. Pero eso, dadas sus diferencias físicas, era inevitable. Carlos era mal atleta; Ana era una consumada tenista y jugadora de lacrosse y, sobre todo, una amazona olímpica en concursos de tres días.

El contraste se reflejaba en la relación que mantenían con sus padres. Carlos rotaba alrededor de su madre, quien le ofrecía comprensión; Ana era más cercana a Felipe. Carlos a veces daba la impresión de vivir «aterrorizado» por su padre, quien comprendía mal los miedos e inhibiciones de su hijo y era propenso a reírse de ellos. También se burlaba de Ana, pero a ella no le importaba, alegremente hacía frente a sus mofas, soltándole cualquier cosa que se le ocurriera, y riéndose ella también de él y con él, como hacían cuando jugaban con las matrículas de coches.

Para que los niños se entretuvieran en los viajes largos en coche, Felipe cantaba las letras de la matrícula de los coches con los que se cruzaban y les pedía que hicieran una frase con las letras. Por ejemplo, si un coche tenía la matrícula «FMP», Ana decía: «Es fácil; Felipe es mi padre».

Ella describe su infancia como un ejemplo envidiable de vida de los años cincuenta, en el campo, rodeada de familia y animales. «Crecimos cantando de camino a la barbacoa —recordaba—. Sobre todo canciones de la Primera Guerra Mundial, teníamos un repertorio bastante extenso. La reina lo hacía muy bien. Creo que tuvimos la suerte de tener una familia capaz de hacer muchas cosas junta. Todos valoramos mucho esos momentos».

La cuestión educativa es siempre algo importante para los padres, y la reina y el príncipe Felipe no eran distintos del resto, si bien sus opciones se veían obviamente reducidas por las convenciones y los problemas de seguridad, e intentaban hacer lo que pensaban que era mejor para ellos. Con Carlos, dada la timidez demostrada durante sus estudios, la reina entendió que trabajar en grupo probablemente le avergonzara más que animarlo (echando la vista atrás, él está convencido de que su suposición fue acertada), por lo que en consecuencia decidió que debería recibir clases particulares cuando comenzara su educación.

La señorita Catherine Peebles, quien rápidamente fue apodada Mispy (de Miss P, en inglés), puso en marcha un aula en el palacio de Buckingham, pero en lugar de invitar a otros niños a unirse a él en sus estudios, recibía clases solo. Ni siquiera a Ana se le permitía entrar cuando él estaba trabajando. La señorita Peebles descubrió que debía tratar con un niño distraído o, más bien, con uno que solo mantenía una relación distraída con el mundo exterior. Era alguien «meticuloso» a quien se le daba bien el arte, pero a quien en cambio le costó mucho aprender a leer, le resultaba difícil concentrarse en textos escritos y era incapaz de entender el «lenguaje» de las matemáticas.

Como su madre antes que él, a Carlos lo llevaban de visitas educativas a museos y, lo que a él le interesaba más, al museo de cera de Madame Tussaud, donde observaba las efigies de aquellos padres a los que veía menos de lo que le habría gustado. Para asegurarse de que estas excursiones se realizaban con las interrupciones mínimas, Richard Colville, secretario de prensa de la reina, y que más tarde sería nombrado caballero, envió una carta a los directores de los periódicos de Fleet Street solicitándoles que le permitieran divertirse sin verse importunado por la constante persecución de los medios.

La petición fue en vano. La actitud hacia la familia real había cambiado desde los días en los que su madre podía pasear en calesa por Londres saludando educadamente a la gente. En la sociedad de los años treinta, aún ordenada, la realeza era tratada con una deferencia respetuosa. Veinte años después, el interés público en esta gran familia se había avivado. Observar a la monarquía se había convertido en un pasatiempo nacional. Los tabloides habían empezado a complacer los intereses de sus lectores y deseaban ofrecerles tanta información como fueran capaces (si bien, en comparación con los niveles de hoy, aún se contenían bastante).

Sin embargo, la reina y el príncipe Felipe estaban decididos a ofrecerle a Carlos una infancia tan normal como pudieran, y rompiendo una tradición monárquica, optaron por abandonar el sistema de clases particulares. En 1955, la casa real anunció que acudiría a Hill House, un colegio privado de Knightsbridge que estaba a cinco minutos en coche del palacio de Buckingham. Esta, en su opinión, era la mejor forma de prepararle para su papel futuro, algo en lo que Felipe animó incondicionalmente a la reina.

«La reina y yo queremos que Carlos vaya al colegio con otros chicos de su generación y aprenda a vivir con ellos, y a absorber de la infancia la disciplina impuesta por la educación con otros», explicaba Felipe. Consideraba la parte académica de importancia secundaria, y llegó a decirle a su hijo: "Yo solo me preocuparé si siempre eres el último. En realidad, me importa muy poco qué lugar ocupes. Simplemente sé uno del montón, es lo único que te pido».

Uno del montón es lo que fue Carlos durante toda su vida escolar, salvo en matemáticas, donde siempre era uno de los peores. Pero tampoco es que eso preocupara particularmente a su padre. Lo que le interesaba era su carácter, y si bien era la reina quien autorizaba este experimento en la educación regia, era Felipe quien tenía la última palabra acerca de a qué colegios asistiría; como era de esperar, cuando Carlos llegó a la edad de ingresar en el internado, Felipe eligió para su hijo los mismos colegios a los que había asistido él.

Hill House solo era una escuela diurna y todas las tardes Carlos regresaba a la seguridad del palacio. Sin embargo, a los ocho años, el chico que, como observó uno de sus biógrafos, «nunca había ido de compras, nunca se había subido a un autobús, nunca se había perdido entre la multitud, nunca se había tenido que defender por sí mismo» salió de su cómodo entorno para seguir las huellas de su padre, primero en Cheam, y después al norte, a la remota llanura costera de Morayshire, para ir a Gordonstoun. Y encontró esta transición terriblemente dolorosa.

Mucho más sensible que su padre, Carlos se sentía triste y echaba de menos su casa. Ese fue el comienzo de una larga marcha por las huellas, siempre demasiado grandes, de su progenitor. Solo tenía ocho años y sintió la separación familiar de forma muy profunda. «Le aterraba marcharse al colegio», decía Mabel Anderson. A diferencia de su padre cuando tenía la misma edad, él estaba acostumbrado a la seguridad de la matriarcal sociedad del palacio, formada por niñeras, doncellas y su abuela, cuando de repente se vio solo, como uno de los doce humildes nuevos chicos en una escuela de cien alumnos. Felipe brilló en este tipo de entorno, Carlos sucumbió.

Sus primeros días como interno en Cheam, recordaría más tarde, fueron los más tristes de su vida y su madre recordaba cómo «temblaba» de aprensión cuando partió hacia allí el primer día. «Le aterraba marcharse al colegio —recordaba Mabel Anderson—. La separación de su familia le afectó de forma muy profunda».

Desconsolado, escribía a Mispy a diario. Solía llorarle en las cartas y decirle que la echaba de menos. La institutriz estaba igual de afligida por la ausencia del niño al que tanto cariño había cogido. Se había quedado para dar clase a Ana y más tarde a Andrés, pero quien realmente le interesaba era Carlos, con el que siguió escribiéndose toda su vida. (Falleció en la impersonal inmensidad del palacio de Buckingham en

1968. Después de que se retirara un viernes por la noche a sus dependencias, nadie la echó en falta y su cuerpo no fue encontrado hasta cuarenta y ocho horas más tarde. Carlos, según recordaba su propia familia, no era capaz de encontrar consuelo cuando recibió la noticia).

Finalmente acabó adaptándose a Cheam lo mejor que pudo, aunque no fue muy feliz allí. Era demasiado inseguro, demasiado tímido para hacer amigos con facilidad o para mantenerse firme o defenderse en las discusiones juveniles. Seguía siendo regordete y durante un partido de rugby le disgustó oír cómo le gritaban desde debajo: «¡Oh, quítate de encima de mí, gordinflas!».

La educación de la princesa Ana no era tan importante o sensible desde el punto de vista constitucional, y ni la reina ni el príncipe Felipe se interesaron mucho por el progreso académico de ella. Antes de que fuera enviada a Benenden, un internado femenino en Kent, al igual que su hermano, había sido educada mediante clases particulares en el palacio de Buckingham bajo la tutela de la señorita Peebles. El aula estaba situada en la antigua zona de juegos, y cercana a los aposentos de la reina, que se encontraban directamente debajo; a pesar de ello, Ana no recuerda que su madre fuera a verla ni una sola vez a clase para comprobar sus progresos.

Era tarea de la princesa Margarita controlar el trabajo de su sobrina, y lo hacía con entusiasmo, pasándose por el aula a hablar con la institutriz e incluso preguntándole la lección. Así se fundó una relación entre tía y sobrina que maduró hasta convertirse en una amistad adulta que pocos fuera del círculo familiar conocían.

Ser educada en el aula del palacio de Buckingham junto a un puñado de amigos cuidadosamente escogidos era un tipo de formación enormemente privilegiada e idealizada, y en cualquier generación previa habría continuado hasta su conclusión. Pero Felipe tenía otras ideas. Al igual que con Carlos, quería que Ana experimentara la vida fuera de las paredes del palacio. Era, argumentaba, una preparación vital para lidiar con las exigencias del mundo moderno. Benenden, una institución tradicional para «jóvenes damas», fue elegida debidamente y, a los trece años Ana se convirtió, si bien no en la primera princesa (dicho honor recae en su prima, la princesa Alejandra), en la única hija de un soberano reinante en ser enviada a un colegio. Los recuerdos de Ana acerca de Benenden eran agradables. «Disfruté de mis años de colegio, algo a lo que me ayudó sin duda mi experiencia en el mundo de la equitación», escribió.

Carlos no podía decir lo mismo de sus días en Gordonstoun. Felipe se había desarrollado bien allí, pero su hijo no se adaptó. La sana vida al aire libre, si bien no tan espartana como la leyenda ha hecho creer (siempre había agua caliente en la ducha, las carreras matutinas no eran sino un trote de cincuenta metros por la carretera y nunca se realizaban si estaba lloviendo), era de todas formas más dura de lo que él habría deseado. «Odiaba aquella institución, al igual que detestaba irme de casa —reconocería años más tarde—. No disfruté del colegio tanto como debería haberlo hecho, pero esto se debe a que soy más feliz en casa que en ningún otro lugar».

«Una vez soñé —recordó en una ocasión— que me escapaba y me escondía en el bosque, en un sitio donde nadie podía encontrarme, para no tener que regresar al colegio». Uno de los directores de aquellos años describía así la institución: «Era buena para quienes eran muy inteligentes, y buena para el hijo idiota de un terrateniente, pero no tanto para un chico normal». Y en los aspectos académicos y atléticos, Carlos nunca fue más que normal. Solo consiguió aprobar el examen elemental de matemáticas a la tercera. Historia le costaba muchísimo (en una ocasión bien documentada, Robin Birley, su tutor, le gritó delante de toda la clase: «¡Vamos, Carlos, puedes hacerlo mejor!... Después de todo, ¡estamos estudiando la historia de tu familia!»). También era un desastre jugando al rugby y al críquet.

Donde sí destacaba era en música y teatro. Le enseñó a tocar el chelo una anciana maestra alemana que llevaba en el colegio desde la época de Felipe. Y su talento sobre el escenario fue rápidamente señalado por el doctor Eric Anderson, quien llegaría a ser director de Eton. Anderson le dio el papel de Macbeth y él realizó una actuación memorable. Sin embargo, el príncipe Carlos lo ve todo muy distinto y aún habla de lo humillante que fue el día que sus padres fueron a verle actuar en el colegio y su padre estalló en una carcajada.

«Debía estar tumbado en una enorme alfombra de piel y tener una pesadilla —recordaba el príncipe Carlos—. Mis padres vinieron a ver la obra junto al resto de padres. Yo estaba allí tumbado, revolcándome, y lo único que escuchaba era a mi padre riéndose. Fui a verle al acabar y le pregunté: "¿De qué te reías?", a lo que me contestó: "Me recordabas a los Goons"».

En 1994, Carlos le reveló a Jonathan Dimbleby, su biógrafo oficial, que se sentía «apartado emocionalmente» de sus padres y que durante toda su vida había anhelado un tipo de afecto que ellos «no habían podido o querido darle». Esta revelación hirió a sus padres, pero lo único que el príncipe Felipe contestó es que lo habían hecho lo mejor que habían sabido. Y según lady Kennard, no lo habían hecho tan mal. Ella mantenía que Felipe era «un padre maravilloso. Jugaba con sus hijos, les leía cuentos por las noches, los llevaba a pescar, se implicaba mucho».

La reina madre, consciente del carácter introvertido de su nieto, había comentado que estaría mejor en Eton, al otro lado del Támesis respecto al castillo de Windsor, y que tenía seiscientos años de experiencia complaciendo los amplios intereses de sus alumnos. Varios consejeros de la reina estuvieron de acuerdo con ella, pero Felipe no se dejó influir, así que fue a Gordonstoun. «De hecho, la decisión era un intento de moldear a Carlos a imagen de su padre, algo... a lo que él no se aproximaba de forma natural», escribió Dermot Morrah, experto en la casa real.

Sus dificultades en el colegio no le impidieron ser «tutor», que es como llaman en Gordonstoun al delegado, al igual que lo había sido su padre. El sentido de la educación de Carlos, tal como la veía el príncipe Felipe, era entrenarle para que asumiera su responsabilidad, una responsabilidad que era suya por derecho de nacimiento y que no podía rehuir.

Carlos no podía escapar a su destino. «No es que me despertara un día, en mi cochecito de bebé, y gritara: "¡Yupiiiii! —dijo, refiriéndose a la perspectiva de ser rey—. Va calando en ti lentamente que a la gente le interesa [...] e igual de lentamente uno va asumiendo que tiene ciertas obligaciones y responsabilidades. Es algo con lo que se crece».

Estaba rodeado de gente que le recordaba quién era y qué le esperaba. Veía el rostro de su madre en los sellos que pegaba en las cartas a Mispy y en las monedas con las que compraba el chocolate en el quiosco del colegio, un hecho que sus compañeros no tardaron en señalarle. Incluso educándose entre los hijos de los privilegiados, siempre lo era más que el resto, hasta el punto de que a Gordonstoun lo acompañaba un guardaespaldas personal. Mientras que el resto debían cursar cada trimestre sin disfrutar de ningún descanso (no existían entonces vacaciones de mitad de trimestre), a él se le permitía ver a sus padres en las celebraciones oficiales.

También se le ahorraba la ansiedad de tener que escoger una carrera: iba a ir a Cambridge. Después, y a pesar de lo mucho que se mareaba, iría a la marina. Lo tenía todo dispuesto. Su tío abuelo, el conde Mountbatten, lo explicaba detalladamente: «Al Trinity College como su abuelo; a Dartmouth como su padre y abuelo; y después a la Marina Real, que acabaría cuando estuviera al mando». A ello le seguiría un matrimonio adecuado. En 1987, frustrado, declaró: «No puede imaginarse lo que es tener toda la vida planificada con un año de antelación. Es horrible estar programado. Sé lo que haré la semana que viene, el mes que viene, incluso el año que viene. En ocasiones, la mera idea me harta».

De joven tenía que aguantarse, incluso aunque no pudiera sonreír. Y por muy definido que estuviera el plan, este no le protegía de los golpes que recibía por el camino. Más bien al contrario. Cuando estaba en Cheam, vio a su madre por televisión anunciar que iba a nombrarlo príncipe de Gales. «Recuerdo estar terriblemente avergonzado —reconocía—. Creo que para un niño de nueve años era algo muy desconcertante. Todos los demás se giraban hacia mí y me miraban sorprendidos».

Tuvo que enfrentarse a situaciones similares durante sus años de colegio. Su fotografía aparecía con frecuencia en los periódicos, y si los textos que la acompañaban le debían más a la imaginación que a los hechos, tampoco aquello servía de consuelo a Carlos, que se esforzaba casi siempre sin éxito en estar a la altura de la imagen que la prensa estaba decidida a crear de él. Sin embargo, cuando debía afrontar situaciones que no controlaba, tenía que encerrarse profundamente en sí mismo. Temeroso de cualquier confrontación, desesperado por evitar el ridículo, construyó un muro de protección regia para preservar la sensibilidad que había sido su principal característica de niño.

En una ocasión, a uno de los veteranos se le ocurrió la genial idea de grabar al príncipe Carlos roncando. Después de esperar a que se durmiera, varios chicos treparon hasta la ventana abierta del dormitorio de Carlos y colocaron el micrófono mediante un alargador justo encima de su cabeza. Fue algo sencillo, ya que la cama de Carlos se encontraba junto a una de las ventanas, que siempre permanecían abiertas. El plan salió a las mil maravillas y esa misma noche los excitados conspiradores pudieron escuchar en su magnetófono los profundos ronquidos de su futuro rey.

Era un acoso de lo más cruel y, aunque esta cinta fue confiscada, a Carlos nunca dejaron de atormentarlo. Además, siempre se le recordaban las salvajes hazañas que su padre había realizado en el colegio. Sin duda, Felipe había sido «uno de los suyos», y se le recordaba con frecuencia como «un buen tipo» o «una buena sombra», tal como se decía en Gordonstoun. Para el resto de alumnos, daba la impresión de que Carlos siempre estuviera intentando estar a la altura de la gran reputación de su padre, no en mal comportamiento o en sus aventuras, sino esforzándose enérgicamente en destacar en todo lo que hacía. Lleva haciéndolo desde entonces.

Capítulo 7

Felipe y Alberto

Con la reina ya asentada en el trono, el príncipe Felipe debía asegurarse a sí mismo un papel adecuado, y tuvo que luchar para asegurarse de que sus propias necesidades y posición no se ignoraban por completo, dado que, como era de esperar, la atención de los cortesanos se centraba en su mujer. Para él, fue una transición difícil, en la que debió aprender a labrarse su propio camino. Como hemos mencionado anteriormente, habló con el príncipe Bernardo de los Países Bajos sobre el tema, pero también tuvo otro importante modelo en el que inspirarse en el pasado: el príncipe Alberto, marido de la reina Victoria, el último hombre que había ocupado una posición similar a la suya. Y lo que veía, al analizar el tema, le hacía darse cuenta de que a él no se le trataba igual de bien.

El apellido de Felipe, antes de convertirse en Felipe Mountbatten, era Schleswig-Holstein-Sonderburg-Glücksburg, un apellido que él había heredado de su bisabuelo danés, pero cuyas conexiones germánicas eran causa de comentarios entre la clase dirigente en aquellos años de posguerra. De hecho, esta pudo haber sido una de las razones de que inicialmente algunos de los empleados de palacio le trataran tan mal.

Es un hecho que las cuatro hermanas del príncipe Felipe se casaron con aristócratas alemanes, dos de los cuales participaban activamente en el Partido Nazi de Hitler. Ninguna de ellas fue invitada a la boda entre Felipe y la reina, en gran medida a causa de estos vínculos con los enemigos del Reino Unido en la guerra. Pero si bien esto era cierto, tampoco dejaba de serlo que Alicia, la madre de Felipe, había arriesgado su vida por salvar la de judíos perseguidos en Atenas durante el conflicto, algo por lo que recibió la máxima condecoración que Israel otorga a un ciudadano extranjero. En 1994, Felipe y su hermana Sofía fueron a Jerusalén en representación de su madre a aceptar dicha condecoración concedida de forma póstuma.

Por su parte, una de las mayores influencias en la vida de Felipe era Kurt Hahn, un judío alemán que fundó la escuela de Salem y más tarde Gordonstoun. Hahn debió huir de Alemania para escapar de la persecución de los nazis. Media un abismo entre ser alemán y ser un nazi, pero en aquella época difícil había quien no se paraba a distinguir. De hecho, como veremos más adelante, estas falsas acusaciones nunca se desmintieron del todo.

El hecho es que, al igual que la familia real británica, Felipe tiene sangre alemana por herencia materna, así como muchos parientes germánicos. Este legado aún tiene sus consecuencias, aunque sean menores: por ejemplo, en palacio se conserva la costumbre alemana de abrir los regalos en Nochebuena en lugar de la mañana de Navidad, siguiendo la tradición que mantuvo el príncipe Alberto.

El apellido materno era Battenberg, ya que el padre de su madre era el príncipe Luis de Battenberg, un alemán que se unió a la Marina Real a los catorce años y llegó a alcanzar el rango de primer lord del Mar en 1912. A pesar de estar casado con Victoria de Hesse, nieta de la reina Victoria, Luis fue obligado a renunciar al cargo en 1914 debido al sentimiento germanófobo que había provocado la guerra, y a causa del cual anglicanizó el apellido a Mountbatten. Por la misma razón, el rey Jorge V abandonó su apellido, de resonancia alemana, Sajonia-Coburgo-Gotha, cambiándolo por el de Windsor, en honor al castillo.

La familia real había adoptado el apellido dinástico Sajonia-Coburgo-Gotha cuando la reina Victoria se casó con su primo Alberto. En cambio, Felipe debió renunciar a que sus hijos recibieran el suyo en favor de Windsor. Se dice que su reacción fue exclamar: «Soy el único hombre en el país al que no se permite dar su apellido a sus hijos. No soy más que una puta ameba». Pero, conforme a una declaración realizada por el Consejo Privado en 1960, a los descendientes por línea paterna de la reina y el príncipe Felipe se les aplica el apellido Mountbatten-Windsor.

No era esta la única forma en la que el estatus oficial de Alberto parecía mayor que el de Felipe. El marido de la reina Victoria llevó el título de «Su Alteza Real el príncipe Alberto de Sajonia, Coburgo y Gotha, duque de Sajonia» durante diecisiete años hasta que fue condecorado con el de «Príncipe Consorte» por la reina Victoria en 1857. Es el único marido de una reina británica en haberlo ostentado. El duque de Edimburgo es un príncipe del Reino Unido, pero no es «Príncipe Consorte». A pesar de ello, Clarence House ha anunciado que es probable que, cuando el príncipe Carlos se convierta en soberano, su esposa, la duquesa de Cornualles, tenga el título de «Su Alteza Real la Princesa Consorte». A algunos este asunto de los títulos podrá parecerles un detalle, pero a alguien tan orgulloso como Felipe le dio la impresión de que se le estaba haciendo de menos de alguna forma. El consorte no tiene funciones específicas impuestas por el Parlamento o establecidas por la costumbre, y tampoco el título le confiere ningún poder. Como dijo el mismo príncipe Felipe: «Constitucionalmente, no existo».

Felipe dice que ha leído varias biografías del príncipe Alberto para ver lo que podía aprender de su experiencia. También admite un interés en la ciencia, e instaurar el Premio de Diseño Príncipe Felipe surgió de lo que su predecesor hizo al organizar la Gran Exposición. Considera a Alberto un hombre de pensamiento original y dice: «Todos los hombres de pensamiento original tienen alguna cualidad probablemente reconocible».

Entre el príncipe Alberto y el príncipe Felipe existen paralelismos. Ambos tenían antepasados alemanes y, según se dice, los dos eran muy atractivos de jóvenes. La reina Victoria escribió: «Alberto es extremadamente apuesto [...] sus ojos son grandes y azules, tiene una nariz bonita y una boca muy dulce de dientes perfectos». En ambos casos parece que sus mujeres se enamoraron a primera vista en cuanto pusieron los ojos sobre ellos.

Además, ambos tenían un tío influyente y constructor de imperios que los apoyaba: en el caso de Alberto se trataba del rey Leopoldo de Bélgica, y en el de Felipe, de lord Luis Mountbatten. Cuando Alberto se casó en 1840, la reina Victoria ya había accedido al trono y tenía prioridad sobre él. En palabras del propio Alberto: «Estoy muy feliz y satisfecho; pero la dificultad de llenar mi espacio con la dignidad apropiada radica en que solo soy el marido, no el señor de la casa». Era una situación muy similar a aquella en la que se encontró Felipe cuando su familia debió mudarse de Clarence House al palacio de Buckingham tras la subida al trono.

Sin embargo, también existían importantes diferencias entre el papel del príncipe Felipe como consorte y el del príncipe Alberto, quien se implicó en asuntos de Estado poco después de su matrimonio. Este leía los documentos del gobierno que recibía diariamente la reina en las cajas rojas. Le ofrecía consejo, que ella agradecía, y se convirtió en su secretario particular y en su consejero más cercano. Apenas meses después de la boda, Alberto escribió: «Victoria me permite participar bastante en los asuntos exteriores y creo que ya he hecho alguna cosa bien».

En cambio, lo que hasta cierto punto refleja el cambio de papel de la monarquía en la política desde la época de Alberto, Felipe no puede ver el contenido de las cajas rojas y, en realidad, nunca ha deseado hacerlo, lo que le da la libertad de hablar con franqueza, como suele hacer.

La intromisión de Alberto en asuntos políticos, para algunos, le hizo ganarse la antipatía de la mayoría del Parlamento. No se le concedió un título de nobleza ni de ningún otro tipo tras su matrimonio y su asignación anual era inferior a la de consortes previos —treinta mil libras en lugar de las habituales cincuenta mil—, si bien esta seguía siendo una enorme suma al cambio actual, y también comparada con la asignación civil vitalicia de Felipe. A medida que transcurrió el tiempo, la influencia de Alberto tras el trono aumentó de forma sustancial. Disponía de acceso a todos los documentos de Victoria, redactaba su correspondencia y se encontraba presente cuando ella se reunía con sus ministros. Charles Greville, secretario del Consejo Privado, escribió de él: «Es el rey a todos los efectos».

Alberto describía su posición en una carta que le escribió al duque de Wellington en la que decía: «Como cabeza natural de la familia de la reina, jefe de su casa, gestor de sus asun-

tos privados, único consejero confidente en temas de política
[...] además de marido de la reina, tutor de los hijos de la
monarca, secretario particular de la soberana y su ministro
permanente». En resumen, él se otorgaba a sí mismo un papel
mucho más importante del que sería posible que recibiera hoy
el príncipe Felipe, pero como hombre activo el duque de
Edimburgo necesitaba encontrar una válvula de escape a sus
energías, al igual que había hecho su predecesor.

Alberto solo tenía veinte años cuando contrajo matrimonio con la reina Victoria; a pesar de ello, en pocos años
había modernizado las finanzas de la casa real, instalado una
granja modelo en Windsor, aumentado los ingresos del ducado de Cornualles y mejorado el rendimiento del resto de fincas de la casa real. En la isla de Wight se construyó una villa
de vacaciones a la italiana, Osborne House, según los diseños de Alberto para toda la familia. También contribuyó a ase-
gurar Balmoral como residencia real comprando en 1848 la
propiedad sin haberla visto antes y encargando en 1853 la re-
novación del castillo existente.

Activo, con ideas progresistas en muchos campos, entre
los que estaba la abolición de la esclavitud, el fin del trabajo
infantil y la reforma de la educación universitaria, Alberto
tenía un interés especial en la ciencia y en el progreso tecno-
lógico de la industria fabril, de la que Gran Bretaña era líder
mundial.

Tal vez su proyecto más famoso fue la Gran Exposición
de 1851, celebrada en el «Palacio de cristal» de Hyde Park,
Londres. Fue organizada por la Sociedad de Artes, de la cual
Alberto era presidente, y debió la mayor parte de su éxito a los
esfuerzos de este por promocionarla. Alberto tuvo que luchar
en cada etapa del proyecto. Quienes se oponían a ella profe-
tizaban que delincuentes y revolucionarios extranjeros inun-

darían Inglaterra, subvirtiendo la moral de la gente y destruyendo su fe. Alberto consideraba absurdas dichas acusaciones y creía, con bastante firmeza, que la industria británica se beneficiaría de la exposición, que se convertiría en un escaparate de todo lo que sabían hacer.

El 1 de mayo de 1851 la reina inauguró la exposición, que tuvo un éxito sin precedentes. Generó un beneficio de ciento ochenta mil libras de la época, que fueron utilizadas para comprar tierras en South Kensington donde establecer instituciones educativas y culturales, entre las que estuvieron el Museo de Historia Natural, el Museo de la Ciencia, el Imperial College, lo que más tarde se denominaría el Royal Albert Hall y el Museo de Victoria y Alberto. El área fue conocida en esos años como «Albertópolis». La influencia, así como el propio nombre, del príncipe consorte permanece en cientos de carreteras, calles, plazas y lugares bautizados en su honor.

El príncipe Felipe ha visto una oportunidad para que él realice algo similar en cuanto a promocionar actividades clave. Durante muchos años se ha tomado un interés especial por la ciencia y la ingeniería británicas, actuando en beneficio de estas, como demuestra la instauración del Premio Reina Isabel de Ingeniería.

Utilizó la Gran Exposición como punto de partida del discurso que ofreció en la Asociación Británica por el Desarrollo de la Ciencia, cuya presidencia aceptó en 1951. No contento con leer las breves líneas que le habían preparado, decidió ofrecer una disertación ambiciosa y de gran alcance en la que resumió el progreso de la ciencia durante el siglo anterior, desde Darwin hasta la fisión nuclear. En aquella época, Felipe aún servía como oficial en la Marina Real y disfrutaba del mando de la fragata *Magpie*. Preparó su discurso durante semanas, atestando su camarote de libros y documentos de referencia. El día del mismo tuvo como público a una de las mayores reuniones de científicos nunca vistas en Gran Bretaña, congregándose unos cuatro mil.

Abrió el discurso con una cita de la alocución que el príncipe Alberto había realizado a la misma asociación en Aberdeen en 1859. Una hora después concluyó con las siguientes palabras: «Es obviamente nuestro deber como ciudadanos procurar que la ciencia se use en beneficio de la humanidad. Porque ¿de qué serviría la ciencia si el hombre no sobreviviera?». Su disertación encontró una cálida acogida por parte de los científicos y recibió buenas críticas en la prensa. El príncipe Alberto no fue tan afortunado en sus intervenciones. Había apoyado la teoría de la evolución por selección natural, basada en el libro de Charles Darwin *Sobre el origen de las especies,* que la Iglesia no aceptaba. Incluso propuso que Darwin fuera nombrado sir, pero la idea fue rechazada debido a la oposición de los obispos.

Pero eso no fue todo lo que hizo Felipe. Para 1953, ya se había encargado de dos proyectos importantes con gran éxito. Había sido nombrado presidente de la comisión de coronación y había supervisado hasta el último detalle de la ceremonia. Sin dejar nada al azar, incluso fue en persona al balcón del palacio de Buckingham para encontrar el mejor ángulo desde el que la reina pudiera observar el paso de los aviones posterior a la ceremonia sin que la pesada corona le provocara tortícolis.

Por sugerencia del rey Jorge VI, Felipe fue nombrado presidente de la National Playing Fields Association en 1949. Comenzó recaudando el equivalente a muchos millones de libras de hoy para construir nuevos campos deportivos por todo el país. Enroló a Frank Sinatra y Bob Hope para que realizaran apariciones caritativas y sus esfuerzos tuvieron tanto éxito que cuatro años después se seguían inaugurando unos doscientos campos deportivos al año. Siguió siendo presidente de la asociación durante sesenta y cuatro años, hasta que el príncipe Guillermo pasó a ocupar el cargo en 2013.

Al igual que Alberto, el príncipe Felipe se implicó en la modernización de las fincas de la casa real. Tras su ascensión al trono, la reina lo nombró guarda del Gran Parque de Windsor, un cargo que lo hizo sumergirse en un curso de administración de propiedades. Convirtió las granjas de Sandringham y Windsor en negocios beneficiosos, así como en fuentes de alimentos para la casa real. En Balmoral introdujo un rebaño de vacas de las Tierras Altas de Escocia y puso en marcha un programa forestal. A pesar de la oposición de los anticuados encargados del palacio de Buckingham, Felipe realizó muchos cambios tras un denostado estudio de los métodos de trabajo. Se instaló un sistema de intercomunicación para que, en caso de que la reina deseara una taza de té o Felipe un sándwich, ya no hicieran falta cuatro lacayos para trasladar la orden a cocinas.

Entre 1959 y 2011 presidió el jurado del Premio de Diseño Príncipe Felipe, que recompensaba la innovación y creatividad de los diseñadores e ingenieros que mejoran la vida diaria. Entre los galardonados han estado el diseñador de producto sir James Dyson, famoso por sus aspiradoras; el arquitecto lord Foster, diseñador del Gherkin en la City londinense, o Andrew Ritchie, inventor de la bicicleta plegable Brompton.

A pesar de que el príncipe Felipe abandonó su carrera naval en julio de 1951, siguió muy vinculado a las fuerzas armadas. En 1952 fue nombrado almirante del Cuerpo de Cadetes de la Marina, coronel en jefe de los cadetes del Ejército y comodoro en jefe de los Cuerpos de Entrenamiento del

Aire. Al año siguiente fue ascendido a almirante de la flota y nombrado mariscal de campo y mariscal de la Real Fuerza Aérea. Por su noventa cumpleaños, la reina le concedió el título de lord del Almirantazgo.

Ha sido patrón de unas ochocientas organizaciones dedicadas al medioambiente, la ciencia y la industria, el deporte, la educación, la tecnología y el diseño. Ha sido rector honorario de la universidades de Cambridge, Edimburgo, Salford y Gales, pero a pesar de todo este trabajo, en una ocasión llegó a decir: «No soy licenciado de ninguna universidad. No soy ningún humanista o científico, y por extraño que parezca, no me arrepiento. Yo debo mi lealtad a otra de las pocas verdaderas fraternidades que hay en el mundo, la del mar».

Sin embargo, de los muchos intereses y logros del príncipe Felipe, el más reconocido en el mundo es el del Premio Duque de Edimburgo. Establecido en 1956, ha ayudado a más de seis millones de jóvenes a creer en sí mismos. Originalmente fue administrado por sir John Hunt, quien guio la primera ascensión al Everest. El proyecto se basaba en los principios de aptitudes físicas y espíritu de comunidad sentados por Kurt Hahn y se ha convertido en el galardón a los logros juveniles más importante del mundo. Los reconocimientos, de bronce, plata y oro, premian el voluntariado, las aptitudes físicas, las habilidades para la vida diaria y las expediciones.

Pero si se le preguntara cuál de sus muchas funciones es la más relevante para él, es probable que se decidiera en primer lugar por su papel de consorte de la reina. Apoyar y proteger a su soberana, acompañarla en sus ceremonias oficiales, como la apertura del Parlamento, estar a su lado en cenas de Estado o viajes por el extranjero ha sido la parte central de su vida. En 1953, durante la coronación, el príncipe Felipe se arrodilló delante de la reina y juró ser su «vasallo en cuerpo y alma» y ese voto no lo ha olvidado nunca. Fue solo en agosto de 2017, a los noventa y seis años, cuando finalmente abandonó sus obligaciones reales para disfrutar de la vida a su propio ritmo.

Victoria ya era reina cuando contrajo matrimonio con el príncipe Alberto el 10 de febrero de 1840 en la capilla real del palacio de St. James. En la entrada de su diario de ese día, escribió: «La ceremonia fue impresionante, elegante y sencilla, y creo que debería causar una impresión eterna en cualquiera que prometa los votos ante el altar. Mi querido Alberto repitió los términos con distinción. Me sentí muy feliz cuando me puso la alianza mi adorado Alberto».

En una época en la que los matrimonios dinásticos eran con frecuencia relaciones sin amor y se daba por hecho que los príncipes y los reyes tenían queridas, Alberto demostró ser la excepción. Nunca se ha realizado ni la más mínima insinuación de que no respetara sus votos conyugales hasta su prematura muerte a los cuarenta y dos años. El sentimiento de repulsa hacia la infidelidad que sentía Alberto se remonta a su infancia, cuando a los cinco años fue testigo de la huida de su querida madre, quien, después de ser maltratada por su padre, se embarcó en una aventura y fue desterrada de la casa para siempre. Sincero y devoto, si Alberto realizaba una promesa, la cumplía. También es evidente que era un hombre apasionado, y Victoria y él a menudo se enviaban obras de arte eróticas como regalos; a ella la cautivaba la intimidad con él, lo que engendró nueve niños.

Con Felipe, sin embargo, la historia no ha sido tan sencilla, tal vez porque no le ayudaban su pertenencia al Thursday Club o su vida de marinero. Durante su largo matrimonio, han sido abundantes los rumores de supuestos amoríos, pero ni biógrafos ni cronistas reales han sido capaces de demostrar las historias que han circulado desde 1940 y nadie ha podido aportar pruebas convincentes que apoyen las acusaciones.

Incluso antes de su compromiso, la vida amorosa del príncipe Felipe ha estado bajo escrutinio. En 1945, Felipe tenía veinticuatro años y era muy atractivo, un adonis rubio, alto y esbelto. Se encontraba de servicio activo en la suave brisa del Pacífico con Mike Parker, su compañero australiano en la marina que más tarde se convertiría en secretario particular. Según este, que pasaba los permisos en tierra con Felipe: «En realidad, era bastante reservado. No contaba mucho. Se han publicado cantidad de libros y artículos diciendo que alternaba con cualquiera. No me lo creo. La gente dice que andábamos por ahí ligando como locos. Bueno, pues no es así».

Parker sí admitió en una entrevista que le realizó un biógrafo del príncipe Felipe que siempre había «chicas colgadas del brazo». Más tarde diría: «Dios mío, ojalá nunca hubiera utilizado esa expresión. Lo que quería decir era que éramos jóvenes, lo pasábamos bien, tomábamos copas, íbamos a bailar y eso era todo. En Australia, Felipe vino a conocer a mi familia, a mis hermanas y sus amigas. Había un montón de chicas, pero ninguna era especial. Créame. Se lo aseguro». Además, por supuesto, no hay ningún motivo por el que el príncipe Felipe no pudiera haber tenido novia en aquella época.

Por qué motivo Parker creyó necesario defender las acciones de su amigo cuando este no estaba siquiera comprometido no está claro, pero siempre se le ha seguido preguntando por el tema. Años más tarde, dijo: «Felipe ha sido completamente fiel a la reina. Sin ningún pero. Hágame caso, lo sé seguro». Sin embargo, dado que Parker era el mejor amigo de Felipe y su secretario, hay quien ha decidido tomarse cualquier declaración que realice en nombre de Felipe con gran cautela.

Una vez que la reina y el príncipe Felipe ya estaban casados, el periodo sobre el que mucha gente se plantea las mayores dudas llegó en 1956, cuando Felipe dejó a la reina en casa con los niños y se embarcó en una gira mundial en el yate real *Britannia*, con objeto de visitar algunos de los puestos avanzados más pequeños y remotos de la Commonwealth, así como participar en la ceremonia de apertura de los Juegos Olímpicos de Melbourne el 22 de noviembre de ese año. La gira duró un poco más de cuatro meses. En aquella época, la prensa se preguntaba por qué Felipe había dejado a su familia en Londres durante tanto tiempo, y corrían rumores de fiestas salvajes durante el viaje. El *Britannia* tenía una tripulación de doscientos veinte hombres y veinte oficiales, y a bordo también se encontraban Mike Parker y un ayuda de cámara de Felipe. Resulta muy difícil de creer que pudiera producirse cualquier cosa sin que al menos algunos de ellos se enteraran.

Quizá engañada por un cotilleo sin fundamento, Joan Graham, la corresponsal del *Baltimore Sun* en Mayfair, Londres, publicó en 1957 la noticia de que en Londres abundaban los rumores de que el duque de Edimburgo tenía más que un interés pasajero en una mujer desconocida con la que se encontraba con regularidad en un apartamento del West End que pertenecía a un fotógrafo de sociedad (presumiblemente su amigo Baron Nahum). «Reportaje sobre la Reina, cisma con el Duque a causa de una corista», decía el titular. La historia fue pronto recogida por parte de la prensa internacional. Los rumores cobraron fuerza gracias al hecho de que Mike Parker había escogido ese momento para presentar su dimisión. Se tomó como una señal de que debía irse porque había sido él quien había llevado a Felipe por el mal camino, cuando en realidad debió dimitir porque su mujer quería divorciarse de él.

Según Parker: «Al duque lo llevaban los demonios. Estaba muy, muy enfadado. Y profundamente dolido». Saltándose la norma de no hacer nunca comentarios sobre los rumores, la reina autorizó un desmentido oficial y absoluto. «Es completamente falso que exista ningún cisma entre la reina y el duque», afirmó el comandante Richard Colville, el secretario de prensa de la casa real.

En una carta fechada en febrero de 1958, la princesa Margarita tocaba el controvertido tema al escribir a su amiga estadounidense Sharman Douglas, cuyo padre había sido el embajador norteamericano en Londres a finales de la década de 1940. «Veo que la magnífica prensa de tu país ha intentado dar a entender que la reina no se lleva bien con mi cuñado. Por lo que, obviamente, los asquerosos periodistas de aquí lo han repetido cual loros, como los cobardes canallas que son. Sin embargo, todo marcha bien; él está estupendamente y lleno de fascinantes historias de sus viajes y, de hecho, es muy agradable tenerlo de vuelta en casa. Los niños están entusiasmados».

Al final del viaje, la reina voló a Lisboa para reunirse con Felipe para realizar una visita de Estado a Portugal. Durante el largo viaje, Felipe se había dejado una enorme barba de marinero que se afeitó antes de subir al avión de la reina. A bordo se encontró con toda la comitiva, incluida la reina, ataviada con bigotes pelirrojos de mentira. Cuando la pareja real salió a encontrarse con los ciento cincuenta reporteros sobre la pista, ambos sonreían felices. La revista *Time* informó de que esto era «una señal de que todo estaba bien que llegaría a las cuatro esquinas del planeta».

Si la corista desconocida a la que se refería el *Baltmore Sun* era Pat Kirkwood, una hermosa estrella de la comedia musical, es algo que no se sabe. Sin embargo, existían persistentes rumores en la prensa de que Felipe mantenía un idilio con ella ya desde 1948, cuando la reina estaba embarazada del príncipe Carlos. Kirkwood, por entonces la estrella mejor pagada de la escena londinense, era la novia del fotógrafo de sociedad Baron Nahum, colega de Felipe en el Thursday Club.

Una noche, tras una representación del musical *Starlight Roof* en el Hippodrome londinense, Baron llevó a Felipe y a un caballerizo a conocer a Pat en su camerino. Los cuatro fueron entonces a cenar a Les Ambassadeurs Club en Hamilton Place, dirigido por John Mills, un exluchador polaco. Tras la cena, a sugerencia de Felipe fueron al Milroy Club a escuchar algo de música y bailar. Según Kirkwood, Felipe no la dejaba sentarse y bailaba cualquier cosa que tocara la banda. Más tarde fueron al piso de Baron a tomar unos huevos revueltos. El comportamiento de Felipe no pasó inadvertido en el Milroy, y se extendieron los rumores del idilio con Pat.

Según Kirkwood, solo volvieron a verse cuando debió saludar a Felipe en la gala real que se ofreció en el teatro. Más tarde diría: «Ojalá Felipe nunca se hubiera presentado esa noche en mi camerino. He debido vivir con las consecuencias de esa visita toda mi vida». Los rumores se mantuvieron durante años.

Tras su muerte en 2007, el cuarto y último marido de Pat declaró: «Tengo en mi posesión correspondencia de mi mujer y Su Alteza Real el Duque de Edimburgo que no deja lugar a dudas de que las frecuentes acusaciones acerca de una relación entre ellos no tienen fundamento alguno. Era el expreso deseo de mi mujer que estas cartas se entregaran a su debido tiempo al biógrafo oficial del duque a fin de que se demuestre finalmente la verdad. Hasta ese momento, no se publicarán». De todas formas, ni siquiera este comentario explica por qué motivo ella y Felipe deberían haber mantenido una correspondencia entre ellos.

Otro nombre con el que se vincula románticamente al príncipe Felipe es Hélène Cordet, antes Hélène Foufouniss. Se hicieron amigos cuando ella tenía seis años y él tres y pasaban las vacaciones juntos en la villa de los padres de ella en Le Touquet. Hélène se hizo muy conocida como presentadora del programa televisivo de variedades de la BBC Cafe Continentale y como fundadora de The Saddle Room, la primera discoteca de Londres. Hélène tuvo dos hijos una vez ya separada de su primer marido, pero en aquella época declinó mencionar al padre de los mismos. Cuando Felipe fue elegido como padrino de ambos niños, hubo quien asumió que él debía de ser el padre. El asunto no se resolvió cuando ella permitió que la paternidad de sus hijos permaneciera en el anonimato. Incluso en sus memorias, *Born Bewildered* [Nacida perpleja], publicadas en 1961, no da el nombre del padre. Muchos años después, su hijo Max, quien llegó a ser catedrático de Económicas, fue finalmente obligado a realizar una declaración pública en la que negaba todo esto.

Con los años, la fábrica de rumores siguió funcionando con diversos otros nombres, los de aquellas con las que supuestamente Felipe había mantenido un idilio, entre las que se encontraban la condesa de Westmorland, esposa del caballerizo mayor de la reina; la novelista Daphne du Maurier, esposa del interventor de la casa real, *Boy* Browning; las actrices Merle Oberon y Anna Massey; la estrella televisiva Katie Boyle; la madre de la duquesa de York, Susan Barrantes; la duquesa de Abercorn, esposa del mayordomo mayor de la casa real; la princesa Alejandra, prima de Felipe; y lady

Romsey, su compañera en conducción deportiva de carruajes o enganches.

La revista satírica *Private Eye* incluso llegó a vincular al príncipe Felipe con Stephen Ward, el osteópata de la alta sociedad, en el centro del caso Profumo, que sacudió el gobierno conservador en 1963. Ward, colega también del Thursday Club, era famoso por celebrar fiestas salvajes en las que «El hombre de la máscara» servía bebidas vistiendo tan solo un escaso delantal. *Private Eye* empezó a referirse al príncipe Felipe como «El camarero desnudo», pero en la investigación del caso Profumo llevada a cabo por el magistrado Denning, este describió a Ward como un testigo poco fiable.

De todos los respetados biógrafos del príncipe Felipe, solo Sarah Bradford se mantiene firme en la convicción de que él ha tenido amoríos. «No tengo ni la más mínima duda —le dijo a Gyles Brandreth—. El duque de Edimburgo ha mantenido romances; sí, romances hechos y derechos, y más de uno. No con Pat Kirkwood ni Merle Oberon ni ninguna de esas. Tiene razón, todo eso eran tonterías. Pero sí ha tenido romances. Y la reina lo acepta, creo que ella piensa que los hombres son así. Él nunca ha sido de esos de perseguir actrices. Sus intereses son muy distintos. Las mujeres que lo atraen son siempre más jóvenes que él, habitualmente hermosas y de alta cuna aristocrática... Felipe y Sacha Abercorn mantuvieron, con certeza, un idilio. Sin ninguna duda». Sacha Abercorn lo ha negado siempre.

Como los rumores han persistido hasta esta última época de su vida, cuando el príncipe Felipe le dijo a la princesa Diana que su díscolo comportamiento estaba destruyendo la esencia de todo aquello a lo que la reina y él habían dedicado su vida a preservar, y que sus acciones estaban también dañando el legado de sus hijos, ella decidió que iba a hacer lo imposible por descubrir sus supuestos idilios como venganza por lo que Diana veía como una deslealtad. Según ella, tras mucho trabajo de minuciosa investigación, acabó convencida de que él había tenido hijos ilegítimos, como sugerían los rumores, y de que se había ocupado financieramente de ellos a perpetuidad, si bien jamás se permitiría que su identidad saliera a la luz.

Las historias se extendieron tanto que incluso se le llegó a preguntar a él directamente al respecto. Cuando una periodista le cuestionó acerca de los rumores de sus infidelidades extramatrimoniales, Felipe dijo: «¿Alguna vez se ha parado a pensar que durante los últimos cuarenta años nunca he ido a ningún sitio sin que me acompañara un policía? ¿Cómo demonios iban a consentirme algo así?».

No hay duda que el príncipe Felipe disfruta de la compañía de mujeres hermosas, preferiblemente si son años más jóvenes que él. Yo misma lo he visto deslizarse por la pista de baile con Penny Romsey en el baile del Real Escuadrón de Yates durante la semana de regatas de Cowes. A ninguno de ellos les importaba en absoluto quién los viera o qué dijera nadie. Felipe se encontraba entre sus colegas navegantes y nadie parecía prestarle atención. Excelente bailarín al estilo antiguo, llevaba perfectamente el ritmo junto a su hermosa pareja mientras se movían por la pista.

Sin duda él está muy unido a Penny. En 1996, en el punto álgido de lo que se denominó «la guerra de los príncipes de Gales», un radioaficionado curioso llamado Neville Hawkins grabó una llamada de móvil realizada por Felipe a una mujer «de voz engolada» en la que ambos comentaban la amarga lucha conyugal entre Carlos y Diana, que Felipe comparaba a un culebrón. Resultó que la mujer era Penny, pero en cierto momento le pasó el teléfono a su marido, con lo que así rompió cualquier ilusión de que el contacto entre ellos fuera clandestino. Ella está presente en muchos fines de semana de los Windsor y con frecuencia actúa como los ojos o los oídos tanto del príncipe Felipe como de la reina acerca de lo que sucede en el mundo exterior. Ya desde 1975, cuando fue presentada al príncipe Carlos, siempre ha gozado de simpatía entre la familia real. Fue su mente inquieta, así como su belleza, lo que convirtió a esta hija de un comerciante de carne en una figura central en el núcleo de la familia real.

Los amigos de Felipe sabían que, como hombre que siempre ha tenido un buen ojo para las mujeres hermosas pero que también se aburre con facilidad, él iba a encontrar irresistible esta compañía inteligente y entretenida. Le enseñó los rudimentos de la conducción deportiva de carruajes o enganches, en la que ella destacó y ahora, a una edad en la que el duque ya no es capaz de conducirlos, él ha encontrado otro motivo para seguir pasando tiempo juntos: pintar acuarelas. A Felipe le ha gustado siempre flirtear y hacer comentarios sugerentes y la reina es la primera en bromear sobre la naturaleza lasciva de él.

Si hubiera que oír todas las historias en un juicio de divorcio, no habría suficientes pruebas de deseo u oportunidad por parte de Felipe que le permitieran a un juez alcanzar una conclusión definitiva a este respecto. Qué piensa la reina no lo sabremos nunca. Nunca reconocería que le dolió enterarse de los rumores de los supuestos coqueteos de su marido. O quizá jamás lo hizo. Es posible que fuera la última en tener conocimiento o que, incluso si lo hizo, enterrara su cabeza en la arena y fingiera que no ocurría nada. Él ha tenido la suerte de que la reina posea lo que muchos considerarían una forma anticuada de entender el matrimonio y que siempre haya defendido aceptar a su marido tal y como es. Cuando tenía treinta y pocos años, una vez comentó: «No hay nada peor que encerrar a un hombre e impedirle hacer lo que quiera».

Con el consentimiento de ella, Felipe ha logrado abrirse paso en la vida haciendo precisamente eso. La aceptación serena por parte de ella de este hombre ha mantenido vivo el matrimonio, y dentro del hogar ella siempre se ha adherido a él. Siempre ha sido lo bastante inteligente como para apreciar su fenomenal energía y dejarle seguir con sus cosas. Él, a cambio, ha sido su mayor apoyo y siempre la ha protegido. Y, en ese momento, su relación estaba a punto de producir otra nueva llegada.

Capítulo 8

Criar a Andrés y Eduardo

La reina y el príncipe Felipe llevaban casados doce años y medio cuando se presentó Andrés, durante la tarde del 19 de febrero de 1960, convirtiéndose en el primer niño en nacer de un monarca británico reinante en ciento tres años. El embarazo no estaba planeado, y se conoció la víspera de una gira canadiense que iba a recorrer más de veinticinco mil kilómetros en seis semanas. No era un viaje cómodo para una mujer en las primeras fases de su embarazo, pero la reina no quiso escuchar ninguna recomendación para que cambiara sus planes. Se encontraba, según insistía ella, en las mejores condiciones de salud y no había tenido grandes complicaciones en sus otros dos partos. Sin embargo, la tensión de los años transcurridos se había cobrado su peaje y los cambios hormonales que experimentó la reina la hicieron sentirse agotada; a pesar de ello, se negó a dar su brazo a torcer y descansar. Terca hasta el final, regresó a casa de la gira a comienzos de agosto exhausta, por lo que su ginecólogo, lord Evans, decretó que debía guardar reposo. Cinco días después se había recuperado lo suficiente para trasladarse a Balmoral, donde pasaría el resto del verano.

El anuncio de la llegada del pequeño príncipe, de tres kilos y doscientos gramos, fue celebrada con el habitual fervor que los británicos reservan a los nacimientos reales. Se produjo un gran regocijo entre la muchedumbre que esperaba en el Mall, y a la que ensordeció el paso de treinta y seis reactores Hunter que sobrevolaron el palacio de Buckingham, así como las tradicionales veintiuna salvas de honor. Al igual que en el caso de los dos nacimientos previos, el príncipe Felipe permaneció en su estudio durante el momento del parto; su mujer le había dejado perfectamente claro que no lo quería por allí cerca, y mucho menos a su lado, durante el nacimiento. La mera idea le parecía detestable y estaba mucho más a gusto en manos de su equipo médico, dirigido por lord Evans, John Peel —posteriormente sir John, que había pasado la noche en una habitación cercana— y la hermana Rowe, su comadrona.

Lord Evans fue el primero en contarle a Felipe que sus horas de ansiosa espera habían terminado y, tan pronto como este conoció la noticia, salió corriendo de su estudio, bajando las escaleras de dos en dos, e irrumpió en el dormitorio de la *suite* belga, así llamada en honor del rey Leopoldo de Bélgica, situada en la planta baja del palacio de Buckingham, justo al lado de la piscina. Cogió a su hijo recién nacido de manos de la enfermera y lo sujetó en sus brazos. «¡Es un chico!», exclamó excitado ante el personal de enfermería.

También recibió buenas noticias en cuanto a la irritante cuestión del nombre del pequeño príncipe. Unos pocos días antes del nacimiento de Andrés, el palacio de Buckingham publicó un decreto en el que declaraba que desde ese momento los hijos de la reina usarían el apellido Mountbatten-Windsor. De acuerdo con una declaración realizada por el Consejo Privado, se aplica el apellido Mountbatten-Windsor a los descendientes por línea paterna de la reina que no posean títulos reales. El apellido era una combinación de la adaptación inglesa del apellido de Felipe, Mountbatten, y el de ella, Windsor. Así que, cuando Andrés Alberto Cristián Eduardo fue bautizado en la sala de música del palacio de Buckingham, el 8 de abril de 1960, se convirtió en el primer niño de la realeza en llevar el nuevo apellido familiar desde el momento de su nacimiento. Después de que Felipe se quejara de la exclusión de su apellido cuando nacieron Carlos y Ana, este gesto era señal de que su estatus había mejorado.

Andrés fue también el primer bebé real reciente en no tener fotografías oficiales de su bautizo. En lugar de ello, su padre tomó imágenes con su propia cámara Hasselblad, mientras los padrinos (o «patrocinadores», como se les conoce en círculos de la realeza) posaban alrededor de la pila bautismal de plata. El fallecido duque de Gloucester, la princesa Alejandra, lord Elphinstone, el conde de Euston y la señorita Harold Phillips fueron los amigos y parientes escogidos para tal honor.

Tanto el príncipe Felipe como la reina eran conscientes de que Carlos y Ana habían sufrido innecesariamente una atención demasiado entusiasta por parte de los medios de comunicación durante sus años de formación, y decidieron que la mejor manera de evitar una repetición de estos hechos era mantener al bebé, que era el segundo en la línea de sucesión al trono, apartado de los lugares públicos. En lugar de ir al parque, su niñera restringía los paseos a los jardines del palacio de Buckingham o del castillo de Windsor, a discreta distancia de ninguna vía pública. De esa manera, la casa real controlaba la exposición a la que se sometía al bebé. Como cualquier padre, ellos también aprendían de sus experiencias previas e intentaban asegurarse de ofrecer el mejor entorno a su hijo.

Las primeras fotografías del príncipe Andrés que se publicaron fueron unas tomadas por Cecil Beaton, cuando el bebé ya tenía un mes. Como siempre, el diario de Beaton ofrece un relato mordaz y revelador del acontecimiento. Pensaba que el vestido rojo de la reina era «mejor que la mayoría de los que tenía», aunque él «sentía que todo se estaba volviendo en mi contra [...] Disparaba como un loco a cualquier cosa que me pareciera siquiera aceptable. Pero el peso del Palacio me aplastó. Tuve que vérmelas con la oposición de este marinero campechano, con el debido respeto a la reina. Ella parecía bastante afable, pero no mostraba signos de verdadero interés en nada [...] No dijo ni una palabra de conversación; apenas se mostró más que cortésmente entretenida con la forma en la que yo daba mis instrucciones haciendo diversos comentarios al margen». Felipe, «de esa forma tan exasperantemente regia», no dejó de hacer sugerencias, instando incluso a Beaton a subir a una escalera para que disparara desde allí. Finalmente, Felipe decidió sacar sus propias fotos con su propia cámara.

El príncipe Felipe se comportó de forma igualmente despectiva con el equivalente de Beaton en la década de 1990, Terry O'Neill, en el bautizo de la hija menor del príncipe Andrés, la princesa Eugenia, en diciembre de 1990. Cuando Terry, que trabaja muy rápido y solo con un ayudante, estaba fotografiando al grupo del bautizo en Sandringham, el príncipe Felipe no dejaba de decirle: «¡Venga! ¡Vamos! ¿Es que no hemos hecho ya bastantes?». Luego añadía la que se conoce como su frase de fotógrafo: «Si no tiene ya lo que quería, ¡es que es aún peor fotógrafo de lo que yo pensaba!».

Después de esa ocasión, no hubo más noticias del bebé real y, a causa de la ausencia de pruebas fotográficas de lo contrario, empezó a rumorearse que tal vez le pasara algo malo al niño. La gente se daba cuenta de que Andrés había sido apartado de la mirada pública mucho más que Carlos o Ana. Finalmente, se dejó que la prensa extranjera realizara el primer movimiento, y un periódico francés publicó la noticia de que el bebé había nacido con una malformación. El príncipe Felipe estaba furioso; la reina, disgustada, y el palacio de Buckingham, derrotado en su intento de mantener las cosas en privado. Entonces, al igual que ahora, la casa real es reacia a ceder a la presión de los medios de comunicación, pero no le veían ya mucho sentido a mantener a Andrés escondido durante más tiempo. Así que a los dieciséis meses hizo su primera aparición pública en el balcón del palacio de Buckingham para el desfile del cumpleaños de la reina. Cuando la multitud reconoció al bebé, enfundado en su mejor pelele bordado, subiendo y bajando en los brazos de su madre, se produjo una enorme ovación. Aquello era lo que habían estado esperando ver.

La niñera Mabel Anderson tenía treinta y cuatro años cuando nació el príncipe Andrés y dirigía la guardería a la manera tradicional de la casa real: de forma incontestable, sin oposición y casi como si se tratara de su feudo privado. Contaba con la ayuda de una niñera auxiliar, June Waller, quien la ayudaba de una forma muy similar a como ella había asistido a Helen Lightbody con Carlos y Ana, y un empleado de palacio. Las niñeras reales no tienen que limpiar, cocinar o hacer la colada. Su tarea consiste puramente en vigilar el bienestar de los niños y dirigir la guardería, lo que Mabel hacía a la perfección. Estableció una rutina inquebrantable, similar a la del resto de sus estructuradas vidas reales. Mabel era el pivote central alrededor del cual todo giraba para Andrés. En comparación con ella, sus padres eran casi unos desconocidos.

Para entonces, la reina llevaba en el trono ocho años, y a diferencia de la época de austeridad en la que Carlos y Ana eran más pequeños y la reina apenas tenía tiempo para verlos durante el día, ahora era capaz de encontrar ratos para Andrés. Si anteriormente ella solo lograba pasarse de vez en cuando por la sala de baile donde sus dos primeros hijos recibían las lecciones de baile semanales de madame Vacani, con el tercero las cosas eran muy diferentes. Tenía más tiempo disponible, y era capaz de reservar momentos para él en su agenda de un modo que antes no le había sido posible.

«Déjelo conmigo, Mabel», le decía algunas mañanas, y Andrés se quedaba con su madre, jugando en el suelo de su estudio mientras ella trabajaba en la mesa. También Felipe, quizá porque fuera algo mayor, o tal vez porque ya hubiera encontrado el espacio apropiado para sí mismo, disfrutó más de esta tercera paternidad. Le gustaba hacer cosas con Andrés, que era una fuente inagotable de entretenimiento. Con un hermano casi doce años mayor y una hermana que le sacaba otros nueve, Andrés podría haberse convertido en un niño mimado, dado que era el miembro más joven de la familia, pero se le animó a que fuera independiente.

Andrés recuerda que sus padres dividían las responsabilidades relacionadas con él a partes iguales: «La compasión la ejerce la reina —dijo—. Y el deber y la disciplina, él [Felipe]. Creo que nuestra madre probablemente se esforzó algo más en asegurarse de tener tiempo para nosotros mientras éramos niños, teniendo en cuenta que era la reina cuando nosotros llegamos. Solíamos verla por las tardes, y por las noches en la habitual rutina del baño. Y papá normalmente nos leía un cuento o se lo leíamos nosotros a él —como *Precisamente así*, de Rudyard Kipling—, y cosas de ese estilo».

Felipe también les contaba a sus hijos historias que él se inventaba. Sin embargo, cuando aparecía por el cuarto de juegos, a Mabel la invadía el temor, al igual que le ocurría a la niñera Lightbody antes que a ella. Generalmente, era el preludio del llanto, ya que Andrés se sobreexcitaba al jugar con su padre, y la niñera debía ocuparse después de consolar las lágrimas, no sin que el niño le pusiera primero el ojo morado en la riña.

Con Carlos y Ana en el internado, Andrés y más tarde Eduardo deberían haber sido capaces de disfrutar de la atención individual de sus padres, pero las riendas de la monarquía tiraban de ellos. Cuando la reina y el príncipe Felipe se unían a sus hijos para tomar el té en el cuarto de juegos, nunca lo hacían sin ser anunciados y los empleados siempre sabían cuándo uno de los dos iba a aparecer. Mabel andaba de acá para allá asegurándose de que todo se encontraba en su sitio y de que los niños estuvieran limpios y arreglados. A veces, el día libre de esta, o cuando asistía a sus clases nocturnas de cerámica, la reina cuidaba de los niños.

Sin embargo, todo era muy formal y ella venía acompañada de su propio paje y lacayo, que le servía la cena delante de la televisión del cuarto de juegos. Si los niños se despertaban, los arropaba para que volvieran a dormir. Ella disfrutaba de esos momentos privados con sus hijos, y años más tarde admitiría que se sentía culpable de no haber pasado más tiempo con ellos. A pesar de que no podían huir del carrusel de deberes que suponía la monarquía, la reina y el príncipe Felipe nunca se iban a cenar sin darles las buenas noches a sus hijos. Si debían asistir a una gala real, como un estreno cinematográfico, la niñera los llevaba al pasillo para que pudieran despedirse de ellos con la mano. Antes de entrar en el coche luciendo la tiara y un vestido largo, la reina siempre miraba hacia arriba, al piso del cuarto de juegos y veía sus rostros ansiosos contra el cristal y los saludaba, mientras Felipe les mandaba un beso.

Las teorías de la reina y Felipe acerca de la educación de los niños habían sido suavizadas por la experiencia. Como explicaba Felipe: «No tiene sentido decirles "haz esto", "haz aquello", "no hagas esto", "no hagas aquello". Cuando los niños quieren algo, es muy cómodo negárselo inmediatamente. Pero creo que es bastante importante no darles una respuesta equivocada. Es mucho mejor pensárselo. Así, si al final les dices que no, ellos lo aceptan de verdad».

Cuando la reina no se encontraba cerca, Felipe se hacía cargo de los niños, pero se distraía fácilmente y con frecuencia los dejaba vagar a su antojo. Un fin de semana, cuando tenía cinco años, Andrés se aprovechó de esto y se fue a las caballerizas reales mientras su padre estaba practicando con los enganches. Los cocheros y los mozos de cuadra que trabajaban allí no tenían tiempo para ocuparse del príncipe, al que habían visto a menudo dar traviesas patadas a los perros y mofarse de los impotentes soldados de la guardia. Al ver su afectada indiferencia y tratando de atraer su atención, el príncipe optaba por golpear el suelo con un palo. Nadie le hacía caso, así que Andrés doblaba sus esfuerzos y aporreaba el suelo cada vez con más ganas, atizando de lado a las patas de los caballos.

Cuando se negaba a detenerse, dos mozos de cuadra lo levantaban, lo lanzaban al montón de excrementos y le echaban paladas de estiércol por encima. El príncipe estaba demasiado asustado para llorar, pero sentía el impacto de esta humillación y, cuando lograba salir de aquel montón apestoso, subía tan rápido como era capaz la colina hacia el castillo gritando: «¡Vas a ir a mamá! ¡Se lo voy a contar!». Nadie sabe si alguna vez lo hizo, pero nunca hubo consecuencias.

Como tampoco las hubo en otra ocasión en la que sus burlas enfadaron tanto a un lacayo que este le dio un golpe que hizo caer a Andrés al suelo y le puso un ojo morado. Temiendo por su puesto de trabajo, el lacayo confesó lo que había ocurrido y presentó su dimisión. Cuando esto llegó a oídos de la reina, ella se negó a aceptarla. Dijo que su hijo obviamente se lo merecía y que el lacayo no debía ser castigado bajo ningún concepto por el mal comportamiento de Andrés.

Por aquel entonces, por supuesto, Andrés ya tenía un hermano pequeño que le hiciera compañía. El príncipe Eduardo nació en la tarde del martes 10 de marzo de 1964 y allí, al pie de la cama, sujetando la mano de la reina, se encontraba el duque de Edimburgo. Era la primera vez que estaba presente en el nacimiento de uno de sus hijos y lo hacía por expresa invitación de su mujer.

La reina tenía treinta y siete años. No encontró fácil el parto, pero habían pasado dieciséis años desde que naciera Carlos y las modas habían cambiado entretanto, incluso en asuntos tan primarios como los de la obstetricia. Ahora se hacía más hincapié en la relación entre la madre y el hijo y en cómo esta podía mejorarse, tanto física como emocionalmente, si la madre era consciente de lo que estaba ocurriendo, así como en la importancia de implicar al padre en el proceso.

Como aficionada a las revistas femeninas que habían ido dedicando un número cada vez mayor de páginas a artículos que explicaban estas teorías, estaba fascinada con este nuevo enfoque. Fue de lo más oportuno. La vida de la reina había estado siempre sujeta al consejo de otros. Incluso en materias tan íntimas como el parto de sus propios hijos, la familia real había estado sujeta a exámenes y escrutinios. El príncipe Felipe había sido excluido del nacimiento de Carlos, Ana y Andrés. La idea de tenerlo allí junto a ella habría resultado casi incomprensible para la mayoría de la gente, cuando no de mal gusto en una época tan decorosa que se prohibió la publicación de ninguna fotografía de la reina embarazada y nunca se reconoció oficialmente que hubiera dado a luz a su primogénito por cesárea. Pero esta vez, decretó ella, Felipe asistiría al parto; era la primera ocasión en la historia reciente que se permitía a un padre de la realeza entrar a ver cómo nacía su descendiente.

Más sensible de lo que su desabrida imagen pública sugiere, Felipe se interesó y preocupó por el proceso, y cuando la moral de otros empezaba a decaer, sus alegres bromas los revivían. Al igual que Andrés, el bebé nació en el baño de la *suite* belga, que una vez más había sido convertida en paritorio. Durante el parto de la reina, se colgaron cortinas negras de las ventanas francesas que llegaban del suelo al techo y, por encima de la terraza, daban a los jardines de palacio y el lago.

Atendiendo a la reina ese día había cinco doctores —su ginecólogo, sir John Peel, que había estado presente en el nacimiento de sus otros tres hijos; su nuevo médico de familia, el doctor Ronald Boldley Scott; sir John Weir, de ochenta y dos años, que llevaba siendo uno de sus médicos desde 1952; John Brudenell, especialista en el King's College Hospital; y el doctor Vernon Hall, decano de la Facultad de Medicina del King's College— y dos comadronas: la hermana Annette Wilson y la hermana Helen Rowe.

También estaba Betty Parsons, cuyas técnicas de relajación y consejos llenos de sentido común habían ayudado a miles de mujeres a lidiar con las preocupaciones y miedos del parto. Betty prestaba atención a la respiración y, en uno de sus ejercicios más famosos, incitaba tanto a las madres embarazadas como a los futuros padres que asistían a sus clases preparatorias para el parto a jadear como un perro. La relación entre Parsons y los médicos no era maravillosa, ya que estos, más convencionales en sus métodos como correspondía a sus eminentes cargos, mostraban poca empatía por el novedoso y «alternativo» enfoque de Betty. Sin embargo, la reina había disfrutado de sus clases preparatorias con esta antigua comadrona e insistió en que estuviera presente en el nacimiento. También Felipe lo apoyaba. Él no había asistido a sus clases preparatorias —no eran muy del estilo del duque de Edimburgo—, pero cuando Betty apareció por el palacio la mañana que la reina se puso de parto, fue Felipe quien rápidamente la hizo pasar al paritorio antes de que los médicos la dejaran fuera.

De todas formas, para ese momento, los médicos estaban demasiado ocupados atendiendo a su paciente como para preocuparse de Betty. Faltaba una semana para que saliera de cuentas y la mañana anterior la reina había estado paseando por los terrenos del palacio con su corgi galés y Andrés, y todo parecía seguir el curso normal de un embarazo a término. Sin embargo, a primera hora de ese día habían comenzado las contracciones y para la tarde ya se había puesto de parto.

El nacimiento resultó más largo de lo que les habría gustado. Fue en ese momento cuando el buen humor de Felipe demostró ser muy valioso. «Qué solemne es pensar que apenas hace una semana el general De Gaulle se estaba bañando en esta misma sala», comentó al entrar en el baño y ver tantos rostros sombríos. Lo dijo de forma jocosa, lo que ayudó a relajar la tensión que había ido aumentando entre los médicos y las enfermeras que atendían a la soberana.

A pesar de la implicación de Parsons, la reina no disfrutó de lo que hoy llamaríamos un parto «natural», si bien para lo que era habitual en la época se entendió como un nacimiento sin complicaciones y la reina no sufrió grandes dolores. No obstante, el proceso fue «algo lento», motivo por el que los comentarios de Felipe eran tan apreciados. Finalmente, a las 8.20 de la tarde, para alivio de todos los presentes, la reina dio a luz a un varón «pequeño pero sano».

Aunque era la primera vez que asistía al nacimiento de uno de sus hijos, Felipe afirmaría más tarde: «Cuando se casa, la gente desea muchísimo tener un primer hijo. Y el segundo casi tanto. Si se presenta un tercero, lo aceptan como algo natural, pero tampoco es que se vuelvan locos para lograrlo. Cuando aparece el cuarto, en la mayoría de los casos, ha sido por accidente». Estaba claro que no iba a ponerse muy sentimental.

Su mujer lo veía de forma más entusiasta. De joven, había afirmado que, cuando creciera, le gustaría casarse con un granjero, vivir en el campo y tener muchos animales. Además, deseaba tener cuatro hijos —dos niños y dos niñas—. Se había casado con un marinero, no un granjero, pero hasta ahora sus otros deseos se habían cumplido. Así que, ¿por qué no iba a tener una segunda hija y que estas acompañaran a los dos hijos varones? Estaba tan convencida de que iba a ser una niña que no se había molestado en pensar nombres masculinos durante el embarazo; solo habían hablado de nombres de niña.

Sin embargo, este era un asunto que ni siquiera una soberana podía controlar y, para sorpresa de la reina, aunque no de los médicos, que durante el proceso habían optado por un enfoque médico más pragmático, el bebé era un niño. Felipe llamó a Clarence House para darle la noticia a la reina madre, después interrumpió la preparación de los exámenes de Carlos en Gordonstoun y por último habló con la princesa Ana, que se encontraba en su colegio de Benenden, en Kent.

Sir John Weir lo definió como «un hermoso bebé», mientras que el doctor Vernon Hall dijo que era «un niño de mirada seria», a lo que añadió: «Todo ha ido bien..., sin problemas».

En comparación con sus hermanos, era un niño pequeño que pesó solo dos kilos y medio y que finalmente fue llamado Eduardo Antonio Ricardo Luis, por sus padrinos lord Snowdon, Richard, duque de Gloucester, y el príncipe Luis de Hesse, a lo que se antepuso el antiguo nombre real de su tatarabuelo, Eduardo VII. Sus padres se tomaron mucho tiempo en la elección y los nombres no fueron oficialmente anunciados hasta veinticuatro horas antes del plazo de cuarenta y dos días, que, de excederse, podría provocar una multa (aunque no en este caso, puesto que el soberano, como encarnación de la ley, está por encima de la misma). Fue bautizado con el vestido de encaje de Honiton que había sido realizado en 1841 para la primogénita de la reina Victoria, Victoria, quien se casaría con el emperador alemán y cuyo hijo, el káiser Guillermo II, llevó a su nación a la guerra contra Gran Bretaña.

Lo que la reina llamaba «mi segunda familia» ya estaba completa. Al ser mayor, Felipe era menos exigente con Andrés y Eduardo de lo que lo había sido con Carlos, mientras que la reina había adquirido la confianza que da la experiencia, lo que le permitía adoptar una perspectiva más práctica y relajada de la maternidad. Lo demostró con Andrés, pero aún más con Eduardo. El primero de ellos siempre sería el preferido de su madre, pero a este último también se le permitía gatear por el estudio mientras ella trabajaba en asuntos de Estado. De hecho, estaba tan decidida a pasar más tiempo con sus hijos que adelantó media hora su reunión semanal con el primer ministro para poder bañar a Eduardo y acostarlo ella misma. Muchas madres trabajadoras deben adaptar sus horarios para complacer a sus hijos, y eso era exactamente lo que estaba haciendo la reina, a fin de ofrecer la máxima atención posible tanto a su familia como a sus deberes monárquicos.

Tras los rumores que la prensa publicó sobre Andrés, la reina tomó también la precaución de permitir a sus súbditos que vieran la última incorporación de la familia y montó un gran espectáculo para que Eduardo saliera al balcón del palacio de Buckingham tras la celebración de presentación de la bandera o Trooping the Colour en junio y lo alzó para que la multitud lo viera y vitoreara. Como observó Felipe: «Intentamos mantener a nuestros hijos alejados del público para que pudieran crecer con la mayor normalidad posible. Pero si uno tiene una monarquía, ha de tener una familia real y esta ha de mostrarse en público».

Sin embargo, existía un límite respecto a hasta dónde querían llegar la reina y su consorte en este sentido. Los cambios no suelen jugar a favor de la monarquía. La monotonía ofrece seguridad; es un baluarte contra las agitaciones de los levantamientos sociales, y la década de 1960 fue una época muy perturbadora para el *antiguo régimen*. Fuera de los muros de palacio estaba teniendo lugar una verdadera revolución social, y para 1964 esta ya se encontraba en pleno desarrollo. En Gran Bretaña, sir Alec Douglas-Home, el XIV conde de Home, fue barrido del poder por Harold Wilson y un gobierno laborista decidido a derribar las antiguas diferencias de clases y construir en su lugar una sociedad moderna que mirara hacia el futuro. En un mundo así, en el que Wilson enfatizaba «el calor blanco de la tecnología», la monarquía iba a resultar anticuada.

Los cambios no eran evidentes solo en el Reino Unido. En los Estados Unidos de América, aún traumatizados por el asesinato del presidente John Kennedy, su sucesor, Lyndon B. Johnson, firmaba la Ley de Derechos Civiles, la legislación sobre este aspecto más radical de la historia norteamericana, que, según sus palabras, «cerraría las fuentes del odio racial». En Sudáfrica, un joven abogado llamado Nelson Mandela era condenado a cadena perpetua por traición al conspirar para derrocar un gobierno únicamente de raza blanca. En la India moría Jawaharlal Nehru, primer ministro desde que el país se había independizado de Gran Bretaña en 1947 y quien había despojado así al padre de la reina, Jorge VI, de su título de emperador. En la Unión Soviética, Nikita Jruschov era destituido por un golpe de radicales dirigido por Leonid Brézhnev.

Sin embargo, no era solo en la alta política donde se producían tantos signos de cambio. El ocio tomaba protagonismo en la vida de la gente, gracias a la proliferación de la televisión. Así que, cuando Richard Burton se casó con Elizabeth Taylor, a la boda de estos actores se prestó casi tanta atención como a cualquier acontecimiento de la realeza. Por primera vez en casi un siglo, la familia real era objeto de bromas en el programa satírico *That Was The Week That Was* [Así fue la semana], producido por Ned Sherrin y presentado por David Frost. La forma de educar a su familia no podía ser inmune a todos estos cambios.

Además, el mundo occidental se hallaba presa de la histeria colectiva a causa del más festivo de los fenómenos: la Beatlemanía. Incluso el príncipe Felipe sucumbió a ella. Los Beatles, dijo, «están ayudando muchísimo. No podría importarme menos el ruido que la gente hace cantando y bailando. Que hagan todo el ruido que quieran cantando y bailando. A lo que me opongo es a que la gente se pegue o robe. Me parece que estos muchachos están ayudando a la gente a divertirse y que eso es mucho mejor que lo otro».

De todas formas, el abismo entre las cuatro estrellas del pop melenudas de Liverpool y el príncipe de origen griego era inmenso. Cuando el grupo actuó para la reina en el Royal Variety Show, John Lennon alzó la vista hacia el palco real e invitó a los pobres a aplaudir... y a los ricos a que hicieran sonar sus joyas. El «improvisado» comentario había sido ensayado cuidadosamente en el camerino un rato antes. La versión original contenía varios improperios que expresaban de forma cruda la irreverente opinión que tenía Lennon de la clase dirigente británica que la familia real personificaba. A Brian Epstein, manager de los Beatles, nunca demasiado seguro de lo que el genio iconoclasta haría a continuación, le preocupaba muchísimo que en el último momento Lennon tirara por la borda su prudencia, así como su carrera, y ofreciera la versión menos edulcorada. Por supuesto, no lo hizo, prefiriendo la gamberra insolencia a la cruda impertinencia.

Sin embargo, Lennon no era el único que cuestionaba el valor de la familia real en aquella época. En un almuerzo con la Asociación de la Prensa Extranjera trece días antes de que naciera Eduardo, al príncipe Felipe le preguntaron: «¿Cree que la monarquía ha encontrado su lugar adecuado en la Gran Bretaña de los sesenta?».

Él contestó: «Aquí estamos, en los sesenta. ¿Qué quiere que le diga? Tal vez podría ampliarme la pregunta».

El periodista continuó: «A veces la prensa recoge críticas acerca de que la monarquía no ha encontrado su espacio, si bien, por supuesto, está desempeñando un papel útil en este país, pero sin hallar el enfoque correcto a los problemas británicos del momento».

Felipe respondió: «Lo que está insinuando es que estamos anticuados. Bien, podría ser perfectamente cierto, no lo sé».

Y añadió: «Uno de los rasgos de la monarquía y su espacio —y una de sus grandes debilidades en cierto sentido— es que debe representarlo todo para todos. Obviamente, eso no es posible si lo mismo debe representarlo todo para los tradicionalistas que para los iconoclastas. Por ese motivo, solemos encontrarnos en una situación de compromiso, y podrían atacarnos desde ambos lados. La única solución, si uno es astuto, es alejarse tanto como pueda de los extremistas, porque probablemente ellos te ataquen más fuerte».

Y concluyó, entusiasmándose con el tema: «Estoy completamente de acuerdo en que estamos anticuados; la monarquía es una institución anticuada». Y así era como iba a seguir. A pesar de la radical decisión de la reina a favor de que su marido la acompañara durante el parto, el gran buque de la realeza continuaba su majestuoso crucero sin dirigir más que apenas una mirada de soslayo a la espuma de cambio que lo rodeaba. «Soy muy tradicional», había declarado sin ambages la reina, y los hábitos de la corte lo reflejaban.

La familia real, además de ser una institución que funciona mejor en condiciones de calma, también es un negocio. Felipe siempre la ha llamado «la empresa», y empleaba a tiempo completo a una plantilla de varios cientos de personas —cocineros, camareras, doncellas, cocheros, lacayos, secretarios, mayordomos y niñeras—. Sometidos a la jerarquía y a la tradición, eran obedientes, leales y estaban firmemente anclados en la vieja escuela; el palacio seguía dirigiéndose de forma paternalista. Sin embargo, la reina, a pesar de todas sus riquezas, siempre buscaba formas de ahorrar, convencida de manera entrañable, aunque incorrecta, de que contando los peniques, las libras de expedición real de algún modo lograrían cuidar de sí mismas. Por ejemplo, Eduardo dormía en el mismo camastro pintado de crema que sus hermanos y hermana habían usado, y jugaba con los mismos juguetes.

Ser parte de «la empresa» implicaba que otras convenciones debían seguir a su manera intemporal. Felipe podía haber asistido al nacimiento de Eduardo, pero no es que fuera por eso un hombre nuevo y dos días más tarde, y sin pensarlo mucho, si es que lo hizo, voló a Atenas al funeral de su primo, el rey Pablo de Grecia. Entendía que estar presente era su deber como miembro de la realeza, y que mostrar públicamente su duelo era más importante que permanecer de forma privada al pie de la cama de su mujer. Como en tantas otras ocasiones en el matrimonio real, quedó expuesto el conflicto entre las exigencias de los papeles públicos y privados, y fue el papel público el que venció. La reina, le aseguraron los médicos, se encontraba bien y estaba muy cómoda en su habitación. Disponía de una televisión y una vista de los jardines para despertarle el interés, y estaba bien atendida, al igual que su hijo, por el personal de palacio.

En el momento en que nació Eduardo, toda la maquinaria educativa de la casa real se puso en funcionamiento. La reina pasaba más tiempo con él de lo que nunca lo había hecho con sus hermanos mayores y su infancia estuvo marcada por una informalidad que habría estado fuera de lugar en la época de Carlos y Ana. En lo que respecta a su educación reglada, la reina, el príncipe Felipe y sir Martin Charteris, rector de Eton en aquel momento, discutieron qué sería lo mejor para el futuro del hijo menor. Convocaron a James Edwards, director del colegio Heatherdown, donde ya era alumno Andrés, para pedirle su opinión. Habían escogido este colegio para él, en lugar de Cheam, como antes, porque estaba más próximo al castillo de Windsor y muchos de los familiares y amigos de la reina habían enviado a sus hijos allí.

Edwards no era partidario de Gordonstoun y así se lo hizo saber a la reina. Ella le escuchó, pero finalmente el príncipe Felipe se salió de nuevo con la suya y la reina estuvo de acuerdo en enviar al niño allí, si bien antes se reunió con su hermano en Heatherdown. Felipe puede haber sido un padre afectuoso, pero no estaba de acuerdo en mimar a sus hijos. Seguía siendo un devoto discípulo del principio guía de Kurt Hahn: en primer lugar, el carácter; en segundo, la inteligencia; en tercero, el conocimiento. Para Andrés, que no era un intelectual, quizá servía. No era tímido como su hermano mayor y tal vez Eton habría pulido sus aristas y le habría ofrecido una mejor educación escolar, lo que seguramente le habría ayudado. En cambio, no parecía muy seguro de si quería ser un príncipe o un muchacho más, y su incapacidad para resolver ese dilema se convertiría en un obstáculo. Nunca logró ser delegado o tutor, como sí lo habían sido su padre, su hermano mayor o menor.

«Eduardo se llevaba bien con todo el mundo; aprendía con facilidad y se portaba muy bien —recordaba Edwards—. Su hermano mayor era mucho más extrovertido. Hay niños que, de forma natural, se ensucian y otros que, de forma natural, permanecen limpios. A algunos los sientas en una silla inmaculados y a los cinco minutos están sucios. ¿Cómo? No me lo pregunte. Hay otros que pueden pasarse una hora jugando en el bosque y salen de allí hechos un pincel; Eduardo era uno de ellos».

Para aquel entonces, la reina tenía más confianza como madre que cuando había nacido Carlos, y había desarrollado una infrecuente comprensión de la gente y las personalidades gracias a sus años en el trono, que ahora aplicaba a sus propios hijos. «Algunos padres que confían sus hijos a niñeras apenas conocen a los niños, pero la reina sí conocía a los suyos —confirmaba Edwards—. Está muy pendiente y es una de las mejores narradoras de cuentos que he conocido nunca, terriblemente divertida —y añadía—: El príncipe Felipe aparecía a veces, pero no tanto como la reina. Era ella quien decidía y controlaba su educación primaria. Yo comentaba los informes escolares con ella más que con él».

La reina no recogía a los niños del colegio cuando iban de excursión, pero siempre los llevaba de vuelta a casa. «Solía conducir ella misma su furgoneta Vauxhall verde, con el inspector Perkins a su lado —decía Edwards—. Siempre venía a mi despacho y charlábamos de todo un poco. Cuando hablaba de los niños, era completamente consciente de sus defectos y era extremadamente paciente».

«Sin embargo, algo en lo que ella más insistía era en los buenos modales, algo de lo que les daba ejemplo. La reina nunca los decepcionaba. Venía a todos los días de deportes, obras de teatro y recitales de villancicos que programábamos. Y en nueve años, que ya es decir, solo se perdió una representación, en la que Eduardo hacía de Saúl en *David,* de J. M. Barrie, al encontrarse de viaje oficial en Australia. En su lugar, vino la reina madre».

Fue en Heatherdown donde Eduardo comenzó a desarrollar su entusiasmo por el teatro, al interpretar el papel protagonista de Topo en *El sapo de Toad Hall,* de A. A. Milne. Nicholas Tate encarnó a Sapo; Andrew Wills, a Tejón, y Alexander Cameron, a Rata (mientras que David Cameron, su hermano pequeño, era uno de los conejos). Tal como lo recordaba Edwards, era una obra que lo tenía todo: «Recuerdo a Andrew Wills como Tejón y a su hermano pequeño sentado en el pasillo, en la tercera fila. Tenía unos nueve años y se reía tanto que se cayó de la silla y... ¡se quedó tumbado en el pasillo desternillándose! ¡La cara de la reina era un poema al ver a este niño revolcándose! Yo estaba muy preocupado porque en una de las canciones, cuando [las comadrejas] vienen a invadir Toad Hall, todos llevaban azotadores atados a sus muñecas con correas de cuero. Blandían estos palos justo en la parte delantera del escenario, con la reina sentada en primera fila, y pensé: "Por favor, ¡que no se rompa ninguno!". ¡Eran absolutamente letales!».

En la misma época en la que Eduardo dejó el colegio en el verano de 1977, no fue el único en mudarse. La reina y el príncipe Felipe estaban a punto de ser abuelos por primera vez mientras se celebraba el jubileo de plata de Isabel II; su hijo mayor, ahora príncipe de Gales, estaba comenzando a desarrollar su propia carrera y sus intereses benéficos; su tía pronto se divorciaría. Y si bien la gente entonaba el «Dios salve a la reina», no siempre era la versión que la familia real apreciaba. Verdaderamente fue un periodo de cambios para los matrimonios reales.

Capítulo 9

Ver crecer a la familia

En noviembre de 1972, la reina y el duque de Edimburgo celebraron sus bodas de plata. En un discurso ofrecido en el Guildhall de Londres, la reina pronunció esas palabras que ya son parte del *Diccionario de Citas* de Oxford: «Creo que todo el mundo reconocerá que sobre todo hoy, entre todos los días, debo empezar mi discurso diciendo: "Mi marido y yo"».

Y continuó: «Un matrimonio comienza uniendo a un hombre y una mujer, pero esta relación entre dos personas, por profunda que sea en ese momento, debe desarrollarse y madurar con los años... Cuando al obispo le preguntaron qué pensaba del pecado, respondió con sencilla convicción que estaba en contra. Si a mí me preguntaran hoy qué pienso de la vida familiar tras estos veinticinco años, podría responder con la misma sencillez y convicción. Estoy a favor».

Para la mayor parte de la gente, la familia es lo más importante de su vida. Es lo que los mantiene unidos y lo que mantiene unida la civilización. La vida gira en torno a acontecimientos familiares relevantes —educación, carrera profesional, matrimonio, hijos, nietos—. La vida familiar también es el pilar central de la monarquía, como bien explicó el príncipe Felipe: «Si uno tiene una monarquía, ha de tener una familia real y esta ha de mostrarse en público».

Pero como el primero, y después todos salvo uno, de los matrimonios de los hijos de la reina y el príncipe Felipe acabaron mal, los métodos con los que habían sido educados parecieron ser un entrenamiento lamentablemente inadecuado para gestionar las exigencias y presiones de la época moderna.

El fallido matrimonio de la princesa Margarita con el fotógrafo y vividor Tony Armstrong-Jones en 1960 sentó un precedente. Después de numerosas disputas, líos y dos niños, se divorciaron en 1978; era el primer divorcio en la familia real desde que Enrique VIII se había separado de Ana de Cléveris en 1540.

Los divorcios de los hijos de la reina no se debieron a que estos no crecieran en una familia unida y cariñosa. A pesar de las exigencias del cargo que ostentaban sus padres, siempre compartieron momentos familiares —Navidades en Sandringham, vacaciones en Balmoral y Windsor—, pero en gran medida se les dejaba que se las arreglaran solos o quedaban al cuidado de otras personas para que los formaran y educaran. Sus oportunidades profesionales eran limitadas, y las de algunos de ellos incluso estaban planeadas de antemano. O bien entraban en las fuerzas armadas, o bien hacían labores benéficas, o, en la mayoría de los casos, ambas cosas.

Los negocios nunca han sido una salida profesional para la familia real más inmediata, ya que, les guste o no, sus miembros nacen automáticamente separados del resto del mundo dado su patrimonio. Un príncipe o princesa de la familia real ha de actuar como tal y no debe explotar su posición para obtener beneficios económicos, distinción que le ha causado al príncipe Andrés algunos inconvenientes. En los miembros de mayor importancia de la familia, el aislamiento está reforzado por un protocolo tan rígido que incluso los niños deben inclinarse o hacer una reverencia a la reina.

Los problemas que conllevan las actividades comerciales se hicieron aún más patentes en 2001, cuando Sofía, la esposa del príncipe Eduardo, fue engañada por el «falso jeque» Mazher Mahmood —un reportero de incógnito del ya desaparecido *News of the World*— para que revelara todo tipo de indiscreciones de la familia real. La aterraron las repercusiones que acabaría teniendo el que, a fin de promocionar su empresa, R-JH, se dejara grabar mofándose del entonces primer ministro, al que consideró «demasiado presidencialista», y refiriéndose a su mujer, Cherie, como «absolutamente antipática». También describió a la reina como la «adorable viejita».

Tanto Isabel como Felipe la apoyaron, pero insistieron en que abandonara sus negocios y que Eduardo dejara de trabajar en su productora cinematográfica, Ardent Productions. El príncipe Felipe había querido que Eduardo estudiara contabilidad o, al menos, que hiciera un curso de gestión, pero eso no era lo que deseaba Eduardo. Tan solo mencionarlo era un paso radical; para muchos, el que el hijo de una soberana reinante estuviera directamente implicado en negocios era algo nuevo y preocupante. El comercio siempre había sido un anatema en la familia real. En parte, por esnobismo; las clases altas británicas, educadas en la idea de que solo la tierra era una honorable forma de medir la riqueza, tradicionalmente habían despreciado «el comercio». Aunque eso no iba a influir en la idea de Felipe. Siempre había sido impaciente y, en ocasiones, incluso groseramente despectivo con los prejuicios de las clases dirigentes, tan altivos y anticuados.

Pero una implicación directa también iba en contra de la imparcialidad, tan vital para el buen nombre de la familia real, e incluso Felipe debió tomar eso en consideración. Ese es el motivo de que prefieran desempeñar el papel de «embajadores» de toda la industria británica, en lugar de representar a una u otra empresa concreta. Como reconoció Felipe: «Cualquier miembro de la familia real que haya estado cerca de alguna actividad comercial será siempre criticado, puesto que estará dándole una ventaja injusta».

Tan solo la princesa Ana logró liberarse de las convenciones reales y educar a sus hijos de forma relajada y verdaderamente normal, y solo pudo hacerlo volviendo la espalda a su herencia real. Fue la primera de los hijos de la reina en casarse. Siguiendo la tradición de la familia real, la reina le ofreció a su marido, el plebeyo Mark Phillips, un condado el día de su boda, pero él lo rechazó, lo que implicó que los hijos de la pareja fueron los primeros nietos de un soberano en no disponer de título. La princesa Ana había manifestado que prefería una boda íntima, pero en deferencia a su madre finalmente accedió a casarse en la abadía de Westminster, el emplazamiento tradicional de las bodas reales.

La ceremonia, celebrada el 14 de noviembre de 1973, todo un escaparate para la familia real, fue presenciada por una audiencia televisiva estimada de quinientos millones de espectadores de todo el mundo, y en las calles de Londres, multitud de personas flanqueaban las calles para compartir el acontecimiento, que había sido declarado fiesta nacional. El príncipe Felipe llevó a su hija al altar de forma muy parecida a como lo hizo con la hermana de la reina en su boda. El novio era un hombre agradable, educado en Marlborough College y Sandhurst, que llegó a capitán del Ejército. Era un excelente jinete, lo que en esa época era muy importante para la princesa Ana, y la reina y el príncipe Felipe tenían puestas muchas esperanzas en el matrimonio. También les

La reina y el duque de Edimburgo, la glamurosa pareja, durante un banquete de Estado en Lagos. Febrero de 1956.

Diez años después de su boda, preparados para ver *Dunkerque* en la *première* mundial de la película, el 20 de marzo de 1958.

El príncipe Felipe conduciendo un carruaje junto a lady Penny Brabourne en el Windsor Horse Show.

Compartiendo confidencias con su nuera Sofía, condesa de Wessex, en el Derby de Epsom el 4 de junio de 2011. El caballo de la reina, Carlton House, partía como favorito pero quedó tercero, siendo Pour Moi el ganador.

El príncipe Felipe y su nuera, la difunta Diana, princesa de Gales, durante un partido de polo en Smith's Lawn en la década de los ochenta. Tenían una relación difícil y Diana no siempre valoraba sus consejos.

El príncipe Felipe mira dubitativo a la reina mientras ella brinda por el nuevo siglo en el Millennium Dome, en el año 2000. Fue una tarde que ninguno de los dos disfrutó, ya que se vieron obligados a acudir a estas celebraciones por el entonces primer ministro, Tony Blair.

Abril de 1989. La reina con el príncipe Harry, de cinco años, y el reverendo Michael Mann, deán de Windsor, el día de Pascua. Mann estableció una excelente relación con la reina y el príncipe Felipe y era muy apreciado por ambos.

El príncipe Harry con su abuelo, el príncipe Felipe, en la final de la copa mundial de rugbi de 2015 en Twickenham. El príncipe Felipe disfruta teniendo cerca a sus nietos, especialmente en eventos deportivos.

El príncipe Felipe en 1969, pintando en un caballete durante el rodaje del documental para la televisión *The Royal Family*. Es un artista de talento y disfruta de este pasatiempo, en el que es un experto.

La reina cabalgando con la princesa real en 2002. La edad no ha disminuido su entusiasmo y ha aprovechado todas las oportunidades que ha tenido para cabalgar. Despreciando cualquier medida de seguridad, nunca ha usado casco porque le aplastaba el pelo.

La reina se ríe del príncipe Felipe mientras él permanece firme, en Windsor, en los instantes previos a que ella pase revista a los Granaderos reales, el 15 de abril de 2003, una semana antes de su septuagésimo séptimo cumpleaños.

Por su noventa cumpleaños, la reina concedió al príncipe Felipe el título de lord del Almirantazgo, jefe titular de la Royal Navy. En la imagen, él tiende su mano a la reina después de un servicio religioso, en marzo de 2015, que conmemoraba el decimotercer aniversario de la participación de las tropas británicas en Afganistán.

La reina y su consejero de carreras, John Warren, no pueden contener su felicidad cuando su caballo Estimate gana la copa de oro en Ascot, en 2013. El caballo fue montado por el jockey Ryan Moore y entrenado por Sir Michael Stoute.

Aunque le príncipe Felipe no es aficionado a las carreras, siempre ha sido el fiel acompañante de la reina en Ascot y en el Derby. Aquí le vemos con la reina y el duque de York en el Derby de 2016. La reina, por primera vez durante su reinado, entregó el trofeo al Aga Khan, cuyo caballo Harzand ganó la competición.

gustaban los padres de Mark, Peter y Anne Phillips, que fueron los primeros parientes políticos en estar integrados en la familia real.

Cuando su primer nieto, Peter, nació el 15 de noviembre de 1977, la reina estaba a punto de otorgar una investidura en la sala de baile del palacio de Buckingham. El bebé nació a las 10.46 y la investidura debía tener lugar a las once, pero ella estaba tan encantada que pospuso la ceremonia diez minutos, algo sin precedentes, mientras pedía que llamaran al príncipe Felipe, que se encontraba en Alemania en ese momento, para contarle la buena noticia. Él estaba igual de entusiasmado. Él admiraba a su hija, tan directa, y siempre se había sentido muy unido a ella. Estaba convencido de que la maternidad la suavizaría un poco y aportaría otra dimensión a su vida.

Cuatro años después, el 15 de mayo de 1981, Ana daba a luz a una niña, Zara, que significa «radiante como el amanecer», debido a su llegada al mundo, algo rápida. Cuando eran pequeños, a la reina le encantaba que sus nietos se quedaran con la niñera Pat Moss, pero se mantenía firme con ellos. Pudo haber sido un abuela chocha, pero también era estricta. «Siempre los estaba regañando —recordaba un marinero del yate real *Britannia*—. La he visto zarandear a Zara porque se portaba mal y subía y bajaba las escaleras del yate negándose a parar incluso cuando la reina le decía que lo hiciera».

Desde el principio, Ana se negó a dejarse influir por la opinión pública o la de sus padres en lo relativo a la educación de sus hijos. Y eso implicó actividades en el campo y escuelas rurales. Y de esta forma, el primer nieto de la reina y el príncipe Felipe, el tataranieto del rey Jorge V, comenzó su educación, no con una institutriz en el apacible ambiente del aula del palacio de Buckingham, sino en una escuela infantil de pueblo en Minchinhampton. «Creo que la reina lo encontra-

ba todo bastante alarmante —reconoció un antiguo lacayo—.
Pero Ana quería hacer las cosas a su manera y lidiar con los
niños por sí misma».

Su padre lo comprendió: «Es demasiado fácil pensar en
la educación como un proceso en el que se enseña a los jóvenes cuestiones académicas en un colegio —dijo—. Y este es
un aspecto importante, pero ofrecer educación de calidad debe
implicar que los jóvenes no necesiten mayor instrucción o
experiencia que los prepare para la vida adulta».

A pesar de sus deberes reales, entre los que estaba su
colaboración cada vez más frecuente con Save the Children
(la obra de caridad que ella había escogido), Ana seguía encontrando tiempo para estar con los niños. Había sido idea
de su secretario particular, el fallecido Peter Gibbs, afiliarla
a Save the Children, y la elección no había tenido nada que
ver con sus padres. Y lo mismo ocurrió con la educación
que les dio a sus hijos, le dejaban que siguiera compaginando
su maternidad y su vida laboral y estaban orgullosos de ella
por hacerlo así.

Sin embargo, el príncipe Carlos no tenía una escapatoria
así. Él era prisionero de su posición y debía encontrar una
esposa adecuada, con la prensa escrutando de cerca cada movimiento que hiciera al respecto. Finalmente, lo logró, en forma de una larguirucha, casi adolescente, joven de Norfolk,
que casualmente era amiga de la familia y la nieta de un conde.
Lady Diana Spencer era joven, potencialmente hermosa y, lo
más importante de todo, no estaba manchada por ningún tipo
de escándalo o pasado romántico, como sí era el caso de la
mayoría de las novias previas de Carlos.

En noviembre de 1980, cuando Diana visitaba Sandringham como invitada, aumentó el interés de la prensa en ella
y los fotógrafos rodearon la finca confiando en obtener una

fotografía o, al menos, verla. Esto molestó a la reina, que estaba tan irritada como preocupada por la atención que atraía la presencia de Diana en la gran casa. La incomodaba, pero, como era habitual en ella, no le dijo nada a Carlos de forma directa, en lugar de lo cual lo discutió con Felipe, quien le escribió a su hijo una carta de lo más considerada. La presión mediática estaba creando una situación intolerable, decía Felipe, lo que implicaba que Carlos debía tomar una decisión rápidamente. O bien le ofrecía su mano a Diana, o bien debía romper la relación a fin de no comprometer su reputación.

«¡Leedla!», exclamaría furiosamente Carlos años después ante sus amigos, sacando la carta del bolsillo de su pecho. «Era su forma de decir que le habían obligado a casarse», recordaba alguien que vio la nota. Sin embargo, otro que la leyó decía en confianza: «En realidad, era una carta muy constructiva e intentaba ser de ayuda. Desde luego, no parecía ningún ultimátum».

El 24 de febrero de 1981, el príncipe Carlos anunció su compromiso con lady Diana Spencer, de veinticuatro años. Era la hija menor del vizconde Althorp y su mujer, Frances Shand Kydd, y la nieta materna de lady Fermoy, que era amiga y había sido dama de honor de la reina madre. El padre de Diana, después VIII conde Spencer, había sido caballerizo de la reina entre 1952 y 1954 y de Jorge VI los dos años anteriores. La familia vivía en Park House, dentro de la finca de Sandringham y la reina conocía a Diana de vista desde niña. La hermana mayor de Diana, Sarah, había sido amiga del príncipe Carlos, y su otra hermana, Jane, estaba casada con Robert Fellowes, ayudante de la reina y posteriormente su secretario particular.

«Es una de los nuestros —escribió la reina a un amigo—. Me encantan las tres hermanas Spencer». Se diera cuenta o no de los problemas que iban gestándose con respecto a Diana en los meses previos a la boda, decidió ignorarlos.

Todo había empezado muy bien en Escocia el verano anterior cuando Diana se había unido a los juegos posteriores a la cena, se había reído con las bromas del príncipe Felipe, se había empapado, se había caído en el pantano y había dicho siempre lo que debía. La joven de diecinueve años había entrado en el augusto círculo real con muy buena nota. Había recibido un magnífico zafiro ovalado y un anillo de compromiso de diamantes y estaba deslumbrada por una ambición romántica, al haber pescado lo que ella llamaba «el gran pez». Pero no había pensado demasiado en lo que todo aquello implicaba en realidad para su futuro y tampoco había considerado lo que de verdad acarreaba ser un miembro de la familia real. Ahora estaba condenada a vivir con las consecuencias. Debía llevar escolta allá donde fuera, mudarse al antiguo cuarto de juegos, en el segundo piso del palacio de Buckingham, y descubrir que su libertad había desaparecido.

La reina comprendía las ansiedades de Diana, pero no tenía ni la menor idea de que ya sufría la bulimia que la atormentaría durante años. Por mucho que quisiera ayudar, la reina debía atender asuntos de Estado, así como muchos problemas propios. El 14 de junio de 1981 estaba montando a su fiel caballo Burmese en la celebración de presentación de la bandera o Trooping the Colour cuando resonaron seis disparos de pistola. Un temor repentino asaltó a los presentes: ¿Habían atentado contra la reina? Afortunadamente, eran balas de fogueo, y la reina no solo no sufrió daño, sino que gracias a su maestría a las riendas, ni siquiera se cayó del caballo.

«No fueron los disparos lo que la asustó..., sino la caballería», diría la reina de su yegua posteriormente. «Si alguien quisiera hacerlo, cazarme a mí es demasiado fácil», añadió.

Había sido una amenaza grave a su seguridad personal y, teniendo en cuenta la próxima boda real, la vigilancia y la seguridad en general se intensificaron.

Apenas seis semanas después, la reina y el príncipe Felipe celebraron una fiesta previa a la boda en el palacio de Buckingham en honor del príncipe Carlos y lady Diana Spencer. Era el baile real más lujoso desde hacía más de medio siglo, con una lista de invitados que incluía a prácticamente cada miembro de una casa real europea, ya fueran más o menos importantes, así como a la primera dama estadounidense, Nancy Reagan, un montón de primeros ministros y dirigentes de la Commonwealth. Había lacayos y doncellas de servicio en todos los pisos, y todas las habitaciones del palacio estaban ocupadas, tal era la presión por encontrar alojamiento. Desde el punto de vista de la reina, el baile fue una ocasión ideal para entretener a príncipes, reyes y políticos. La boda, dos días más tarde, fue un acontecimiento de Estado y sirvió de escaparate de la nación.

Por insistencia del príncipe de Gales, la ceremonia tuvo lugar en San Pablo, y no en la abadía de Westminster, porque la catedral podía dar cabida a las tres orquestas que él deseaba y al amplio número de asistentes que se consideraba necesario invitar a un acontecimiento como este. Las bodas son una declaración de esperanza para el futuro y esta sería vista y compartida por más gente que ninguna en la historia.

Esa noche la reina y muchos de los importantes invitados a la boda asistieron a una fiesta en el Claridge's Hotel, en la londinense Brook Street, ofrecida por la gran organizadora de fiestas lady Elizabeth Anson. «Pedí que se colocaran pantallas de vídeo para que los invitados pudieran volver a ver la ceremonia —recordaba—. La reina se sentó junto a Nancy Reagan y la princesa Gracia en un sofá circular, pegadas a las

pantallas. Había un ambiente maravilloso, con la gente rego-
cijada por el día y todos nos moríamos de risa cuando alguien
creyó que un miembro de la orquesta de Lester Lanin era el
rey de Tonga».

Para cuando llegó noviembre, Diana esperaba un bebé
y la locura mediática alcanzó un nuevo máximo. Después de
que le hicieran fotos embarazada en bikini en una playa en la
propiedad privada de los Mountbatten en Bahamas, la reina
se mostró verdaderamente preocupada por la capacidad de
Diana para arreglárselas y dio instrucciones a su secretario
de prensa para que convocara a todos los directores de periódicos de Fleet Street al palacio de Buckingham para pedir-
les que se refrenaran. En un movimiento sin precedentes, la
reina los llamó personalmente. Funcionó, pero no demasiado
tiempo.

En abril de 1982, la primera ministra, Margaret Thatcher,
anunció que Gran Bretaña había declarado la guerra a Argentina al haber invadido esta las lejanas islas Malvinas en el At-
lántico Sur en una disputa por la soberanía. Se envió un des-
tacamento especial para recuperar el control de las islas por
asalto anfibio. Entre los pilotos de helicópteros de servicio
a bordo del *Invincible,* se encontraba el príncipe Andrés, de
veintidós años. Se había unido a la Marina Real en 1979, y solo
recientemente había completado su formación. En el gobierno hubo quien pensó que no debería ser enviado al frente, y la
reina estaba preocupada, no solo como jefe de Estado, sino
también como madre. Sin embargo, el palacio de Buckingham
publicó una declaración confirmando que ella no albergaba
ninguna duda acerca de que su hijo debía participar y permanecer en el barco.

A los pocos días de la victoriosa conclusión de la guerra, la reina recibió más buenas noticias. El lunes 21 de junio,

a las 21.03, Diana dio a luz a un niño, que sería el segundo en la línea sucesoria al trono. «Estoy muy contenta de que tengamos otro heredero», comunicó la reina a los militares heridos en las Malvinas con su habitual moderación. Por supuesto, estaba encantada y veía el nacimiento como una de las pocas cosas positivas de un año, por otra parte, bastante complicado. Que además iba a empeorar.

Un par de semanas después, el 9 de julio, Michael Fagan atravesó el sistema de seguridad del palacio de Buckingham, supuestamente infalible, y se introdujo en el dormitorio de la reina. Debido a una desafortunada coincidencia, toda la familia de esta se encontraba fuera de Londres, y su paje, Paul Whybrew, había sacado a los perros para que dieran su paseo matutino. La primera reacción de la reina al despertarse y ver a un hombre al pie de su cama fue pensar que debía de ser un empleado y le dijo que se marchara. Fagan ha contado muchas versiones de la historia, pero basta con decir que la reina tiró de valor y lo mantuvo hablando mientras ella intentaba llamar a seguridad apretando el botón de alarma..., sin recibir respuesta. Finalmente, apareció una doncella que gritó aterrorizada cuando vio al intruso. La reina, aún en camisón, se las arregló para sacar a Fagan de su dormitorio e introducirlo en la despensa de los pajes, donde la doncella le ofreció un cigarrillo.

Cuando Whybrew regresó con los perros, ella le indicó que fuera a la despensa, lo que hizo debidamente y donde entretuvo a Fagan con whisky hasta que llegó el servicio de seguridad. La reina afirma que no llegó a ponerse nerviosa porque era una situación tan surrealista que no tuvo tiempo ni de asustarse. Aunque debió de desconcertarla que algo así pudiera ocurrir, desde entonces le ha sacado muchísimo partido a la historia, llegando a imitar la horrorizada reacción de su doncella.

Lo que era particularmente alarmante es que alguien pudiera escalar el muro del palacio, entrar por una ventana abierta, caminar a lo largo de un par de pasillos e introducirse en el dormitorio de la reina sin ser detectado. El príncipe Felipe, que dormía en la habitación adyacente, había salido del palacio a primera hora y, cuando saltó la noticia, se enfureció de que el mundo se enterara de que dormían separados. Por supuesto, le llevaban los demonios por que algo así pudiera ocurrir y aplaudió el valor de su mujer al permanecer calmada y tranquila frente al intruso.

Una semana más tarde, la reina acudió al hospital, en apariencia para que le quitaran una muela del juicio, pero oportunamente coincidiendo con el momento en que el comandante Michael Trestrail, inspector de policía que llevaba años a su servicio y de quien había sido muy partidaria, se viera obligado a presentar su dimisión al revelarse que mantenía un idilio con un gigoló.

Por si todo esto no fuera bastante, el 20 de julio el IRA detonó una bomba con diez kilos de explosivo situada en un Austin azul aparcado en el South Carriage Drive de Hyde Park justo cuando pasaban los Blues and Royals de la Household Cavalry. La explosión mató a tres soldados e hirió a otros veintitrés, pero la peor parte se la llevaron los caballos, de los que siete perecieron o quedaron tan malheridos que debieron ser sacrificados. Uno de ellos, Sefton, fue operado durante ocho horas; sobrevivió a sus treinta y cuatro heridas y se convirtió en un emblema nacional y en el símbolo de la devastadora tragedia. Esa noche, el vigilante apostado a la puerta del dormitorio de la reina afirma haberla oído decir repetidamente: «Los caballos, los pobres caballos...». Dos horas después del primer atentado, se produjo una segunda explosión debajo del escenario donde el regimiento de los Royal Green Jackets tocaba ante un público de más de cien asistentes. El balance final fue de once fallecidos y más de cincuenta heridos.

Pero, por lo que respecta a la monarquía, la vida ha de seguir adelante y el 4 de agosto, con una sonrisa firme, la reina asistió al bautizo del presunto heredero en la sala de música del palacio de Buckingham. Diana no es que estuviera muy colaboradora y le sentaba mal que el foco de atención recayera sobre la reina madre, que celebraba su octogésimo segundo aniversario. Dijo haberse sentido «completamente excluida», y el pequeño Guillermo Arturo Felipe Luis, notando la incomodidad de su madre, lloró todo el tiempo.

Ese momento familiar tan relevante, que reunía a cuatro generaciones de la familia real, puso de manifiesto los grandes cambios que estaban ocurriendo dentro de la propia familia de la reina y las dificultades de sus miembros para adaptarse a los tiempos. Se esperaba de ellos que siguieran siendo miembros de la realeza y se comportaran como tales, pero al mismo tiempo la gente quería que fueran lo suficientemente normales como para que pudieran tomar algo en un pub. Ya no estaban protegidos por una prensa respetuosa, sino expuestos y sobre expuestos. En una entrevista concedida al diario *The Observer,* el príncipe Felipe intentó explicar cómo era vivir en la planta superior al «negocio» en el palacio de Buckingham. «Nosotros no escogimos esta casa, ni tampoco la construimos, simplemente la ocupamos del mismo modo que una tortuga ocupa su caparazón —dijo con firmeza—. Acudimos a actos de Estado vestidos de una forma en la que no lo haríamos si el acontecimiento no fuera oficial; pero estos eventos son parte del teatro viviente que es la monarquía. Se espera que lo seamos todo para toda la gente de todo tipo y a todas horas».

Después de los dramas de 1982, el siguiente acontecimiento relevante en la vida familiar de la pareja real tuvo lugar el 15 de septiembre de 1984 a las 16.20. La reina se encontraba de descanso en Balmoral con el duque de Edimburgo y miembros de su familia cuando la princesa de Gales dio a luz a su segundo hijo, un varón. Desde las escaleras del ala Lindo del hospital St. Mary, en Paddington, se anunció que recibiría el nombre de príncipe Enrique Carlos Alberto David y que sería conocido por el de Harry. Diana había pasado por un embarazo complicado, se encontraba cansada e histérica, y se sintió realmente abatida cuando debió reconocer que no estaba hecha para la línea de producción. Hacía tiempo que la reina era consciente de que su nuera estaba encontrando dificultades en adaptarse a las presiones de su papel en la casa real, pero asumió que acabaría poniéndose al día. Y, al menos en cuanto a la apariencia externa, parecía que Diana lo estaba logrando. Siguió cumpliendo con sus funciones reales hasta julio, para la admiración de la gente que la conocía.

Cuatro días antes de Navidad, Harry fue bautizado en la capilla de San Jorge, en Windsor. Lord Snowdon, quien tomó las fotografías oficiales, a pesar de estar ya divorciado de la princesa Margarita, tuvo que hacer frente a una tarea casi imposible. Guillermo pretendía atraer toda la atención y no dejó de tirar del antiguo faldón de cristianar de encaje de Honiton que vestía su hermano, así como de protestar en voz alta cuando no le dejaban sujetar al bebé. El ayudante de Snowdon recuerda el comportamiento del niño, a quien consideraba un consentido: «Siempre que hacía una travesura, todos le reían la gracia. Nadie lo amonestó nunca, a pesar de todo lo que estuvo fastidiando».

El bautizo se mostró en la emisión navideña de ese año, en la que se incluyeron unas imágenes de Guillermo persiguiendo a su prima, Zara Phillips, alrededor de las piernas del arzobispo de Canterbury. En otra secuencia se veía a Diana intentando explicarle a Guillermo cómo muchas generaciones de miembros de la realeza habían lucido el faldón que él intentaba rasgar. «La bisabuela fue bautizada con él», le dijo. A lo que Carlos añadió rápidamente: «Y yo también». En realidad, este intentaba cubrir el error de su mujer, puesto que la bisabuela en cuestión era la reina madre, quien, como Diana, era hija de un conde y, por tanto, obviamente no había vestido el faldón real.

Las bodas y los bautizos son los acontecimientos que unen a las familias, y en marzo de 1986 el príncipe Andrés se había comprometido con Sarah Ferguson, la alegre hija del mánager de polo del príncipe Carlos, Ronald Ferguson. «Estoy encantado de que se case —dijo el príncipe Felipe, cuando él y la reina regresaron de su gira por Australia y Nueva Zelanda—, pero no porque crea que lo va a mantener lejos de los líos, dado que en realidad nunca se ha metido en ninguno, sino porque creo que Sarah será una persona muy valiosa».

Y, efectivamente, lo era. El día de su boda, la reina escogió un atuendo especialmente deslumbrante diseñado por Ian Thomas, su modisto particular y al que había formado Hartnell. El vestido había provocado un infrecuente piropo por parte del príncipe Felipe, que entró en el vestidor durante una de las pruebas. Según Thomas, ella se sonrojó de placer; era un ejemplo perfecto del amor que seguían sintiendo el uno por el otro, a pesar de acercarse ya a los cuarenta años de matrimonio.

Tal vez no la hiciera tan feliz el comportamiento del príncipe Guillermo, que era uno de los niños de arras vestido de marinero en la boda celebrada en la abadía de Westminster. No dejó de moverse y enredar durante toda la ceremonia, y eso que la reina lo miraba de forma reprobadora. A ella la habían enseñado a sentarse quieta cuando era mucho más joven que el príncipe Guillermo, de cuatro años, y a mantener la espalda derecha. Por lo que podía ver, a su nieto nadie le había inculcado disciplina real en absoluto.

Sin embargo, era un día excepcionalmente festivo. A la reina le gustaba su nueva nuera y estaba encantada con el matrimonio. El sentimiento era mutuo y Sarah mencionaba con frecuencia su «vínculo especial». A ambas les gustaban los caballos, los perros, la vida en el campo y, por supuesto, el príncipe Andrés..., y a día de hoy la reina sigue en contacto con Fergie.

La alegría y la animación generada por la boda de los duques de York empezó a disminuir gradualmente a medida que se acercaba el final de los ochenta. En primer lugar, el príncipe Eduardo abandonó el Cuerpo de los Reales Infantes de Marina en enero de 1987, para horror de sus hermanos, que pensaban que lo habían convencido de que se quedara y completara su formación.

El príncipe Felipe se mostró muy comprensivo; de hecho, fue él, y no la reina, quien apoyó más la decisión de Eduardo. La familia real siempre había estado asociada a este cuerpo, el más marcial de los mismos: Jorge VI, el abuelo de Eduardo, había sido capitán general de todos; su padre le sucedió en el cargo, y su tío abuelo, el conde Mountbatten, había sido coronel comandante hasta que fue asesinado. Los secretarios particulares de la realeza se escogían con frecuencia entre aquellos que habían sido infantes de marina. Tanto Carlos como Andrés habían recibido formación de comando antes de unirse a la Marina Real y se habían ganado el derecho a lucir la codiciada boina verde.

Eduardo había querido hacerlo mejor todavía que sus hermanos y hacer su carrera profesional en los infantes de marina, tal vez para demostrar que, en efecto, era mejor que ellos. Fuera cual fuera la razón, Eduardo tenía la mente puesta en ese cuerpo desde los diez años, por lo que fue una enorme sorpresa que decidiera abandonar. La sorpresa inicial de la reina pronto se convirtió en un gélido disgusto real, mientras la reina madre no era capaz de entenderlo, ya que creía que la decisión de Eduardo le sonaba a negligencia. Dada su bien ganada reputación de irascibilidad, era quizá inevitable que muchos supusieran que Felipe estaba indignado con la decisión de su hijo o que ambos habían intercambiado palabras duras; incluso que el enfado de su padre había hecho llorar a Eduardo. Era una imagen muy potente y aumentaba a medida que se contaba.

La realidad era más bien la contraria. Felipe fue, de hecho, el miembro más comprensivo dentro de la familia real. Más mundano que su mujer, podía analizar el problema de un modo racional, objetivo, mientras la reina solo lo veía en relación con los deberes de la familia y la reputación de la casa real, lo que según su lógica era lo mismo. Adam Wise, el secretario particular del príncipe Eduardo en esa época, recordaba: «La primera persona a la que acudió cuando acabó harto de los infantes de marina fue el príncipe Felipe, que se mostró extremadamente comprensivo sobre el tema. Era muy razonable y le aconsejó con sensatez —y añadió—: El príncipe Felipe no se puso a pontificar en absoluto y no se enfadó por el hecho de que su hijo abandonara el Cuerpo de los Reales Infantes de Marina del que él era capitán general».

El consejo que Felipe le dio fue sencillo y práctico. Como informó en una carta privada y confidencial a sir Michael Wilkins, comandante general de los infantes de marina, que posteriormente apareció en la portada del *Sun*, la familia había hecho todo lo posible para que Eduardo cambiara de idea, «pero todos le dejamos claro que la decisión final era suya y solo suya».

Felipe, que se ponía furioso por tonterías, estaba demostrando gran lucidez ante una crisis de tal magnitud. En un gesto público significativo, padre e hijo fueron fotografiados caminando juntos hacia la iglesia en Sandringham el domingo siguiente. Entendía la decisión de su hijo, que consideraba muy valiente, y lo apoyaba por completo. Eduardo le había explicado que pensaba que nunca iba a adaptarse como había esperado: «Siempre iba a tener que ir con escolta allí. Nunca podría salir con el resto de los chicos porque todo el mundo sabía quién era yo. No veía cómo iba a poder salir bien».

James Edwards, su antiguo director de colegio, recibió una carta del príncipe dos días después de su dimisión. «Era una carta larga en la que me agradecía mi preocupación y me explicaba los motivos de lo que había hecho. Me contaba que el príncipe Felipe había sido extremadamente comprensivo y, debido a eso, creyó que podía tomar la decisión correcta. Mi impresión es que lo había pasado mal y que se habían mofado y metido con él acusándolo de homosexual hasta que no pudo aguantar más. Físicamente no tenía ningún problema y era alguien muy duro, a pesar de su apariencia angelical». Edwards explicó que Andrew Merrylees, el detective que acompañaba al príncipe, se encontraba fuera, en un reconocimiento en Nueva Zelanda, y que quizá, si hubiera estado cerca, Eduardo habría aguantado al menos hasta el final de curso.

Tal vez el príncipe Felipe y la reina no estuvieran de acuerdo siempre, y obviamente tampoco lo habían hecho en este caso, pero como dijo James Edwards: «Son una piña. Enfada a uno y los habrás enfadado a ambos».

A pesar de todas sus diferencias superficiales, la relación de Felipe con el príncipe Eduardo era la mejor de sus tres hijos, y se basaba en el respeto por parte de Eduardo y en un afecto igualmente genuino por parte de Felipe. No era un hombre expresivo, pero en privado le pasaba el brazo por encima del hombro a su hijo de forma afectiva —lo llama Ed— y lo besaba. Antes de su matrimonio en 1999, Eduardo siempre tenía un libro en su mesilla de noche en el palacio de Buckingham. Era su diario del Premio Duque de Edimburgo, cuyas páginas manuscritas ofrecían testimonio de los años que pasó mientras logró estos tres galardones. El libro es un diario de su juventud, escrito a muchas manos por aquellos que le enseñaron y a quienes llegó a respetar. Es un recordatorio simbólico de la empatía entre el príncipe y su padre, cuyo nombre lleva el programa.

De hecho, tanto su padre como el premio han sido dos de las más notables influencias en su vida. Fue Felipe, por ejemplo, y no la reina, quien fue a ver a Eduardo recibir su título el día que se licenció en Cambridge. «El príncipe Felipe puede tanto helar como derretir cualquier ambiente en función de su estado de humor —dice sir Michael Hobbs, amigo suyo y antiguo director del Premio Duque de Edimburgo—. Si está irritado o disgustado por algo, no hará lo más mínimo por disimularlo».

«La actitud hacia la vida del príncipe Felipe fue moldeada por una educación muy espartana —observaba Hobbs—. Afronta las dificultades de cara y no le preocupa. Como consecuencia de ello, no es tan abiertamente compasivo. Esconde mucho ese sentimiento».

Como el duque cuando tiene un día bueno, Eduardo puede entrar tranquilamente en una sala, tomarse algo, sonreír en el momento apropiado, realizar un comentario divertido y salir sin el menor contratiempo. Es una habilidad adquirida, una que no le llegó de forma fluida, algo que la reina siempre ha encontrado difícil.

Que Eduardo analizara a su padre es perfectamente natural. Que Felipe se tome tanto interés en este hijo es, quizá, algo más inesperado. La relación de Felipe con su hijo menor se conduce en un cauce de familiaridad sencilla que él nunca ha logrado con el mayor. La distancia entre Felipe y Carlos sigue siendo extraordinaria. Durante periodos extensos, solo tenían contacto a través de notas, mientras que la relación con Eduardo se desarrollaba de una forma mucho más informal y amistosa.

Felipe también le tiene mucho cariño a la condesa de Wessex, quien se casó con Eduardo en 1999 tras un noviazgo de siete años. Durante este periodo, la reina dio el nada habitual paso de invitar a Sofía Rhys-Jones a vivir en el palacio de Buckingham para que pudiera familiarizarse con el protocolo y los rituales de la familia real. Algunos sacerdotes criticaron a la reina por permitir que una pareja no casada viviera bajo el mismo techo, pero ella creía que era de vital importancia, tras el fracaso de los matrimonios de sus otros hijos, que Sofía conociera exactamente dónde se estaba metiendo. Este gesto demostró cómo la realeza había ido comprendiendo las presiones que afrontaban los plebeyos que se unían a la familia real, y que la mejor preparación para lo que iba a venir era ofrecerles una experiencia directa de ello.

En el imaginario popular, los miembros de la familia real se consultan unos a otros de forma diaria. La realidad es que llevan vidas sorprendentemente independientes. Raramente se ven durante la semana, incluso aunque se dé la casualidad de que coincidan bajo el mismo techo en el palacio de Buckingham. La reina con frecuencia cena sola en sus aposentos privados, y ella misma se sirve su comida desde un calientaplatos. Mientras tanto, Felipe, hasta hace poco, si volvía tarde de un compromiso, podría estar cenando en el piso inferior con su secretario particular. Al mismo tiempo, Eduardo, antes de casarse con Sofía, podría haber estado picando algo solo en su habitación. A ninguno de ellos se les habría ocurrido descolgar el teléfono interno para organizar una improvisada cena familiar.

Si el abandono de los infantes de marina por parte de Eduardo le había granjeado críticas, el modo en que él lo llevó le trajo muchas más. Ese verano él produjo el programa televisivo benéfico *It's a Royal Knockout* [Un concurso real], en el que participaban miembros de su familia ataviados con trajes de época como capitanes de cuatro equipos en un torneo de famosos que se celebraba en el parque temático de Alton Towers. El espectáculo fue poco digno, algo escandaloso y, para acabar de empeorar las cosas, Eduardo se encontraba de muy mal humor, perdió los nervios y se marchó haciendo aspavientos de la correspondiente rueda de prensa después de que los periodistas dejaran claro lo que pensaban de aquello. Fue un desastre de tal magnitud que aún hoy se menciona como uno de las mayores meteduras de pata en el ámbito de las relaciones públicas de la familia real.

Para la reina y el príncipe Felipe, que estaban celebrando su cuadragésimo aniversario de boda, y la reina madre, que estaba a punto de celebrar su octogésimo séptimo cumpleaños, fue un episodio lamentable. Esta última se encontraba furiosa y le dijo a Andrés, Eduardo y Ana (capitanes cada uno de ellos de un equipo, junto a la duquesa de York) que no había pasado años junto al rey construyendo la reputación de la monarquía para que ellos la destrozaran en una tarde. Lo que temía era que todo lo que su hija había luchado por construir desde el inicio de su reinado a costa de trabajo duro y deber pudiera ser borrado tan fácilmente por el comportamiento de sus propios nietos y la vigilante atención de la prensa que ellos atraían.

Como explicaba el reverendo Michael Mann, confidente de la reina y antiguo deán de Windsor: «Con la mejor intención del mundo, los miembros más jóvenes de la familia real deseaban que la monarquía resultara más cercana. Creo que el mejor ejemplo de ello fue cuando todos participaron en *It's a Royal Knockout*. Fue como un culebrón».

En 1988, la reina y el príncipe Felipe estaban contentísimos cuando Sarah y Andrés tuvieron su primer hijo..., y ellos su quinto nieto. La niña fue llamada princesa Beatriz en honor de la hija de la reina Victoria. La reina, como era habitual, se encontraba en Balmoral, pero cuatro días después del nacimiento Sarah hizo el esfuerzo de viajar a Escocia para que la reina y Felipe pudieran ver al bebé antes de que Andrés regresara a su barco en Filipinas. Tener nietos hizo a la reina más consciente de la clase de mundo que estos algún día heredarían.

Felipe y Andrés nunca habían estado muy unidos y el padre con frecuencia no podía resistirse a echarle una reprimenda a su hijo mediano cuando surgía la oportunidad. Sin embargo, en aquella primera época se llevaba bien con Sarah, aunque eso iba a cambiar pronto cuando el matrimonio empezara a encontrar dificultades, algo que ocurrió poco después de que naciera su segunda hija, la princesa Eugenia, el 23 de marzo de 1990. En marzo de 1992 anunciaron su separación y de repente la actitud del duque de Edimburgo cambió. Poco sentimental y nada apasionado, tan solo habló mal de una de las parejas de sus hijos y esa fue Sarah.

Al final, ni siquiera podía estar en la misma sala que ella, y cuando esta entraba por una puerta, él salía por otra. Cuando la pareja finalmente se divorció en 1996, él se negó a que Sarah entrara en ninguna de las residencias reales si él se encontraba allí, norma que se mantiene aún hoy día. Felipe sencillamente sentía que ella había fallado a la reina y a la institución de la monarquía con su comportamiento indulgente y no estaba dispuesto a tolerárselo. Sin embargo, Andrés no solo escogió no volver a casarse, sino que continúa manteniendo una buena relación con su exmujer, a pesar de que la reina y Felipe lo desaprueben.

Felipe veía las cosas distintas en el caso de Ana. Ella tenía una personalidad parecida a la suya. En 1989 se había separado del capitán Mark Phillips del que se divorció en abril de 1992. Para finales de año ella se había vuelto a casar con Timothy Laurence, que había sido el caballerizo de la reina entre 1986 y 1989. Cuando a uno de los periódicos de Murdoch le ofrecieron un fajo de las cartas de amor que ella le mandó, Felipe simplemente se encogió de hombros y dijo «que hagan lo que quieran», aunque al final no se publicaron. Él esperaba que ella encontrara la felicidad con su segundo marido, pero a día de hoy sigue preocupándose por su hija.

No estaba en la naturaleza de la reina participar de los problemas de otras personas, especialmente si eran los de sus hijos. Ya encontraba bastante difícil lidiar con los suyos y, al igual que su madre, prefería pasar por alto un problema a afrontarlo, creyendo que si lo ignoraba el suficiente tiempo, este desaparecería. Pero incluso más importantes que los problemas de los matrimonios de la princesa Ana y el príncipe Andrés eran las crecientes dificultades en el matrimonio del príncipe Carlos y la princesa Diana, ya que esto afectaba directamente al futuro de la monarquía.

La respuesta de la reina era escuchar lo que tenían que decir los miembros de la generación más joven, y en aquella época tenía mucho que escuchar: los relatos llorosos de Diana sobre el estado de su matrimonio; el horror de la princesa Ana ante el hecho de que las cartas de amor dirigidas a ella hubieran sido robadas y se ofrecieran en venta; la desesperación de Carlos con Diana y su reencuentro con Camilla Parker Bowles. La reina, consciente de la imagen completa, hizo lo que siempre hacía y aconsejó paciencia. Le dijo a Diana lo que le aconsejaba a sus hijos: «Espera a ver qué ocurre».

Estaba a punto de enterarse de que las cosas podían empeorar mucho.

Capítulo 10

Juicios y tribulaciones

A lo largo de su matrimonio, que ya dura setenta años, la reina y el príncipe Felipe han llevado a cabo sus deberes siguiendo su propia creencia sobre cómo apoyar la institución de la monarquía. Juntos han conocido a casi todos los grandes líderes de la época, algunos mejores, otros peores e incluso algunos profundamente perturbados, y juntos también han visitado la mayoría de los países del mundo. Pero nada, ni siquiera el duelo, la muerte o el desastre, podría haberlos preparado para los problemas que abrumaron a la familia real en lo que ella denominaría el *annus horribilis* de 1992. En los primeros años de su reinado, la reina había tenido que afrontar una época llena de retos mientras luchaba por adaptarse a su nuevo papel de monarca, pero eso no fue nada en comparación.

Durante su primera gira por la Commonwealth, en Australia, en 1954, la reina fue recibida con gran cariño y entusiasmo. Con su apuesto y alegre marido a su lado, eran la imagen de una pareja verdaderamente romántica y anunciaban un futuro más brillante y exitoso. Sin embargo, a pesar del éxito del viaje, hubo momentos en los que este resultaba abrumador. Ella procedía de un entorno muy protector y seguía siendo dolorosamente tímida. Solo tenía veintiocho años, y se encontraba en un país remoto, con sus hijos y familiares en la otra parte del mundo. Apenas llevaba dos años siendo reina y la responsabilidad aún la aterrorizaba y confundía.

Era la cabeza visible de una institución importante y venerable y, por su forma de pensar, habría sido egoísta abjurar de una obligación sagrada por rendirse ante las propias dudas. Pero, con Felipe a su lado, creyó que siempre podría con todo. Él la hacía ver el lado divertido de las cosas, y con frecuencia era la única persona con la que podía hablar de forma superficial acerca de lo que habían visto y hecho; no debía estar en guardia con él, preocupándose de si diría algo equivocado o crearía una impresión inadecuada que provocara alguna pequeña controversia. Él le daba ese coraje que necesitaba cuando debía conocer a los cientos de personas que la aguardaban. A veces podía resultar brusco, a veces era protagonista de lo que se conoció como sus meteduras de pata (que con frecuencia no eran más que su forma de relajar la tensión). Lo fundamental era que siempre se las arreglaba para hacerla reír cuando debían afrontar el tedio, los escollos y las dificultades de los deberes reales juntos. En resumen, aprendieron a trabajar juntos para superar los típicos obstáculos y retos que les ponía por delante la vida pública, pero esta clase de experiencia —pulida durante las siguientes décadas— no iba a ser suficiente en 1992.

Por mucho que sus vidas fueran extremadamente cómodas, también tenían problemas importantes y muy personales con los que lidiar desde los primeros años. Las dificultades habían comenzado inmediatamente después de la coronación, cuando la prensa británica captó a la princesa Margarita quitando una supuesta pelusa del uniforme del capitán Peter Townsend. Este gesto tan mínimo e íntimo fue advertido, y la gente enseguida reconoció su significado. Townsend había sido piloto de la Real Fuerza Aérea durante la guerra, antes de ocupar un puesto como empleado de la casa real en 1944. Lo que hacía de todo aquello algo relevante es que Townsend se había divorciado recientemente de su mujer, y en aquella época eso pasaba de castaño oscuro dentro de la buena sociedad..., sobre todo cuando implicaba a un miembro de la familia real.

La mejor amiga de la reina siempre había sido su hermana. Le encantaba aquella belleza voluble, aficionada al whisky y a los cigarrillos cuya vida prometía tanto. Toleraba en Margo, como ella la llamaba, cosas que no aceptaría en nadie más y, junto con la reina madre, formaban un trío férreo, impenetrable. A veces hablaban en francés (el de la reina es mejor que el de Felipe, a pesar de la educación cosmopolita de este) y no les hacía falta abandonar su propio círculo privilegiado y cerrado. Si podían, almorzaban juntas, cenaban juntas, se iban de vacaciones juntas y charlaban por teléfono al menos una vez al día. Si la reina madre pensaba que alguien en la familia estaba ganduleando, le decía a su hija que le recordara su deber o «*devoir*», como ella le decía en francés. En ocasiones, le susurraba, bajo el volumen alto de una sala, «*devoir*», y la reina sabía perfectamente lo que quería decir.

El príncipe Felipe desconfiaba del trío. La idea que tiene la gente es que Margarita y Felipe nunca se llevaron especialmente bien el uno con el otro. Eso no es cierto, aunque cuando era más joven, Margarita sí dijo que lo encontraba «frío». Él insistió en desaprobarla y la convirtió en objeto de sus constantes provocaciones sarcásticas, pero ella se acostumbró a él y no permitía que la disgustara. Finalmente, ella fue más inteligente y se convirtieron en rivales del mismo nivel, cuando no íntimos amigos, y el único comentario que ella hacía sobre él es que le caía bien. Él la apoyaba cuando esta lo necesitaba como consejero impasible, y con frecuencia sabio, que no se dejaba influir por el esnobismo o las restricciones de aquella época tan pretenciosa. Felipe había sido un intruso, a Townsend lo convirtieron en intruso y Margaret se volvió una intrusa por voluntad propia.

Por lo que respecta al asunto Townsend, Felipe se mantuvo al margen todo lo que pudo, tan solo escuchando lo que le decían e intentando quitarle importancia. Reconocía que su deber estaba al lado de su mujer, tratando de estabilizarla cuando debía gestionar el drama provocado por el amor entre su hermana y Townsend. En noviembre de 1952, este les había contado a él y a la reina que Margarita y él estaban locamente enamorados y deseaban casarse, para lo que debía obtener su consentimiento. A él acababan de concederle el divorcio, pero había preferido no informar a la reina madre de sus intenciones con respecto a su hija hasta tres meses después. Felipe aconsejó a su mujer guardar el mayor silencio posible, a menos que pudieran hacer algo constructivo. Finalmente, ella sugirió que esperaran hasta que ella volviera de su gira por la Commonwealth en 1953, quizá confiando en que las cosas se olvidaran, evitando así una repetición del escándalo de Eduardo VIII con la señora Simpson.

Cuando informaron a la reina madre, esta se disgustó, aunque puso buena cara. Lo discutió con su hija y escribió a Tommy Lascelles, entonces secretario particular de esta. «Me gustaría que habláramos pronto, por favor —escribió a Lascelles—. No tengo a nadie a quien contarle estas cosas tan terribles». Cuando por fin habló con él, se echó a llorar, lo que era comprensible: su marido ya no estaba, su hija mayor era la reina, y la menor parecía estar trayendo el desprestigio al nuevo reinado que se estaban esforzando tanto en levantar.

Pensaba que una relación así solo les daría quebraderos de cabeza y creía que, de haber estado vivo el rey, nunca habría sucedido algo como aquello. Ambos tenían puestas muchas esperanzas en su hija menor, y creían que encontraría un marido apropiado y distinguido. Nunca lo sabremos, pero tal vez el rey habría intervenido para detener el idilio antes que la reina madre, que era propensa a ignorar las situaciones delicadas y esperar que se desvanecieran solas, de una forma muy similar a como su hija lo haría con la princesa de Gales cuarenta años después.

En su autobiografía, *Time and Chance* [Tiempo y oportunidad], Townsend describe de forma elocuente la tensión y el drama que condujeron al final de la relación. La prensa estaba en su mayoría de parte de los amantes, pero les reclamaba que, después de que su relación llevara siendo pública dos años, debían decidirse. A la reina se la representó como de parte de la Iglesia, de la que era gobernante suprema; y las instituciones dirigentes, como el Consejo Privado, fueron descritas como hostiles y poco dispuestas a ayudar. No podían impedir el matrimonio, pero sí influir en el Parlamento, a quien correspondía el veto, si el soberano renunciaba a este. «Lo perdería todo..., salvo a mí —escribió Townsend—. Era pedirle demasiado, que sacrificara demasiado. Lo perderíamos todo, salvo nuestra decisión de enfrentarnos al mundo».

El desenlace del asunto alcanzó un punto crítico en octubre de 1955. «Nos sentimos mudos y paralizados en el centro de este torbellino», escribió Townsend mientras la princesa Margarita conducía hacia el castillo de Windsor para comer con su madre, la reina y el duque de Edimburgo. Nunca se ha sabido todo lo que allí se dijo o sucedió, pero reconociendo la gravedad del asunto, discutieron la situación de la princesa juntos por una vez. No debió de ser sencillo, y cuando la reina madre dijo que su hija «ni siquiera había pensado en dónde vivirían», el príncipe Felipe, furioso ante la trivialidad del comentario, replicó con fuerte sarcasmo: «Sigue siendo posible, incluso hoy día, comprar una casa». La reina madre se enfadó tanto con él que «abandonó la habitación dando un portazo». Horas más tarde, ese mismo día, Margarita llamó a Townsend «muy alterada». No le contó lo que había ocurrido entre ella, su hermana y su cuñado, «pero, sin duda, se estaba dando cuenta de la dura realidad», observó él.

El príncipe Felipe se había mantenido casi siempre en silencio durante la conversación, pero estaba allí para prestar atención a la reina, si esta necesitaba su ayuda, lo que obviamente ocurrió. Ella se encontraba demasiado unida y emocionalmente vinculada a Margarita para ser capaz de decidir entre el deseo de que su hermana fuera feliz y la necesidad de que la familia real hiciera lo correcto.

El lunes 31 de octubre de 1955, Margarita y Townsend se vieron por última vez en Clarence House. Su historia de amor acabó con unas palabras garabateadas por el propio Townsend en una hoja de papel. Esta sería la declaración que la princesa emitiría posteriormente al mundo. Cuando leyó lo que Townsend había escrito, estuvo de acuerdo silenciosa y amargamente: «He decidido no contraer matrimonio con el capitán Townsend —comenzó cuando la declaración fue emitida a las siete de esa misma tarde, y continuó—: He tomado esta decisión por voluntad propia, pero al hacerlo he recibido el inagotable apoyo y la lealtad del capitán Townsend».

A pesar de no haber estado tan unido a ella, por si hacía falta alguna prueba de la lealtad a su cuñada, cuatro años después el príncipe Felipe llevaría al altar a la princesa Margarita el día de su boda. Fue la primera boda real en ser televisada completamente y el duque de Edimburgo acompañó a Margarita desde el palacio de Buckingham hasta la abadía de West-minster en el carruaje Glass Coach. Hasta que se subieron a este, no dejó de meterle prisa a ella, ya que, como marino, odiaba la idea de llegar tarde, aunque fuera por un par de minutos. Cuando una fanfarria de trompetas anunció su lle-gada a la abadía, el príncipe Felipe se giró hacia ella y le susu-rró: «No sé quién está más nervioso, si tú o yo —y añadió—: ¿Estás colgándote de mi brazo o yo del tuyo?».

«Yo del tuyo», contestó susurrando la princesa. Su pro-metido, Antony Armstrong-Jones, no podría haber sido más diferente de Peter Townsend, ya que era fotógrafo. Pero en ese momento al menos parecía hacerla feliz y la reina estaba encantada de que su hermana hubiera encontrado lo que ella consideraba un amor más apropiado. Siguió siendo la querida hermana de la reina, además de una auténtica princesa real, lo que no dejaba que se le olvidara a nadie si no era tratada con el debido respeto.

Durante los años difíciles que condujeron a la separación y finalmente al divorcio del príncipe y la princesa de Gales, le tocó a Margarita apoyar a su hermana. Para aquella época, podía disfrutar del éxito profesional de sus propios hijos, el vizconde Linley y lady Sarah Chatto. Linley se había estable-cido como fabricante de muebles, y en 1993 se casaría con Serena Stanhope, mientras que Sarah se había convertido en pintora y contraería matrimonio un año después que su her-mano. Por primera vez en años, Margarita sentía que su vida la llenaba.

De joven, siempre había pensado que la reina era mara-villosa y perfecta mientras que ella era más o menos lo opuesto, primero condenada a un matrimonio infeliz y luego a una su-cesión de romances inapropiados. Después, encontró una nueva confianza y, por primera vez en su vida, se sintió capaz de aconsejar a la reina, en lugar de lo contrario. A la reina y al príncipe Felipe no se les escapaba el irónico patetismo presente en este vuelco de sus situaciones. Las cosas no habían salido como cualquiera habría imaginado; Margarita a gusto consigo mismo, y sus hijos felizmente establecidos, mientras que la reina y Felipe afrontaban el fracaso como padres en su propia familia.

Margarita no sentía ninguna compasión por la princesa de Gales, a pesar de la semejanza de sus aprietos. Aunque inicialmente había apoyado a la princesa, se volvió casi tan violenta condenándola como el príncipe Felipe. Pensaba que Diana había traicionado a la reina. Y si bien había un toque de hipocresía en su reacción —y no es que la vida de Margarita hubiera sido ejemplar—, no cabía duda de la sinceridad en la lealtad que sentía por su hermana. Pero a pesar de que eso era un consuelo, no era una solución. No se podía negar que los primeros años de la década de 1990 eran tristes para la reina. En una época de la vida en la que debería haber estado disfrutando de los frutos del cumplido trabajo de toda una vida, en cambio debía hacer frente a la mayor crisis de su reinado.

El príncipe Felipe intentó hablar con el príncipe Carlos acerca de sus dificultades conyugales y las consecuencias que estas estaban teniendo en la institución que había nacido para dirigir. Se suponía que era un consejo paternal, pero dada la distante naturaleza de su relación, ambos encontraron incómodo intercambiar confidencias y sus conversaciones terminaban siempre con Carlos mirando su reloj y poniendo una excusa para salir de la habitación. Frustrado en su esfuerzo por introducir algo de sentido común en una situación cada vez más insensata, Felipe le pidió a su mujer que aplicara su considerable autoridad al respecto. La reina se había negado repetidamente a hacerlo, para desesperación de Felipe. Aquella que con frecuencia tanto intimidaba a quienes fuera de su familia se pasaban de la raya, no deseaba enfrentarse a los que lo hacían desde dentro.

Abandonada por todos a que lo solucionara ella, la reina habría dejado la situación como estaba. Al igual que su madre se había acostumbrado a contraer una diplomática enfermedad cada vez que se estresaba (contrajo neumonía en su luna de miel o se pasó la semana de la crisis provocada por la abdicación en la cama con gripe), la tendencia natural de la reina era ignorar la situación y confiar en que esta se desvaneciera. Era una política que hasta entonces le había dado un buen resultado. Y lo que es más, su madre la había advertido acerca de implicarse demasiado en los problemas de sus hijos y las respectivas familias de estos. Cuando la reina se volvió hacia ella esperando comprensión, no la encontró. En una ocasión en que se hallaban discutiendo los problemas de sus hijos, la reina madre levantó la vista del solitario que estaba haciendo. «Querida —le dijo—. No sé por qué te sigues preocupando. Son de otra generación, déjalos que vivan a su aire». Y siguió repartiendo las cartas.

Sin embargo, la verdad es que la reina estaba alarmada por su nuera. No le asustaba Diana como persona, pero sí sospechaba de su glamour cinematográfico y del modo en que lo usaba para manipular a la opinión pública. Aunque la consideraba trabajadora, dudaba si se sentiría verdaderamente comprometida con la institución que la había elevado a la fama pública. Diana despreciaba la monarquía, a la que consideraba «anticuada» y fuera de época, mientras que para la reina estas eran sus mayores virtudes. La monarquía es jerárquica, y la reina, como cabeza de ella, desconfiaba de la forma en que Diana ignoraba los parámetros de su posición.

Cuando los problemas abruman a la reina, tiene la molesta costumbre de desconectar e irse a pasear con sus perros. A veces incluso les da de comer bajo la mesa para evitar algún tema desconcertante. El príncipe Felipe llama a esta actividad de desplazamiento «mecanismo canino». Es el equivalente a los juegos de cartas de la reina madre y todo el mundo en la familia lo ha sufrido alguna vez. Al duque de York le llevó tres semanas abrirse paso entre los perros para poder contarle a su madre que su matrimonio tenía problemas. El encuentro fue breve y doloroso. Andrés murmuró algo acerca de la incompatibilidad mutua y Sarah se disculpó por su comportamiento, lo que ella aceptó que no era más que un resumen de lo que habría sido tanto esperado como requerido. Las esclusas estaban a punto de estallar, pero a pesar de ello la reina seguía aferrándose a la ilusión de que el tiempo sanaría las heridas. Sarah describió el momento así: «Me pidió que lo reconsiderara, que fuera fuerte, que siguiera adelante». Y según la propia duquesa: «La reina parecía estar más triste de lo que nunca la he visto».

Tal vez la reina estuviera triste, pero Felipe no. Según un miembro de la casa, estaba «furioso». En ello había una parte de animosidad personal. En varias ocasiones, Sarah había acudido en defensa de Andrés cuando estaba siendo regañado por su padre a causa de alguna debilidad que este hubiera percibido y, como la reina ha señalado, Felipe no es alguien a quien le guste que le contradigan. Sin embargo, fue su comportamiento público, más que ningún desacuerdo privado, lo que más enfadó al príncipe. Como intruso que era, que había tenido que aprender a adaptarse a las exigencias de la vida real, era capaz de ver con objetividad sus requisitos y consideraba el comportamiento de su nuera egoísta y censurable. No dejaba de decir: «Si quiere irse, ya sabe dónde está la puerta».

Pensaba lo mismo de Diana, pero tuvo la prudencia de no expresar su opinión en público.

El 19 de marzo de 1992, una declaración de palacio rompió el protocolo habitual expresando la infelicidad personal de la reina al respecto.

«En vista de la especulación mediática, que la reina encuentra especialmente indeseable durante la campaña de elecciones generales, Su Majestad emite la siguiente declaración: "La semana pasada los abogados que representan a la duquesa de York han iniciado las conversaciones acerca de la separación formal del duque y la duquesa. Estas conversaciones no han finalizado aún y no se realizará ninguna declaración hasta que lo hayan hecho. La reina espera que los medios de comunicación eviten cualquier intromisión a los duques de York y sus hijos"».

Y al mes siguiente, la princesa Ana y el capitán Mark Phillips se divorciaron finalmente. Si todo eso ya era malo, lo peor estaba por llegar. En junio de 1992 el *Sunday Times* empezó a publicar por entregas el libro de Andrew Morton *Diana: su verdadera historia*. La reina y Felipe se encontraban en Windsor ese fin de semana y se quedaron anonadados por lo que estaban leyendo. Eran conscientes de lo infeliz que era su nuera, pero nunca se les había pasado por la cabeza que fuera a airear sus trapos sucios de una forma tan pública. Toda su vida como miembros de la casa real estaba basada en la obligación, la discreción y el deber. El príncipe Felipe había intentado ayudar y había escrito a Diana diciéndole que deseaba «hacer lo imposible por ayudaros a ti y a Carlos lo mejor que pueda. ¡Aunque estoy dispuesto a reconocer que no tengo talento como consejero matrimonial!». No sirvió de nada; ya era demasiado tarde.

Cualquiera pudo notar la tensión al ver a Diana asistir al Royal Ascot junto al resto de la familia mientras la prensa publicaba el segundo fascículo de las revelaciones de Morton. El príncipe Felipe ignoró a Diana delante de todas las chisteras del recinto real. Al menos ella se encontraba allí; la duquesa de York ya estaba socialmente desterrada.

Con los matrimonios de los tres hijos de la reina en peligro, parecía que las cosas no podían empeorar..., pero lo hicieron. Ese verano, nadie, ni siquiera su leal marido, pudo hacer nada cuando el *Daily Mirror* publicó unas fotografías de Sarah, en *topless* en el sur de Francia mientras John Bryan, su consejero financiero, le lamía los pies. Ella se encontraba en Balmoral con la familia cuando le clavaron la última punta en el ataúd de lo que le quedaba de reputación. La reina estaba «furiosa», como recordó la duquesa. Se mostró fría y áspera al reprender a su nuera medio separada por exponer a la monarquía a semejante ridículo. El príncipe Felipe fue aún más directo, vinculándola con Edwina Mountbatten, cuya moralidad había sido durante mucho tiempo fuente de vergüenza para la familia real. Le dijo: «Deberías ingresar en un convento... o en un manicomio».

Pero aún quedaba más por llegar. El 20 de noviembre —su cuadragésimo quinto aniversario de boda— el castillo de Windsor fue engullido por las llamas. El príncipe Felipe se encontraba en Argentina en ese momento realizando una visita privada y no era posible ponerse en contacto con él de forma inmediata. El incendio fue provocado por una lámpara de restauración que prendió fuego a una cortina. Rápidamente se expandió por la capilla privada de la reina y devoró St. George's Hall. El príncipe Andrés organizó el rescate de muchas de las obras de arte antiguas, pero las llamaradas consumieron grandes partes del edificio en sí. La reina madre estaba almorzando en Clarence House cuando recibió la noticia y, tan pronto como pudo abandonar a sus invitados, fue llevada a Windsor, para acompañar a la reina, quien ya había llegado desde Londres. Madre e hija permanecieron en el Royal Lodge ese fin de semana y juntas, ellas solas, pudieron hablar de toda la infelicidad en la que las habían sumido recientemente. Más tarde la reina se lo agradeció a su madre diciendo: «Me devolvió toda la cordura después de aquel día terrible».

El castillo es propiedad de la Corona y el fuego dañó parte de los apartamentos de Estado, no las habitaciones privadas de la reina. Como cualquier otra propiedad de la Corona o nacional, el castillo de Windsor está cubierto por las indemnizaciones del gobierno y, como era de esperar, el primer ministro, John Major, inmediatamente anunció que el gobierno costearía la restauración, ya que era una pérdida estatal, no una privada. La decisión fue recibida por un torbellino de protestas, entre las que hasta el *Daily Mail*, que habitualmente apoyaba a la casa real, se preguntaba: «¿Por qué debería el pueblo, gran parte del cual debe realizar enormes sacrificios durante esta amarga recesión, hacerse cargo de la factura total del castillo de Windsor, cuando la reina no paga impuestos, y apenas contribuye en nada?».

Una semana después, John Major anunció algunos planes que llevaban preparándose desde el verano, y se habían acordado con la reina y el príncipe Carlos. La lista civil, según la cual todos los miembros adultos de la familia real recibían una asignación de noventa mil libras para costear sus deberes reales, dejaría de existir, salvo para la reina, el príncipe Felipe y la reina madre; la asignación del resto de la familia real la asumiría desde entonces la reina. Además, por primera vez, ella pagaría impuesto de la renta desde abril de 1993.

Sin embargo, nada de esto tenía que ver con la cuestión inmediata de pagar las reparaciones, y por eso finalmente se acordó en la primavera siguiente que la reina abriría las habitaciones estatales del palacio de Buckingham al público durante el verano desde entonces. Se esperaba que de esta forma el coste de las reparaciones, que alcanzaba treinta y siete millones de libras, no precisara de ninguna contribución por parte del erario público.

Cuatro días después del fuego, la reina ofreció un discurso notable en un almuerzo celebrado en el Guildhall de Londres para conmemorar el cuadragésimo aniversario de su ascenso al trono unos meses antes. Tenía gripe y 38,5 °C de fiebre, pero se negó a cancelar el evento. Su voz sonó ronca y profunda cuando se levantó a hablar: «Mil novecientos noventa y dos no es un año que vaya a recordar con mucho placer. En palabras de uno de mis más comprensivos corresponsales, ha resultado ser un *"annus horribilis"* [su corresponsal era sir Edward Ford, el antiguo secretario particular adjunto del rey Jorge VI, y después de la reina]».

Y continuó:

Esta generosidad y amabilidad incondicional del Ayuntamiento con el príncipe Felipe y conmigo sería bienvenida en cualquier momento, pero en este en particular, después del trágico fuego en Windsor del viernes, lo es especialmente [...] Es posible tener demasiado de algo bueno. Un obispo bien intencionado estaba intentando dar lo mejor de sí cuando le dijo a la reina Victoria: «Señora, no podemos rezar con demasiada frecuencia, ni con demasiado fervor, por la familia real». La respuesta de la reina fue: «Con demasiado fervor, no; con demasiada frecuencia, sí». Yo, al igual que la reina Victoria, siempre he creído en esa vieja máxima: «Moderación en todo».

A veces me pregunto cómo juzgarán las generaciones futuras los sucesos de este año tan tumultuoso. Me atrevo a decir que la historia los verá de forma algo más moderada que algunos de los comentaristas contemporáneos. Es bien sabido que la distancia otorga encanto, incluso a las vistas menos atractivas. Después de todo, tiene la inestimable ventaja de la perspectiva [...]

No debe haber duda, por supuesto, de que la crítica es buena para el pueblo y las instituciones que forman parte de la vida pública. Ninguna institución —ni el ayuntamiento, ni la monarquía, ninguna— debe esperar estar libre del escrutinio de aquellos que le otorgan su lealtad y apoyo, y mucho menos de aquellos que no. Pero todos somos parte del mismo tejido de nuestra sociedad nacional, y dicho escrutinio, de una parte a la otra, puede ser igual de efectivo si se realiza con un toque de dulzura, buen humor y comprensión [...]

Cuarenta años es bastante tiempo. Estoy contenta de haber tenido la oportunidad de ser testigo, y de participar en muchos cambios espectaculares de la vida en este país. Pero también me alegro de decir que el magnífico nivel de hospitalidad ofrecido en tantísimas ocasiones al Soberano por el Lord Alcalde de Londres no ha cambiado en absoluto. Es un símbolo externo de otro factor inalterable que yo valoro por encima de todos: la lealtad que me ha brindado a mí y a mi familia tanta gente en este país, y la Commonwealth, a lo largo de mi reinado.

Los presentes en el almuerzo de la reina se mostraron conmovidos y respondieron con una ovación en pie. El discurso no solo preparó el terreno para el anuncio del gobierno acerca de los impuestos de la reina y los ingresos de la familia real, sino que pronto sería seguido por otra importante novedad en la familia.

El 9 de diciembre, John Major se levantó en la Cámara de los Comunes y dijo: «El palacio de Buckingham anuncia, con pesar, que el príncipe y la princesa de Gales han decidido separarse [...] Esta decisión se ha alcanzado de forma amistosa, y ambos continuarán participando plenamente en la educación de sus hijos [...] La reina y el duque de Edimburgo, a pesar de estar entristecidos, comprenden las dificultades que han conducido a esta decisión».

La reina se encontraba en Wood Farm, en la finca de Sandringham, atendida por apenas un puñado de empleados cuando se realizó el anuncio. No vio al primer ministro en televisión. En lugar de ello, hizo lo que hacía siempre cuando estaba alterada: sacó a pasear a los perros por los glaciales bosques y los nevados campos de Norfolk. Cuando regresó a la puerta trasera, una de las personas de servicio se acercó a la solitaria figura de la soberana, ataviada con botas de goma, un abrigo de loden y un pañuelo en la cabeza. Le dijo lo mucho que sentía enterarse de una noticia así. La reina respondió: «Creo que se dará cuenta de que es lo mejor».

La separación no fue precisamente como la seda. En el cuadragésimo aniversario de su coronación, al despertarse la reina se encontró los periódicos de la mañana dominados no por recuerdos felices, sino por el reportaje de un discurso que había ofrecido Diana la noche anterior para la organización benéfica Turning Point, en el que había hablado de la «depresión y soledad» que sufrían tantas mujeres mientras luchaban con la depresión posparto y la violencia doméstica. Felipe estaba furioso ante lo que veía como un intento deliberado (y muy exitoso) de eclipsar a la reina. Empezaba a ocurrir con demasiada frecuencia, argumentó, y por sugerencia suya, la reina dispuso que sir Robert Fellowes, su secretario particular, informara a la princesa de que se reduciría su agenda real. Diana respondió a ese rapapolvo anunciando su retirada de la vida pública, sacando así partido del reproche y asegurándose otro fajo de ese tipo de titulares que Felipe tanto pretendía evitar.

Felipe siempre había disfrutado de un papel central en la vida de la reina. Esta es la monarca..., pero siempre es Felipe quien tiene la última palabra en los asuntos familiares. Y esta vez su actitud hacia sus dos nueras fue tan brutal como simple. Era la siguiente: Diana y Sarah querían salir de la familia real, pues por lo que a él respectaba podían salir..., y quedarse fuera. Les hizo saber a ambas exactamente lo que pensaba, tanto mediante cartas (les escribió docenas de ellas tanto a Diana como a Sarah, exponiendo su opinión en un lenguaje franco y pertinente) como, en una ocasión, cara a cara.

Fue Felipe quien le prohibió a Sarah la entrada en las propiedades familiares, incluso en Navidad. A pesar del afecto de la reina por la exmujer del príncipe Andrés, no se opondría a los deseos de su marido en este asunto y hasta ahora nunca lo ha hecho. Intentó convencer a Felipe para que cambiara de opinión y le permitiera a Sarah pasar parte de las vacaciones veraniegas en Balmoral, pero él no cedió. Sin embargo, en situaciones domésticas como estas, la reina era capaz hasta de un pequeño subterfugio turbio, y cuando Felipe abandonó Escocia durante unos días, ella telefoneó a la duquesa y le dijo: «Esta es tu oportunidad; ven ahora».

A Felipe no le costó mucho enterarse de que Sarah había estado allí, por supuesto. Aunque tampoco es que se enfadara demasiado —tras setenta años de matrimonio, la reina y su marido se han adaptado a un estado de compromiso benevolente en la mayoría de las situaciones—. Sencillamente repitió lo que había dicho antes, que si había tomado la decisión de salir de la familia real, debía permanecer fuera de ella.

Su actitud inicial con Diana fue más ambigua. O lo fue al menos al principio, hasta que él cambió de opinión. Y eso añadió más presión a la que ya soportaba la reina. Al igual que esta, él reconocía el papel protagonista que Diana se había labrado dentro de la familia real, pero no le gustaba. Felipe, el más fogoso de todos los hombres, siempre ha tenido cuidado de seguir la tradición y obedecer a su soberana en todos los asuntos que no sean los domésticos, incluso a pesar de que esta resultara ser su mujer. «Su trabajo es cuidar de la reina —decía Mike Parker, su amigo y antiguo secretario particular—. Me decía que su trabajo, por encima de todo, era no fallarle a ella».

Era inevitable, dada su creencia en el deber del consorte hacia su mujer, que se encontrara peleado con la mujer que anteponía su felicidad personal al trabajo de ser consorte de su marido. Cuando la reina expresó su comprensión por el apuro en el que estaba metida Diana, Felipe enfureció. Como siempre, se expresó de forma enérgica. Acusó a su mujer de «buscar excusas para no abordar» la cuestión de si Carlos y Diana debían divorciarse. Como tal vez era de esperar, la princesa Ana se puso de parte de su padre, y también lo hizo el príncipe Eduardo.

La comprensión de la reina por la situación de Diana fue finalmente masacrada por la entrevista de *Panorama* emitida el 20 de noviembre de 1995. Ante una audiencia de quince millones de personas solo en Gran Bretaña, Diana escogió el medio televisivo para declarar que había tres personas en su matrimonio, afirmar que deseaba ser la reina en el corazón del pueblo e insinuar que su marido no estaba capacitado para ser rey. «Como conozco su carácter —dijo—, creo que el puesto de mayor importancia, como yo lo llamo, le acarrearía enormes limitaciones y no creo que fuera capaz de adaptarse a ello».

Era su cuadragésimo octavo aniversario de boda y esa noche la reina continuó con su vida como si nada hubiera ocurrido. Acompañada por el príncipe Felipe, asistió al Royal Variety Performance en el Dominion Theatre de Londres, donde actuaron, entre otros, Cliff Richard, Des O'Connor y Elaine Paige. Siempre capaz de perdonar, la reina conservaba todavía un hilo de comprensión por su atormentada nuera y, a pesar de las dudas del príncipe Felipe, informó a Diana de que la invitación para pasar las Navidades con la familia real en Sandringham seguía en pie.

Diana no estaba segura de qué hacer y no dejaba de cambiar de opinión. Cuando finalmente telefoneó a la reina para decirle que no pasaría, después de todo, las Navidades en Sandringham, esa fue la gota que colmó el vaso. Ese fue el momento a partir del cual Felipe se hizo cargo de la situación. Según un testigo presencial, «se subía por las paredes». La mera mención del nombre de Diana era suficiente para que profiriera una sarta de improperios. La princesa Margarita se unió al coro, y lo mismo hizo la princesa real.

En cualquier otro matrimonio, uno esperaría que fuera el marido quien lidiara con una situación de este tipo. Pero la familia real es una institución única en sí misma; y al príncipe de Gales, al igual que a su madre, no se le da bien tratar con cuestiones difíciles o desagradables. Por este motivo, por defecto, se dejó que fuera la reina quien afrontara el asunto y lo gestionara lo mejor que pudiera. No le quedaba otra salida, señaló Felipe con firmeza. Un divorcio era la única solución para este insostenible desastre. Y como soberana, quedaba dentro de su autoridad dejárselo claro.

Felipe casi debió guiarle la escritura por el papel. Pero finalmente se hizo y en la mañana del lunes 18 de diciembre las cartas fueron entregadas en mano al príncipe y la princesa de Gales exigiéndoles que procuraran divorciarse. Diana se quedó sorprendida por la firmeza del tono de la reina. Pero ya no era un asunto que fuera a decidir ella. Al conceder la entrevista a *Panorama*, Diana dejó de controlar su futuro. La reina había llegado al límite, y el divorcio, tan doloroso como inevitable, era la única opción posible.

La siguiente preocupación de la reina y el príncipe Felipe eran sus nietos, los príncipes Guillermo y Harry. A Guillermo la situación le resultó particularmente difícil porque solo llevaba dos meses en su primera «mitad», que es como Eton llama a sus trimestres, cuando su madre concedió la famosa entrevista. Tenía trece años y veía cada desgarrador momento de la complicada vida de sus padres representado en capítulos diarios en la prensa. Sus padres hacían lo que podían, pero estaban muy limitados en lo que eran capaces de lograr. Carlos, a pesar de toda su sentida preocupación por el aprieto en el que estaba su hijo, siempre había encontrado difícil afrontar los problemas, mientras que la influencia de Diana ahora estaba siendo socavada por los cortesanos que a ella le disgustaban y le daban miedo. Su secretario particular, Patrick Jephson, afirmó pomposamente: «No era ningún secreto que, hacia el final de su vida, algunos elementos reaccionarios de la clase dirigente se planteaban su conveniencia como mentora en el arte de la monarquía».

La única persona que podía ayudar, que debía hacerlo, era la reina. Conocía de sobra las presiones que estaba afrontando Guillermo. Les comunicó a sus consejeros que temía que este pudiera venirse abajo al igual que su madre. Pero su tendencia natural era dejar que la situación se desarrollara confiando en que de alguna forma se solucionara. Una vez más, le tocó al príncipe Felipe tomar cartas en el asunto y manifestó que eso no iba a ocurrir, que el problema no desaparecería. Insistió en que debían afrontar la situación que había creado Diana..., y con Carlos demasiado envuelto en sus propias preocupaciones, fue la reina quien tuvo que intervenir para animar y ayudar a su nieto.

Los domingos, a todos los chicos de Eton se les permite salir a la ciudad. Para Guillermo eso significaba dar un pequeño paseo por la calle mayor y cruzar el puente a Windsor acompañado por el detective Graham Cracker. Al llegar, se reunió para almorzar con la reina y el duque de Edimburgo. Después, el príncipe Felipe se marchó discretamente, dejando a la reina y su nieto juntos en el salón de roble que daba al patio. Hablaron de una forma en la que no lo habían hecho nunca antes. Una de sus grandes tristezas era que, hasta la separación, ella apenas lo había visto. Ahora ya podía hacerlo regularmente e ir moldeando una relación adecuada.

En esta tranquila intimidad, la reina fue capaz de recalcarle a Guillermo la importancia que tenía el hecho de que la institución de la monarquía fuera mantenida y respetada, y que merecía la pena conservarla. Era su derecho de nacimiento, después de todo, al igual que había sido el de ella. Muchos años después, Guillermo admitió que ambos estuvieron de acuerdo en que «compartían la idea de lo que era necesario». Pero todo esto sucedió porque, una vez más, el duque de Edimburgo había intervenido para sacarlos del apuro.

Capítulo 11

La muerte de Diana

Para cualquier pareja mayor, la muerte de la madre de sus nietos es un momento de dolor, pero también un momento en el que el impacto en toda la familia puede ser devastador. Cuando uno ha de lidiar con la situación mientras todo el mundo le observa, y comenta sus acciones, esto se convierte en un reto aún mayor. Hace veinte años, la muerte de Diana sumió a la familia real en un caos. Hizo salir a millones de personas a la calle, expuso la división de la sociedad británica y desencadenó una efusión de ira pública contra la monarquía que amenazó su estabilidad. Si viva Diana había sido problemática y difícil, una vez muerta demostró ser una fuerza incontrolable, que llevó a la reina y al príncipe Felipe a la desesperación, al ver que todo aquello por lo que con tanto esfuerzo habían trabajado corría el riesgo de ser destruido.

La familia real, de vacaciones en Balmoral, su fortaleza de las Tierras Altas, ese verano, no tenía la menor idea de la crisis que estaba a punto de aplastarlos cuando recibieron la noticia de que Diana había fallecido en un accidente de tráfico. La llamada fue transferida desde la embajada de París a las 3.30 de la madrugada del domingo 31 de agosto de 1997 y su primera reacción fue sencillamente la de una aturdida perplejidad.

La reina y Felipe estaban anonadados y estupefactos. Ambos septuagenarios, eran conscientes de los problemas que estaba causando la relación de Diana con Dodi Fayed, pero nunca esperaron que esta se descontrolara de forma tan dramática. Habían reconocido el potencial de su nuera de diferentes formas y veían su muerte como una terrible pérdida. Ahora estaban a punto de enterarse del símbolo tan potente en que se había convertido Diana.

Inicialmente, a la reina la había despertado su paje a las dos de la madrugada para contarle que la princesa había sufrido un accidente fatal. La primera información que llegó de París fue que Dodi Fayed había muerto pero que Diana se había salvado milagrosamente. Poniéndose su anticuada bata, había salido de inmediato al pasillo, donde se encontró con Carlos, que salía de su propio dormitorio, situado tres puertas más allá en el mismo primer piso del castillo.

Para entonces, el edificio entero había sido despertado de sus sueños. Sir Robin Janvrin, el vicesecretario particular de la reina, que se encontraba de servicio ese fin de semana, había ocupado su puesto en la sala de los caballerizos, en la planta baja, y estaba actuando de enlace con la embajada de París. Se había levantado a lacayos y empleados, y la centralita de Balmoral, a través de la que se realizan todas las llamadas, funcionaba a pleno rendimiento.

El príncipe Carlos fue a su sala de estar, contigua al vestidor de la reina, para contestar las llamadas que llegaban, algunas a través de la centralita y otras a su móvil, que vibraba en lugar de sonar. La reina pidió un té, que le subieron desde la cocina en una tetera de plata y que luego fue ignorado cuando madre e hijo, acompañados del príncipe Felipe, caminaban de un lado a otro, preguntándose ansiosamente unos a otros qué debía hacerse.

Sin embargo, su primera preocupación fue enterarse del estado de salud de Diana. No era malo, les dijeron; los primeros informes decían que había salido por su propio pie de los retorcidos restos del Mercedes prácticamente ilesa. El príncipe Carlos decidió viajar de inmediato a Francia para estar al lado de su exmujer. Mientras se estaba preparando el vuelo, Robin Janvrin recibió la llamada de París que le informó de que la princesa había muerto. Inmediatamente llamó a Carlos y le dijo: «Señor, lamento mucho tener que informarle de que acabo de hablar con el embajador. La princesa ha fallecido hace unos momentos».

La reina estaba perpleja e inmersa en una sensación de sospecha sobre la causa del accidente. Su primer comentario, después de que la informaran de la muerte de Diana, fue: «Alguien ha debido de engrasar los frenos». Era extraño que la reina realizara una observación así y asombró a los empleados cuando estos se enteraron, algo que ya habían hecho la mayoría para cuando amaneció sobre las colinas boscosas de Balmoral. A lo que probablemente se estaba refiriendo era a la posibilidad, sugerida durante mucho tiempo, de que uno de los muchos enemigos de Mohamed Al-Fayed, propietario de Harrods, se hubiera jurado acabar con él y que ahora hubiera logrado la muerte de su hijo mayor y de la princesa que él intentaba que se casara con Dodi. No obstante, la reina, ni repitió ni ofreció ninguna explicación a su comentario, y en ausencia de aclaración alguna, sus empleados lo tomaron como una señal de lo alterada que se encontraba por lo turbulento de la vida de Diana y lo repentino de su muerte.

No era la única. Todo el aparato real quedó trastornado por la noticia del accidente. Vista a través del cristal tintado de la deferencia que protegía a la familia real del escrutinio de los intrusos, la casa real parece un negocio aburrido pero bien llevado que compensa su falta de imaginación con la seguridad de la rutina. Las agendas se preparan con meses y a veces años de adelanto, y no hay un día en el que los principales miembros de la familia a la que sirve no sepan dónde deben estar o qué deben hacer, hasta e incluyendo el momento de la muerte.

Los cortesanos que mantienen estas doradas ruedas en funcionamiento reflejan el sistema al que sirven. Son la única rama de la función pública en Gran Bretaña escogidos no a través de una oposición sino del capricho personal, y sus miembros tienden a ser de un tipo —impasibles, fiables, de clase alta, educados en esa ética aprendida en las escuelas privadas del espíritu de equipo, del «juego limpio» y de permitir que las convenciones piensen por ellos—. Es una organización anticuada, nada democrática, basada en el patronato y que, por encima de todo, funciona razonablemente bien. Pero depende demasiado de los precedentes y, por tanto, no tiene en cuenta lo imprevisto o inesperado. Ese defecto —que pronto demostró ser desastroso— quedó expuesto de forma despiadada por la muerte de Diana. Antes de que amaneciera aquella mañana de domingo, las ruedas de la maquinaria real estaban empezando a traquetear y amezaban con soltarse.

Desde mediados de la década de 1980, la familia real había estado dividida en dos campos burocráticos separados y en ocasiones antagónicos. Mientras la reina seguía confiando en cortesanos de la vieja escuela, el príncipe Carlos se rodeaba de consejeros más jóvenes y menos apegados a la tradición, aunque también menos experimentados. Dadas sus divergentes opiniones en cuanto al estilo y papel que la monarquía debía desempeñar, y con cada bando trabajando en favor de sus propias prioridades, el conflicto era habitual. En la confusión causada por la muerte de Diana, fue inevitable.

A pesar o tal vez debido a su agitación, la reina decretó que debían actuar como si no hubiera ocurrido nada, y pidió a todos que fueran a la iglesia de la cercana población de Crathie esa mañana. Las únicas personas exentas de cumplir la orden real fueron los príncipes Guillermo y Harry. Dada la gravedad de lo sucedido, la reina pensó que era mejor que decidieran ellos si deseaban asistir o no al servicio matutino... y exponerse a los inevitables batallones de reporteros gráficos que se habían dirigido a Balmoral. Tras una breve conversación entre ellos, ambos muchachos decidieron ir.

Fue una época desgarradora para los hijos de Diana. A pesar de ello, los empleados señalaron que Guillermo y Harry demostraron una considerable resiliencia afrontando la tragedia. Ambos se comportaron en gran medida como Diana habría previsto. Harry, siempre pragmático, parecía tomarse la pérdida con calma, mientras que Guillermo, prácticamente un adulto y muy consciente de su destino real, realizó un agotador esfuerzo para guardarse las emociones para sí mismo.

Sería imprudente y terriblemente injusto darle demasiada importancia a la aparente calma de los príncipes. No cabe duda de que ambos se encontraban profundamente afectados por la muerte de su madre, que había vertido mucha de su energía emocional en su bienestar y se había convertido en el pilar central de sus jóvenes vidas. Han hablado del tema desde entonces, pero solo recientemente han admitido lo enfadados que estaban por que les hubieran arrancado a su madre de forma tan brutal y repentina. «Puedo afirmar con toda seguridad que perder a mi madre a los doce años, y por tanto apagar todos mis sentimientos, tuvo graves consecuencias no solo en mi vida personal, sino también en mi trabajo», reconoció el príncipe Harry en abril de 2017.

«Lo peor es el *shock* —confesó el príncipe Guillermo al mismo tiempo—. Lo sigo sintiendo veinte años después. La gente cree que un *shock* no puede durar tanto, pero sí. Es algo enorme que nunca te abandona. Simplemente aprendes a convivir con ello».

Sin embargo, en aquella época eran capaces de ver tanto las debilidades de su madre como sus fortalezas, y Guillermo, de quince años, cada vez estaba más preocupado por la dirección en la que la vida de ella parecía ir yendo. Ese verano habían pasado varios días con ella en el sur de Francia como invitados de Mohamed Al-Fayed, que tocaba todos los registros. En su habitual estilo extravagante, les proporcionó helicópteros, yates y lanchas rápidas, e incluso abrió una discoteca en un esfuerzo por impresionarlos. Era demasiado suntuoso, demasiado embarazoso, demasiado desmesurado, demasiado «extranjero» —como decían ellos— para dos jóvenes educados en la virtud de la discreta moderación. Diana quedó deslumbrada por su glamour. Sus hijos, más regios de lo que ella advertía, no.

Decidida a asegurarse de que sus hijos disfrutaran de una educación tan normal como fuera posible, Diana en ocasiones sin darse cuenta los guiaba en direcciones que iban en contra de sus tendencias naturales. Guillermo, por ejemplo, prefería las colinas de Escocia a las playas de la Costa Azul, el tiro al esquí acuático, el compañerismo de sus amigos del colegio a la compañía de playboys internacionales como Dodi Fayed, y comenzaba a encontrar el programa de entretenimientos que su madre insistía en organizar para él cada vez más molesto. La idea de pasar los próximos años en el avión privado de Mohamed no le atraía en absoluto.

Tampoco a la familia real le atraía. El príncipe Eduardo realizó una llamada extraoficial al despacho privado de Al-Fayed, y le explicó a Mark Griffiths, ayudante de Mohamed, que existía cierta preocupación sobre el patrocinio que Harrods otorgaba al Royal Windsor Horse Show y que este no debía continuar. Harrods era el principal patrocinador del evento y cuando Al-Fayed se hizo con las riendas del negocio, había incrementado el patrocinio e incluido una competición de enganches en la que competía el príncipe Felipe.

Al-Fayed se encontraba entonces en una posición de poder y se sentaba junto a la reina en el palco real y otorgaban juntos los premios a los ganadores. El mensaje de palacio, claro y manifiesto, era que esto ya no iba a suceder más. No cuando Diana era fotografiada en el sur de Francia retozando con el hijo de Al-Fayed. Sin embargo, el príncipe Eduardo puso gran cuidado en enfatizar que la situación de Diana no tenía nada que ver con el asunto, afirmando que eran otros asuntos relacionados en aquella época con Al-Fayed los que podrían causar la vergüenza de la familia real. En particular, el escándalo político llamado «cash for questions» —en el que él afirmaba haber sobornado a varios miembros del Parlamento para que estos realizaran preguntas en su nombre, a pesar de que no declararon el ingreso— era causa de gran preocupación.

Diana cayó en los brazos de Dodi tras una conversación en el Ballet Nacional de Inglaterra, del que ella era patrona, y Al-Fayed finalmente conoció a la princesa y se hicieron amigos. A ella le gustaba..., o eso me dijo. Encontraba fascinante su travieso sentido del humor y su terminología anglosajona. No había decidido adónde llevar a sus hijos a pasar las vacaciones de verano cuando él le sugirió que aprovechara su villa de Saint Tropez, con playa privada y seguridad de máximo nivel. El resto quedó en manos de Dodi.

Todo aquello acabó la noche del accidente. Ahora ya no habría posibilidad de que existiera un vínculo de la familia real con un Al-Fayed. Incluso llegaron a darse instrucciones al depósito de cadáveres londinense de Townmead Road de que no se colocaran ambos cuerpos uno al lado del otro cuando fueran repatriados desde Francia para que ser examinados por el juez. El cuerpo de Dodi llegó primero, tras ser transportado en helicóptero al helipuerto de Battersea. Mientras se examinaba el cuerpo, funcionarios, policías y empleados de Al-Fayed esperaban nerviosos. Se había enviado una directiva a la policía para que los cadáveres ni siquiera estuvieran en el depósito al mismo tiempo, por lo que el juez soportó una tremenda presión para completar el análisis *post mortem* antes de que llegara el cadáver de Diana. Finalmente, el vehículo fúnebre que transportaba el cuerpo de Dodi cruzó lentamente las puertas del depósito justo cuando entraba el coche con el cadáver de Diana.

Esa mañana de domingo, tras salir de la iglesia, Carlos había volado a París a bordo de un avión de la flota de la reina, acompañado por las hermanas de Diana, lady Sarah Mc-Corquodale y lady Jane Fellowes, la esposa de sir Robert y Sandy Henney, su secretaria de prensa. Carlos había decidido que sería mejor que los príncipes no lo acompañaran en esta luctuosa misión, y estos permanecieron en Balmoral al cuidado de la reina y el príncipe Felipe. También contaban con la compañía de su primo favorito, Peter Phillips, la antigua niñera de su padre, Mabel Anderson, que también se alojaba en el castillo, y Tiggy Legge-Bourke, quien ayudaba a Carlos con los niños y tanto disgustaba a Diana.

En sus cuarenta y cinco años en el trono, la reina había tratado con diez primeros ministros, desde sir Winston Churchill. Se había llevado bien con algunos y peor con otros, y el nuevo ocupante del número 10 de Downing Street, Tony Blair, encajaba claramente en esta última categoría. «Demasiadas cosas, demasiado rápido», fue el resumen que ella hizo de su entonces primer ministro.

Blair había estado presente en el aeródromo militar de Northolt, en el oeste de Londres, para asistir a la llegada del avión que transportaba el ataúd de Diana envuelto en el estandarte real. El domingo había hecho pública una declaración cuya redacción sonaba más americana que británica. En parte, decía: «Somos una nación en estado de *shock,* en duelo, en lamento [...] Ella era un ser humano cálido y maravilloso». Pero fue el corte de sonido de la última frase lo que de verdad atrajo la atención del país: Diana, declaró el primer ministro, era «la princesa del pueblo». Ese era el titular de la mayoría de los periódicos recibidos en el castillo en la mañana del lunes y la frase conmovió los corazones y las mentes de los millones de personas que nunca conocieron a Diana. Apenas sabían nada de ella, más que lo que leían en aquella prensa que siempre afirmaban no creerse, y a pesar de ello ahora la veían como a uno de los suyos.

A la reina no le hizo ninguna gracia, por decirlo suavemente. Le disgustaba el título de «princesa del pueblo» y el reto implícito que este suponía para su cargo como reina de todo su pueblo. Tradicional hasta la médula, llegó pronto a la conclusión de que el nuevo socialismo no era amigo de la monarquía o los valores que ella creía que esta encarnaba. Desconfiaba de sus planes de reformar la Cámara de los Lores y su decisión de alojar a personas sin techo en el Arco del Almirantazgo, en el otro extremo del Mall respecto al palacio de Buckingham (algo que ella consideraba un «truco publicitario»). Tras sus habituales reuniones de los martes en el palacio con Tony Blair, con frecuencia salía despotricando entre dientes. En aquella mañana y en los días que llegarían, su irritación se concentró cada vez más en la creencia de que el gobierno intentaba apropiarse de la princesa para sus propios fines políticos.

Sin embargo, pronto quedó meridianamente claro que era el gobierno y no la familia de la que tiempo atrás había sido parte quien sabía cómo gestionar mejor la muerte de Diana. Desde Londres y aupada al poder por la victoria electoral más abultada de la historia del laborismo, la administración Blair era capaz de sentir y ver lo que la familia real, desconectada en la Escocia rural, no podía: reconocía la histeria mediática que había provocado su fallecimiento. La gente dejaba flores a las puertas del palacio de Buckingham y en los parques próximos al palacio de Kensington en el que ella había vivido. Los ramos se fueron convirtiendo en campos y más tarde en auténticas sabanas. Rodeaban de velas los árboles y las farolas. Colocaban en las verjas notas, ositos de peluche, regalos, fotografías y versos manuscritos. Iglesias en las que no había entrado prácticamente nadie durante años se llenaban de gente que se arrodillaba a rezar por su alma. Era un espectáculo tan infantil como conmovedor, que en parte recordaba a la Beatlemanía, en parte era duelo nacional y que resultaba decididamente muy poco británico. En su espontáneo deseo por honrar a una mujer que había muerto al lado de su amante playboy, la nación que siempre se había enorgullecido de su autodominio y su moderación, se desinhibió y se permitió dejarse llevar por un delirio de lamentación.

Por el contrario, la familia real exigía el derecho a que se la dejara llorar la pérdida de uno de los suyos en la intimidad. Parecía que quisieran tenerlo todo. Y es que en la mente de la población en general era la familia real quien había rechazado a Diana, aislándola, desposeyéndola de su título de Alteza Real, permitiéndole seguir siendo princesa si no por mérito propio sí a regañadientes y solo durante el tiempo en que permaneciera soltera. Pero cuanto más habían intentado empujarla hacia las sombras, más potente se volvía su estado simbólico. La familia real trataba con una persona de verdad. El público en cambio estaba cautivado por un icono emocional y, una vez fallecida, Diana fue coronada de forma póstuma.

La familia reunida en el aislamiento de Balmoral simplemente no entendía lo que estaba ocurriendo ochocientos kilómetros al sur. Y lo que es más grave, tampoco lo comprendían sus principales consejeros, al menos no al principio. La política de la calle era algo que ellos miraban con refinado desprecio. Ignoraban los mensajes eternamente desesperados que recibían de Londres y, en lugar de ello, buscaban refugio en el magullado reducto de la tradición.

El funeral, según decidió la reina, debía ser una ceremonia íntima y familiar en Windsor, seguida de un entierro en la tumba de Frogmore en la que sucesivas generaciones de la familia real, con la excepción del monarca reinante y su consorte, yacen en su descanso final (desde la época de la reina Victoria, los reyes y las reinas han sido enterrados en la capilla de San Jorge, en Windsor). Sir Robert Fellowes, secretario particular de la reina, estuvo de acuerdo. Sin embargo, la situación se la estaban arrancando de las manos. En Londres, la multitud de dolientes estaba cerca de convertirse peligrosamente en una turba. Su ira era palpable y creciente. Querían saber por qué las banderas no ondeaban a media asta en el palacio de Buckingham, por qué la familia real no había realizado ningún homenaje a la princesa y, sobre todo, por qué la familia real había escogido permanecer en Escocia en lugar de regresar a la capital para unirse al duelo de la nación.

En realidad, no había nada inusual ni pernicioso en su decisión de quedarse donde estaban. La familia real tradicionalmente llora sus pérdidas en la intimidad y en una época más piadosa su deseo de guardar duelo en privado se habría tratado con un silencioso respeto. No se produjeron protestas cuando la familia real se había retirado a Balmoral después de las muertes del duque de Kent en 1942; del glamuroso primo de la reina, el príncipe Guillermo de Gloucester en 1972; o del amado tío abuelo del príncipe Carlos, el conde Mountbatten de Birmania en 1979. Al igual que Diana, todos habían muerto de forma violenta: Kent y Gloucester en accidentes aéreos, Mountbatten a manos del IRA.

Pero el caso de Diana era diferente. Su muerte había cambiado las reglas hasta un extremo tal que se había criticado incluso la asistencia de la familia real a la iglesia de Crathie en la mañana de su muerte. ¿Cómo era posible, se preguntaba la multitud de críticos, que pudieran asistir al servicio matutino, llevando con ellos a los afligidos príncipes Guillermo y Harry, y no mostrar ni un mínimo de dolor? Era un juicio cruel que, o bien pasaba por alto, o bien ignoraba que los Windsor son una familia religiosa que encuentra consuelo en la fe, no en una exposición pública de cómo se les desgarra el alma, al más puro estilo de Oprah Winfrey.

Sin embargo, era precisamente una exposición pública de dolor real lo que exigían los millones de personas que se dirigían a la capital, y la bandera sobre el palacio de Buckigham se convirtió en el símbolo de lo que entonces se percibía como la cruel indiferencia de la familia real. Siguiendo una larga tradición, la única bandera que ondea en el palacio es el estandarte real, y solo cuando el soberano se encuentra en la residencia. Nunca ondea a media asta, ni siquiera en la muerte del soberano, mucho menos en la de una princesa medio separada, porque el estandarte real es el símbolo del Estado y este sigue funcionando. Como proclaman los heraldos: «El rey ha muerto, larga vida al rey».

Tan arcanas sutilezas no resultaban de interés y tan solo de poca relevancia para la multitud apostada a las puertas del palacio y cuyo lamento pronto se convirtió en una cacofonía de insultos dirigidos a la familia real. Aventurarse entre la multitud en los días siguientes y escuchar los insultos era como sumergirse en una ola de pasión cruda que amenazaba con llevárselo todo por delante. La mayoría de la gente se había dirigido a los jardines de Kensington y al parque de St. James llevada por el simple deseo de compartir el sentir de duelo general, pero a medida que el número crecía, el ambiente cambiaba y se oscurecía. Tanto los jóvenes como los viejos, tanto los adinerados como los desposeídos que habían formado la audiencia natural de Diana, se preguntaban cómo la familia real podía ser tan poco compasiva, tener tan poco tacto, ser tan despiadada. Su muerte resultó ser un catalizador y los resentimientos que habían yacido dormidos durante años salieron como desde un surtidor a la superficie. Se estaba realizando una auditoría moral que colocaba a la familia real en números rojos y un país que se había enorgullecido de su firmeza y estabilidad parecía estar al borde de arrasar una institución que había levantado para venerar.

Para entonces, las llamadas a Balmoral habían adquirido una urgencia terrible y los boletines diarios de la casa del príncipe Carlos se estaban volviendo cada vez más lúgubres. Informaban de un creciente sentimiento de «verdadero odio» y apremiaban al príncipe de que intentara convencer a sus padres para que regresaran inmediatamente al palacio de Buckingham.

Haciéndose eco de ese ánimo cambiante, la reina se dio cuenta de que debía celebrarse un funeral como era debido en la abadía de Westminster, por lo que se dispuso una reunión entre la familia Spencer, los empleados de Carlos y los hombres de la reina. Sir Robin Janvrin permaneció en Balmoral intentando coordinarlo todo con el palacio a través de un teléfono manos libres. Existía un desacuerdo respecto al papel que los chicos debían desempeñar en el funeral..., si es que debían representar alguno. La reina y Felipe se oponían a que se implicara a los muchachos, que se encontraban aún en estado de *shock*. Los representantes de los Spencer estaban expresando lo que pensaban del papel de los chicos cuando la voz de Felipe sonó atronadora por el teléfono: «¡Deje de decirnos qué hacer con los chicos! ¡Han perdido a su madre! Está hablando de ellos como si fueran mercancía. ¿Tiene alguna idea de por lo que están pasando?».

El príncipe Felipe prácticamente había perdido a su madre a la edad de diez años cuando esta fue ingresada en un sanatorio en Suiza. También había perdido a su hermana preferida y a la familia de esta en un accidente aéreo en 1937 cuando él tenía dieciséis años. Así que, hasta cierto punto, comprendía lo que estaban sufriendo Guillermo y Harry. Ambos querían a su abuelo, que los llevaba a practicar tiro, a cazar patos y los veía dar vueltas a toda velocidad en la pista de karts que tenían en Balmoral. No tenían en cuenta su brusquedad ni sus comentarios mordaces. Sencillamente les gustaba estar con él y durante aquella semana extraña y surrealista les alegraba su tranquilizadora presencia.

Sin embargo, las almenas del castillo de Balmoral eran notablemente resistentes a los ataques de una realidad desagradable. La reina Victoria se había escondido detrás de ellas tras la muerte del príncipe Alberto, aislada del resto del mundo, segura en un reino de su propia creación que permanece en gran parte como ella lo dejó, hasta los muebles o los papeles pintados. Ahora sus descendientes estaban haciendo más o menos lo mismo tras la muerte de la princesa. Después del alboroto de la primera noche, Balmoral había vuelto a acomodarse en su antigua rutina, y si bien el ambiente era muy silencioso, todo el mundo se vestía para la cena.

Si aquello se debía en parte a la firme convicción que tenía la familia real de que en épocas problemáticas, adherirse a las reglas de protocolo ofrece la mejor forma de defensa, también reflejaba la antipatía que algunos de ellos sentían por Diana, debida a todas las controversias creadas por su relación con el príncipe Carlos.

Mientras su hermana, su madre y su marido habían dejado a Diana por imposible, la reina mantenía parte de su cariño por su nuera. Sola en la familia, gracias a ese afecto se compadeció de los problemas de Diana. Pero cambiar las largas tradiciones por una mujer que, según la ley escrita, ya no era miembro de la casa real, era otra cosa. Se había opuesto a que Tony Blair estuviera representado en el comité del funeral que se había organizado bajo la presidencia de su lord chambelán, el conde de Airlie, y había hecho falta otra discusión para convencerla de que cediera. Y solo cuando el príncipe Carlos insistió en que su exmujer, como madre de dos príncipes de sangre real, tenía derecho a un funeral de Estado fue cuando desistió de su idea de una ceremonia pequeña e íntima.

No obstante, para lo que reconoció no estar preparada al menos no en ese momento, era ceder a las exigencias de la muchedumbre y volver corriendo a Londres. Una reacción así era contraria a la dignidad que, según la educación que había recibido, debía defender. Pero los acontecimientos estaban escapando rápidamente del control de la monarquía, e incluso la decisión de la reina al final se quebró. El jueves, la bandera británica fue ondeada en el palacio de Buckingham y lo hizo a media asta por primera vez en la historia de Gran Bretaña. Ese mismo día, la familia salió de su autoimpuesto aislamiento para observar las flores y las cartas de condolencia que se habían depositado contra los muros de piedra de Balmoral.

De gran relevancia fue la decisión de la reina de regresar a Londres un día antes de lo previsto. Era el equivalente a una rendición. La batalla final entre la tradición y las necesidades políticas modernas se decidió en la alfombrada sala de estar de la reina, en el primer piso, que poco se ha visto modificada desde que la decorara la reina Victoria. Desde que comenzó la crisis, los consejeros de la reina, entre los que estaban Janvrin y su dama de compañía, lady Susan Hussey, habían intentado controlar lo que sucedía en Londres. Aunque siguiera las reglas, aquello no había funcionado y para mediados de semana le había quedado claro a todo el mundo, salvo a la soberana, que la familia real iba a tener que ceder si no deseaba sufrir daños tal vez irreparables en su reputación. Lo que condujo a conversaciones aún más tensas.

Las cosas llegaron a un punto crítico con la aparición del presuntuoso príncipe Andrés, que se alojaba en el castillo. Políticamente ingenuo pero un pedante quisquilloso del protocolo, entró en la sala de estar, oyó los argumentos que iban de un lado a otro y declaró furioso: «La reina es la reina. ¡No puede hablarle así!». La palabra de la reina, dijo, era orden y era su deber llevar a cabo cualquier instrucción que ella escogiera darles. Una semana antes, eso podría haber sido cierto. Pero claramente ya no lo era en aquellas circunstancias y la sala de estar quedó petrificada en un silencio sepulcral. Este fue roto por un cortesano que anunció que, en caso de que la reina no deseara su consejo, se irían.

Ante la perspectiva de lo que equivalía a un ultimátum de sus propios empleados, la reina escogió ignorar a su hijo favorito y aceptar las recomendaciones de sus consejeros. No le quedaba otra elección. La discusión ya no tenía que ver con qué era lo apropiado para Diana. Ahora se reducía al futuro de la monarquía en sí misma. A juicio de los hombres y mujeres cuya tarea consistía en guiar a la monarquía a través de las tormentas de la controversia, la situación era crítica y su consejo era franco e iba al grano: les gustara o no, debían apaciguar a la muchedumbre si querían prevenir una crisis constitucional muy grave. Ya no se trataba de un simple asunto familiar en el que la opinión de la reina y el príncipe Felipe fuera decisiva.

Finalmente, la reina accedió. El plan original era que ella viajara hacia el sur durante la noche en tren y que fuera directamente desde la estación a la abadía de Westminster. Pero esa idea se desechó y, en lugar de ello, voló a Londres el viernes, acompañada por el príncipe Felipe, la princesa Margarita y la reina madre, quien, como miembro de la familia que era, se negó de forma categórica a todas las súplicas de su hija para que cuidara su salud y se quedara en Escocia.

De vuelta en la capital, la reina condujo directamente al palacio de Buckingham y, con el príncipe Felipe a su lado, dejó la seguridad de su propio patio y salió a perderse entre la multitud reunida tras las verjas cubiertas de flores. Demostró ser una desconcertante experiencia para la soberana, de setenta y un años. Se había abierto un abismo entre los gobernados y sus gobernantes, y en lugar del respeto y el educado aplauso que había recibido durante toda su vida, quedó rodeada de gente cuyo rencor era patente. «Joder, ya era hora, ¿no?», dijo alguien. «Eso le dio a la reina una posibilidad», recordó más tarde uno de sus empleados.

Con la compostura que otorga el entrenamiento de toda una vida, la reina logró pasear entre la gente con gracia y dignidad, deteniéndose a charlar, planteando las preguntas adecuadas, dando las respuestas correctas. Fue una interpretación admirable, y mirándola —y la gente que se encontraba a una distancia cercana de verdad la observaba atentamente— era difícil encontrar una grieta en su serenidad. Sin embargo, para quienes la conocían resultaba muy evidente que se había alarmado mucho por la recepción que había recibido. No podía comprender por qué la gente había sido tan hostil.

«¿Qué quieren que haga?», preguntó. Nadie era capaz de recordar haberla visto tan perturbada, tan insegura de sí misma.

Fue mucho más ella misma para cuando acudió a la televisión esa tarde a ofrecer una despedida a su nuera fallecida. Sentada delante de una ventana abierta del palacio, con la multitud como telón de fondo, habló con sencillez y de forma emotiva en una voz una octava más grave que el agudo tintineo de su juventud y con un acento despojado de parte de sus connotaciones de clase alta. Era un discurso cargado de mensajes sutilmente codificados.

Ofrecía una explicación a lo que para muchos había parecido la indiferencia de la familia real a la muerte de una mujer joven que estaba siendo elevada a un altar laico. «Todos hemos estado intentando arreglárnoslas de formas diferentes —dijo la reina, añadiendo, por analogía—: No es sencillo expresar una sensación de pérdida, dado que al *shock* inicial con frecuencia le sucede una mezcla de otros sentimientos: incredulidad, incomprensión, ira y preocupación para todos los que nos quedamos. Todos hemos sentido esas emociones en estos últimos días. Así que, lo que debo decirles ahora, como su reina y abuela, lo digo desde el corazón».

Reconoció, como debía, las virtudes que habían conmovido los corazones de muchas de las personas a las que se podía ver de fondo. «Primero, me gustaría rendir homenaje a Diana yo misma. Era un ser humano excepcional y llena de talento. En los buenos y en los malos momentos, nunca perdió su capacidad de sonreír y reírse, ni la de inspirar a otros con su cariño y amabilidad. La admiré y respeté... por su energía y compromiso con los demás y especialmente por la dedicación que demostraba hacia sus hijos».

Explicó la decisión de la familia real de permanecer en Escocia. «Esta semana en Balmoral todos hemos estado intentando ayudar a Guillermo y Harry a que asimilaran la devastadora pérdida que tanto ellos como el resto de la familia hemos sufrido».

Y prometió un nuevo comienzo. «Yo, por mi parte —dijo la reina—, creo que podemos extraer lecciones de su vida y de la extraordinaria y conmovedora reacción a su muerte».

El discurso estaba redactado para pacificar y apaciguar un país que, en el espacio de unos pocos días, se había desencantado profundamente con su familia gobernante. Había sido escrito por sir Robert Fellowes y revisado por Alastair Campbell, portavoz de prensa de Blair, quien había añadido la sentimental pero apropiada referencia a «abuela». De todas formas, tampoco fue la incondicional apología que muchos vieron.

La reina había sido arrastrada hasta el límite y eso la había dejado confusa, perpleja... y enfadada. Se había puesto en entredicho su autoridad, cuestionado sus buenas intenciones, desconfiado del carácter de la familia. La reina se ahorró la mayor parte de las críticas; incluso en este momento de crisis, el peculiar, casi místico apego de los británicos a su monarca aún se mantenía firme. Fue a los otros miembros del clan real —ese amorfo «ellos»— a quienes se acusaba de lo ocurrido. Pero eso no era ningún consuelo. El ambiente del Mall estaba cargado de hostilidad y la reina acababa de ver y oír en persona lo encendidos que se encontraban muchos de sus súbditos y lo profundamente desilusionados que estaban con la familia que ella encabezaba. Era sin duda la peor crisis de su reinado. Pero, aunque la situación fuera grave, ella seguía siendo la reina —«su reina», como recordó a los millones que vieron su discurso— y esta anciana dama que llevaba sentada en el trono durante casi medio siglo no iba a inclinarse demasiado ante las hordas apostadas en las verjas del palacio.

Mientras se marchaba del set improvisado, preguntó: «¿Sonó lo suficientemente arrepentido?». No era una pregunta. Era una broma, pero una hecha sin pizca de humor y en un tono de inflexible determinación.

Sin embargo, no había que aplacar solo a los millones de dolientes. También había que lidiar con el problema de los Spencer, más íntimo. Lady Jane y lady Sarah estaban deseando adherirse a cualquier plan formulado por la familia real y el marido de Jane, sir Robert Fellowes. Su hermano no. Charles Spencer, que había sucedido a su padre como IX conde en 1991, tenía lo que podría llamarse una ambigua relación con su famosa hermana y ambos se habían visto poco en los últimos años. Sin embargo, como cabeza de la familia Spencer, reclamaba el derecho de tener voto, y uno decisivo, en la organización del funeral.

Incluso sin su intervención, hubo multitud de complicaciones. La familia real está envuelta en rituales ceremoniales supuestamente extraídos de las nieblas del pasado ancestral. En realidad, la mayoría son de fabricación mucho más reciente y muy pocos son anteriores a la época victoriana, en la que el boato se convirtió en una forma de arte imperial. Pero esta capacidad para inventar ritos que encajaran en la ocasión se había marchitado con el imperio que la produjo. La tradición había desbancado a la improvisación, y para entonces la casa de Windsor y los burócratas que la servían habían quedado atrapados en la maraña de sus propias reglas. Sin un ejemplo al que mirar, no tenían ni idea de cómo honrar a una princesa a la que habían expulsado de su redil.

El único modelo del que disponían era el que había sido concebido para la reina madre, y tan solo por desesperación el comité del funeral fue reducido a saquear los planes que ella misma había dispuesto con tanto cuidado para lo que sería su última gran ocasión de Estado. Como la última persona viva con experiencia en organizar un acontecimiento de este tipo, el que siguió a la muerte del rey Jorge VI, había pasado varios años comprobando cada detalle, hasta dónde debían colocarse los soldados. Al no haber alternativa, este fue la plantilla para el funeral de Diana. La última reina-emperatriz de Gran Bretaña se ofendió, comprensiblemente, al ver cómo le robaban sus propios meticulosos preparativos a favor de una mujer que nunca había sido reina. Al igual que el resto de su familia, se quedó perpleja por la interferencia de lord Spencer en lo que, gustase o no, ya era claramente un acontecimiento de la realeza.

Por encima de las objeciones de la reina, lord Spencer insistía en que Diana fuera enterrada, no en Frogmore, sino en el hogar familiar de Althorp en Northamptonshire. También dijo que él debería ser el único en caminar tras el cortejo fúnebre de la princesa. Dado que ellos realmente la habían excluido, la familia real no estaba en posición de negarle a Spencer sus deseos, como el lugar de descanso final. Pero lo del cortejo fúnebre era otra cosa. En señal de respeto por una exmujer y difunta madre, el príncipe Carlos quería caminar tras el cortejo con Guillermo y Harry a su lado. Otra de las para entonces interminables discusiones sobrevenidas, que Spencer terminó colgando al príncipe. Sin embargo, este era un punto en el que la familia real no estaba dispuesta a ceder. Se le dejó claro a Spencer que, independientemente de los sentimientos íntimos que él albergara, el príncipe y sus hijos caminarían tras el carruaje que transportaría el ataúd de la princesa.

La siguiente dificultad fue convencer a Guillermo de que se uniera a su padre, tío y hermano en el lento paseo desde el palacio de St. James a la abadía de Westminster. Al principio, Guillermo se negó en redondo. Carlos le suplicó y le dijo que sería profundamente equivocado por su parte no acompañarlos. El príncipe, que nunca se encontraba a gusto ante una multitud, y mucho menos ante una tan emocionada y que iba a escrutar cada uno de sus gestos, contestó que sencillamente no quería. El príncipe Felipe intervino en la discusión y finalmente Guillermo accedió a participar..., aunque con la condición de que su abuelo caminara junto a él.

Diana había llegado a sentir auténtica aversión por el príncipe Felipe —y él por ella—, pero el príncipe Guillermo adoraba al anciano. Felipe, a su vez, le tenía un inmenso cariño a su nieto. Le había enseñado a disparar, y a Guillermo no había nada que le gustara más que pasar días con su abuelo en los campos de Sandringham o cazando patos en el estuario del Wash. Al igual que el fútbol o el críquet en otras familias, la caza y la pesca eran el interés común que pasaba de una generación a otra y las unía. Ahora Guillermo quería a su abuelo a su lado en lo que iba a resultar el compromiso público más angustioso que tendría que sufrir el joven. Felipe accedió de inmediato y cuando el cortejo avanzó pesadamente bajo el Arco del Almirantazgo, fue él quien le puso un reconfortante brazo sobre el hombro de Guillermo.

«Caminar detrás de su ataúd es una de las cosas más duras que he hecho en mi vida —admitió el príncipe Guillermo en mayo de 2017—. Pero si hubiera ido inundado en lágrimas todo el camino, ¿qué imagen habría dado? Fue cuestión de autocontrol. En cualquier caso, no me sentí cómodo con toda aquella efusión de emoción alrededor de mí. Soy una persona muy reservada, así que no fue sencillo».

Si llegar a esa situación había sido tenso, aún les esperaban más trastornos en la abadía de Westminster. Construida en 1065 por Eduardo el Confesor, es la fuente espiritual de la monarquía británica. Allí se ha coronado y enterrado a reyes y reinas durante casi mil años. Por tanto, solo puede interpretarse como un acto de calculada venganza por la infelicidad que él creía que se había causado a su hermana, el hecho de que lord Spencer lo escogiera como escenario para pronunciar un durísimo ataque a la familia de la soberana a la que, como par, él había jurado «guardar auténtica lealtad».

La prensa también fue objeto de una severa reprimenda en su discurso. «Ella hablaba sin parar de marcharse de Inglaterra, sobre todo debido al trato que había recibido por parte de los periódicos —dijo—. No creo que ella entendiera nunca por qué sus intenciones, genuinamente buenas, eran despreciadas por la prensa, por qué esta parecía buscar permanentemente derribarla. Es incomprensible. La única explicación que yo encuentro es que la bondad auténtica amenaza a aquellos situados en el extremo opuesto del espectro moral. Tiene sentido recordar que, de todas la ironías en torno a Diana, quizá la mayor era que hubiera recibido el nombre de la antigua diosa de la caza quien acabó siendo la persona más cazada de la época moderna».

El propio Spencer había sido tiempo atrás parte de los medios de comunicación a los que tan salvajemente fustigaba. De hecho, en una ocasión había trabajado para la gigantesca cadena de televisión estadounidense NBC precisamente por ser el hermano de Diana. Sin embargo, los problemas de su propio matrimonio le hicieron entrar pronto en conflicto con la prensa, y dada su angustia y el paroxismo de las recriminaciones que le indujo, tal vez sus comentarios fueran comprensibles.

Lo que era mucho más llamativo y completamente inesperado era su condena de la familia real. Cuando dijo que «ella no necesitaba un título real para seguir generando su magia», se estaba refiriendo a la cuestionable decisión de la reina de despojar a su nuera de la designación de Alteza Real, lo que rebajaba a Diana de nuevo al rango de plebeya.

Sus frases finales fueron incluso más incisivas. «A ella le gustaría que hoy nosotros nos comprometiéramos a proteger a sus queridos chicos, Guillermo y Harry, de un destino similar y yo lo hago hoy aquí, Diana, en tu nombre. No permitiremos que sufran la angustia que solía llevarte a ti a llorar desesperada. Y más allá de eso, en nombre de tu madre y tus hermanas me comprometo a que nosotros, tu familia sanguínea, haremos todo lo posible para continuar con la creativa forma con la que estabas guiando a estos dos excepcionales jóvenes para que sus almas no queden sumergidas solo en el deber y la tradición, sino que también puedan cantar abiertamente, como tú planeaste».

Lo que estaba diciendo Spencer en términos nada ambiguos es que él consideraba a la familia real incapaz de educar a sus sobrinos. Era una punzante reprimenda a su padre y los valores de deber y tradición que constituyen la base de la vida monárquica. Un funeral anglicano no deja lugar a las alegaciones, acusaciones o el arreglo de cuentas pendientes. Más bien al contrario: es una ceremonia de recuerdo diseñada para enterrar las aflicciones de esta vida junto al cuerpo del fallecido. Al enfrentarse a esta larga tradición, Spencer había demostrado unos pésimos modales. También bastante hipocresía, pues no era Victoria —su mujer y madre de sus cuatro hijos— quien le había acompañado a la abadía ese día, sino su última amante, Josie Borain. Spencer no era el más indicado para dar lecciones de buena educación al príncipe de Gales desde el púlpito de una abadía y ante una audiencia televisiva global de cientos de millones de personas.

Curiosamente, la primera reacción del príncipe no fue de indignación, sino de alivio. Spencer se había negado a dejarle ver un borrador de su discurso y, después de los altercados telefónicos que había mantenido con su anterior cuñado en las horas previas al funeral, había esperado algo mucho peor que la regañina que finalmente le soltó. La reina y el príncipe Felipe, por otra parte, estaban horrorizados y su indignación era bien patente en sus glaciales miradas.

No obstante, por lo que respectaba al público, lord Spencer dio justo en el clavo. Había dado voz a lo que muchos de ellos sentían. Su discurso se retransmitió por altavoces a la multitud apiñada en la plaza exterior y, al terminar, esta fue un clamor de aprobación. Se dejó oír dentro de la antigua abadía, donde los feligreses, haciéndose eco de los sentimientos de quienes se encontraban fuera, rompieron en un aplauso entusiasta.

La reina madre y la princesa Margarita, que llevaban toda la mañana quejándose de la inconveniencia de haber tenido que acortar sus vacaciones en la Toscana debido a «aquella desgraciada chica», miraban de frente. También la princesa Ana, quien había presenciado los sucesos de la semana con

la actitud práctica que uno esperaría de aquella mujer prag-
mática y sensata.

En realidad, no había otro sitio al que mirar. La gente
había tomado el control. En lugar de que les dijeran qué debían
hacer, habían sido ellos quienes le habían dicho a la familia
real cómo comportarse. La monarquía había respondido...,
pero solo cuando había sido maltratada hasta la sumisión. Sin
embargo, ahora la semana estaba acabando y la bestia de la
opinión pública comenzaba a apaciguarse, una vez que su ira
ya se había desahogado y su dolor expresado. Cuando el ataúd
de Diana tomó la autopista M1 hacia su solitaria tumba en
una isla en mitad de un lago de Northamptonshire, la multitud
comenzó a dispersarse. Algunas almas resistentes siguieron
velando en los jardines cercanos al palacio de Kensington,
pero para la mayoría el espectáculo había terminado. Se hablaba mucho de una nueva Gran Bretaña, en contacto con sus
sentimientos, que se había deshecho del comedimiento del
pasado, pero lentamente el país volvió a la normalidad, exhausto y entusiasmado por la experiencia vivida, pero avergonzado también por su propia y desenfrenada exhibición de
emociones.

Sin embargo, la familia real no regresó al santuario de
su pedestal. La puerta al pasado se había cerrado de golpe.
Como había dicho la reina, «debían extraerse lecciones» de la
vida de Diana y, antes de nada y sobre todo, de las reacciones
a su muerte. El sistema monárquico había sido puesto a prueba y se le habían encontrado profundas deficiencias. Era fundamental realizar cambios si la monarquía quería llegar al
siguiente milenio. Y la pareja que había dirigido la familia
durante tanto tiempo sabía que debía cambiar con ella, pero
también que se encontraría cómoda manteniendo los patrones
del pasado.

Capítulo 12

Intereses distintos

Es el 20 de junio de 2013 en el castillo de Windsor. La reina está desayunando sola mientras el príncipe Felipe se recupera de una operación abdominal por la que fue dado de alta del London Clinic tres días antes. La reina ha abandonado su habitual crucigrama del *Daily Telegraph* en favor del *Racing Post*, que está estudiando atentamente. Tiene un interés especial en la Gold Cup porque su potra Estimate es una de las favoritas para ganar la carrera. Los invitados en casa de la reina, entre los que están Peter Phillips, su esposa Autumn y las princesas Beatriz y Eugenia, también disfrutan del desayuno en sus aposentos después de que comunicaran su pedido al paje al cargo la noche anterior.

A las 12.45 la reina se reúne con sus invitados para tomar el aperitivo en la sala de estar verde antes de almorzar en el comedor de Estado. Todos se sientan para tomar una comida rápida y, para lo que es habitual en la realeza, relativamente sencilla; los hombres en chaqué y las mujeres con atuendos coloridos y sombreros extravagantes. Después del almuerzo, se dirigen a la Entrada del Soberano, donde todos se suben a su flota de coches para realizar el corto viaje a Ascot, donde ocupan ya landós abiertos para hacer así la parte final del trayecto. Se dirigen a través de Home Park a las Golden Gates, en la parte alta del circuito de Ascot.

Una vez dentro del circuito, trotan rápidamente durante diez minutos a lo largo de la franja de césped verde, tomando un recorrido ligeramente diferente cada día para evitar machacar la pista de carreras. La reina va en el primer carruaje acompañada por Peter Phillips y su mujer. Al pasar por delante de las tribunas, la reina recibe una tremenda ovación y las chisteras se levantan. Algunos afortunados apostadores ya están recogiendo sus ganancias de los corredores de apuestas después de haber acertado el color del sombrero que llevaría la reina. Tras bajar de los carruajes en el Parade Ring, el séquito real pasa la mayor parte de la tarde en el palco real.

Fue la reina Ana en 1711 quien entendió por primera vez el potencial de situar un circuito en Ascot. Cuando estaba cabalgando cerca del castillo de Windsor, llegó a un brezal abierto que parecía, según sus palabras, «ideal para que los caballos galoparan a toda velocidad». El regalo de la reina Ana al mundo de las carreras, fundando el circuito real, se recuerda mediante la tradición de abrir el torneo Royal Ascot con la carrera llamada Queen Anne Stakes. El torneo veraniego de Ascot se convirtió en 1911 en una semana real. Desde entonces, el torneo real ha sido siempre apoyado por el monarca reinante. Para la reina, el Royal Ascot es el punto culminante del año de carreras, y nunca se ha perdido el torneo desde su ascenso al trono en 1952.

La Gold Cup es una carrera del Grupo 1 y el acontecimiento más importante en Gran Bretaña para los purasangres de larga distancia; se desarrolla sobre una distancia de cuatro kilómetros y pueden participar en ella los caballos de al menos cuatro años. Siempre se celebra el jueves —el día de las damas—. El trofeo es una de las tres copas del Royal Ascot que tradicionalmente entrega la reina. Es la cuarta carrera del día y la reina baja al *paddock* a tiempo para ver a los caballos y hablar con sir Michael Stoute, el preparador de Newmarket, aunque nacido en Barbados, y su jockey Ryan Moore.

La reina es una experta en el tema y conoce la crianza de cada caballo de la carrera. No se refiere a los caballos por sus nombres de carrera, sino por sus líneas sanguíneas, con lo que puede llamar a un caballo «el potro de Galileo» o «la potra de Storm Cat». Su caballo Estimate es la única potra de la carrera y su entrenador no tiene excesiva confianza en ella, si bien el público la ha apoyado hasta considerarla su favorita. Sir Michael comentó: «De verdad pensaba que sería muy difícil, yo no tenía ninguna confianza en ella al tener que enfrentarse a todos los machos». John Warren, el asesor de carreras de la reina, también fue cauto al decir: «Es un poco como preguntar si Martina Navratilova podría ganar a Bjorn Borg». Para añadir más presión si cabe, estaba el hecho de que ningún monarca reinante había ganado nunca la Gold Cup.

Pero, más de quince años después de la muerte de Diana, no cabe duda de que no habría un ganador de la carrera más popular que el caballo de la reina. Los años intermedios habían sido testigos de cómo la opinión pública recuperaba su confianza y afecto por la monarquía, después de que primero su jubileo de oro y después su jubileo de diamantes hubieran sido acontecimientos enormemente populares. La reina, que entonces tenía ochenta y siete años, y el príncipe Felipe, de noventa y dos, han logrado simbolizar la estabilidad en un mundo que había sido sacudido por guerras, terrorismo y una persistente crisis económica que ha reducido la importancia de los políticos de todo el planeta.

Cuando la carrera se desata, con ochocientos metros por delante, Estimate va en quinto lugar. Entonces Ryan Moore la conduce a la delantera y lucha tenazmente para mantener alejado al resistente caballo irlandés Simeon y gana por una cabeza. La tribuna se levanta de un salto celebrándolo y la multitud lanza los sombreros al aire, de lo encantados que están al ver pasar los colores reales por la meta. La gente se apresura en encontrar un sitio alrededor del recinto del ganador para lograr la mejor vista de lo que llegaría. Incluso los ocupantes del palco real, habitualmente sobrios, explotan en vítores. La reina rebosa tanta alegría que John Warren, su asesor de carreras, casi hace lo que habría sido imperdonable —besarla—, mientras todos aplauden de entusiasmo cuando el caballo de cuatro años cruza la línea.

A la reina le correspondía entregar el trofeo al ganador, pero en vez de ello el duque de York tuvo que dar un paso al frente para pasarle la copa a ella. Fue una de las pocas ocasiones en que se vio a la reina rebosante de emoción. Peter Phillips diría después: «Ha sido asombroso. Esta es su pasión, su vida; todos los años viene, todos los años se esfuerza por tener ganadores y vencer la carrera más importante en el Royal Ascot significa mucho para ella y para sus seguidores. Es la culminación de una gran inversión en deporte y ver este resultado es simplemente brillante. El jeque Mohammed bajó a felicitarla: la gente de las carreras entiende que estas cosas no suceden todos los días y obtener una victoria así resulta verdaderamente especial».

Las carreras y la crianza de purasangres significan mucho para la reina. El año anterior, sus tarjetas de Navidad mostraban al duque de Edimburgo entregándole a ella el trofeo después de que Estimate, entonces de tres años, ganara The Queen's Vase en el Royal Ascot. La reina tiene un gran interés en la crianza de sus caballos, y es patrona de la Asociación de Criadores de Purasangres del Reino Unido. Ella decide qué yeguas deben cruzarse con qué sementales y realiza frecuentes visitas para observar y valorar a sus potros personalmente desde su nacimiento.

Sus caballos paren en el Royal Stud de Sandringham. De potrancos, son criados en el Polhampton Lodge Stud de Hampshire, antes de pasar a las instalaciones de entrenamiento de cualquiera de los cinco entrenadores. Una vez que dejan de competir, permanecen a su cuidado y si están enfermos o lesionados, se cuida de ellos en Polhampton. Además de purasangres, la reina también cría ponis de las Shetland en Balmoral, Escocia, y ponis Fell en Hampton Court. Los ponis Fell son utilizados por el príncipe Felipe en la conducción de enganches, de la que aún disfruta si bien no a un nivel competitivo. En 2007 abrió en Balmoral una cuadra de ponis de las Tierras Altas para ayudar a preservar esta raza.

La reina, quien recibió su primera lección de equitación a los cuatro años, aún sigue montando regularmente con Terry Pendry, su mozo de cuadra, en Windsor y Balmoral. Se niega a llevar casco protector y en una ocasión le dijo al entrenador Ian Balding: «Tú no tienes que arreglarte el pelo como yo». No obstante, ha confesado que a su avanzada edad solo disfruta montando cuando el tiempo es decente: «Ahora ya soy solo amazona de buen tiempo. No me gusta pasar frío ni mojarme». En lugar de los fogosos purasangres que montaba antes, ahora prefiere la seguridad y anchura de sus ponis Fell criados en casa, especialmente uno llamado Carltonlima Emma.

En 2014, la reina fue galardonada con el premio a la trayectoria de la Federación Ecuestre Internacional (FEI), en una ceremonia privada celebrada en el palacio de Buckingham. Aclamada como una «auténtica amazona» que mantiene un «extraordinario vínculo» con sus caballos, la reina recibió un broche de oro blanco y diamantes en el que se entrelazaban nueve herraduras. La joya había sido diseñada especialmente para ella por la presidenta de la FEI, la princesa Haya, esposa del jeque Mohammed Al Maktoum, el mayor propietario de caballos de carreras del mundo, ambos invitados frecuentes de la reina en Ascot.

Otro evento ecuestre al que la reina asiste regularmente es el Derby de Epsom, una carrera que nunca ha ganado, si bien su caballo Aureole quedó segundo en 1953. El príncipe Felipe siempre va al Derby con la reina, pero a veces se le ha visto en la parte trasera del palco real leyendo un libro en lugar del programa de carreras. En el año de su nonagésimo cumpleaños, en 2016, la reina accedió a entregar los trofeos a las conexiones ganadoras por primera vez. Desde el balcón del palco real, se veía a la reina contemplando la escena con obvio entusiasmo mientras charlaba con John Warren. El príncipe Felipe se inclinaba sobre el borde del palco mientras mantenía una animada conversación con el príncipe Andrés.

La tribuna estaba llena y la multitud dio una enorme ovación cuando los puestos de salida se abrieron y el grupo de dieciséis caballos comenzó a correr los dos kilómetros y medio que les separaban de la meta. Era un grupo internacional, con caballos provenientes de Irlanda y Francia enfrentándose a los mejores caballos de tres años de Inglaterra. Harzand, el caballo del Aga Khan criado en casa, logró la victoria, montado por el campeón irlandés Pat Smullen y entrenado en Irlanda por Dermot Weld. El Aga Khan es alguien bien conocido para la reina al ser caballero del Imperio británico y un exitoso criador de purasangres. Para el actual líder espiritual de los musulmanes ismailíes, era su quinta victoria en el Derby, extendiendo así una tradición comenzada por su abuelo, que también ganó en cinco ocasiones en el Derby desde 1930.

Después de la carrera, la reina descendió del palco real para entregar los trofeos delante de la tribuna, donde se había levantado un estrado para la celebración. Por turnos, cada uno fue recibiendo su trofeo y unas palabras de felicitación de la reina. Que a ella le encantaba estar en la entrega de premios le resultó obvio a todos los presentes.

Mientras tanto, el príncipe Felipe, de noventa y cuatro años, estaba tan erguido como siempre y apartado de la reina y del grupo de ganadores. Estrechó la mano a todos los que subían al estrado, pero no participó en la ceremonia de entrega de premios. El Derby no es un acontecimiento de Estado, como la apertura del Parlamento, así que ¿por qué bajó desde el palco real al estrado, tan solo una semana después de que los médicos le mandaran cancelar un compromiso porque temían por su salud? No era una obligación, pero fue su sentido del deber y una clara señal de amor y respeto por su mujer lo que le hizo asistir, sobre todo teniendo en cuenta que le interesa más bien poco este deporte.

La ausencia de interés del príncipe Felipe en las carreras de caballos no surge de que le disguste «el deporte de los reyes», sino más bien de que, salvo que uno sea el jockey o el entrenador, es un deporte pasivo. Durante el Royal Ascot, Felipe acompaña obediente a su mujer, pero insiste en poder ver el críquet por televisión mientras tanto, y tiene un pequeño despacho en la parte trasera del palco real donde se pone al día con su correspondencia con la ayuda de un secretario. No le gusta ser un espectador; le gusta ser un participante activo. Es muy competitivo y ganar es de suma importancia para él. Ha estado profundamente vinculado a otros deportes ecuestres, como el polo, la conducción de enganches y el concurso de saltos. Ha sido el presidente de la Federación Ecuestre Internacional que más tiempo ha estado en el cargo, desde 1964 hasta 1986, y como tal ha tenido más influencia que nadie en la forma en la que se han desarrollado los deportes ecuestres internacionales. Durante esa época, promovió la Copa de las Naciones de saltos. En 2007 fue admitido en el Salón de la Fama de la Sociedad Ecuestre Británica, siguiendo así los pasos de su hija, la princesa real.

Aunque finalmente el polo se convirtió en su deporte favorito, a Felipe le costó animarse. Cuando estaba destinado en Malta en 1949, le interesaban mucho más las competiciones deportivas entre barcos, como el hockey o el remo. Al mando de su propio buque, el *Magpie,* exigía mucho a su tripulación, tanto que en la regata anual de 1949 su nave ganó seis de las diez competiciones, con Felipe como primer remero de los botes balleneros. En Malta había un campo de polo donde Dickie Mountbatten jugaba con frecuencia. Tanto él como la princesa Isabel querían que Felipe se aficionara a este deporte, pero inicialmente él no mostró ningún interés en ello, alegando que era «un deporte esnob» y que prefería jugar al hockey y zambullirse en los arrecifes.

Lady Mountbatten aconsejó sabiamente a la princesa que no presionara a Felipe, diciéndole que ya cambiaría de opinión y jugaría al polo cuando le tocara, lo que acabó haciendo. Una vez que se aficionó, este se convirtió en su deporte favorito y él en uno de los mejores jugadores del país con un hándicap de cinco goles. Esto jugaba en su contra cuando, cada cierto tiempo, en el Parlamento se planteaba la cuestión de las finanzas reales. Según el propio Felipe: «El polo no es exactamente un deporte barato y cualquiera que desee jugar debe, o bien

estar forrado, o bien tener un gran puesto, o bien estar apoyado por un padre o un patrocinador indulgente [...] Su mujer ha de ser muy comprensiva y sufrida». El Tesoro consideró que si Felipe se podía permitir ponis de polo y mozos de
cuadra, no estaba justificado un aumento en su asignación.

Como jugador, Felipe demostraba una enorme energía...
y se implicaba en el juego sin importarle lo que decía o a quién.
«Este es otro de los aspectos en los que a las mujeres les gusta participar —decía—. Ya se sabe que las esposas suelen tener
opiniones firmes sobre cómo deben comportarse sus maridos
u otros jugadores en el campo de polo». Obviamente, se estaba refiriendo al lenguaje directo que usaban durante el juego..., que podía oírse con demasiada facilidad desde la zona
reservada a los espectadores, incluido el pabellón real.

En la semifinal de la Harrison Cup en Cowdray Park
durante la semana Goodwood, el antiguo saltador internacional Johnny Kidd —miembro del equipo de Todham, junto al
capitán Ronnie Driver y los goleadores Julian Hipwood
y Georg Tasseva— recuerda enfrentarse al equipo de Windsor
del príncipe Felipe, Patrick Beresford, el príncipe Carlos y el
marqués de Waterford. «El príncipe Felipe chillaba al príncipe Carlos sin parar —¡Muévete!, ¡Haz esto!, ¡Haz aquello!—,
llamándole "puto idiota" y cosas peores, mientras que el príncipe Carlos siempre se comportaba con silenciosa educación.
Él seguía jugando mientras que el príncipe Felipe echaba
humo».

A pesar de, o quizá debido a, esa acalorada actitud, el
príncipe Felipe hizo mucho por la popularización del polo en
las décadas de 1950 y 1960. Fundó el Household Brigade Polo
Club (posteriormente Guards Polo Club) en 1955, que posee
diez campos de polo en Smith's Lawn, en el Gran Parque de
Windsor, en los que la reina suele ser espectadora. Ella cría

ponis de polo junto a sus purasangres de carreras. Felipe también promocionó el bicipolo, que permitía a quienes no se pudieran sufragar el deporte auténtico saborear un poco el polo sin incurrir en gastos. Hoy en día, es un deporte firmemente establecido del que se disputan competiciones internacionales.

Sin embargo, el polo no es un deporte para personas mayores y en 1971 el príncipe Felipe abandonó su práctica en favor de la conducción de enganches, que implica dirigir una cuarta, o carruaje tirado por cuatro caballos, por un recorrido de obstáculos a contrarreloj. Felipe se comprometió tanto con el deporte que revisó las reglas de esta disciplina y escribió un libro sobre este deporte: *30 Years on and off the box seat* [Treinta años subiendo y bajando del pescante]. Dada su afición a los inventos, rediseñó varias piezas de madera del carruaje que tendían a romperse, sustituyéndolas por otras de metal. Felipe demostraba todos los años su espíritu competitivo en el Royal Windsor Horse Show. Seguía conduciendo a los noventa y cinco años, si bien ya no en competiciones, y salía con su carruaje de ponis Fell bajo cualquier tiempo atmosférico.

Como era de esperar, los hijos y nietos de la reina y el príncipe Felipe han competido en torneos ecuestres con gran éxito, sobre todo la princesa Ana y Zara Phillips. En un ensayo sobre caballos, él escribió: «Al tener una familia en la que todos parecen estar igual de deseosos de ser humillados por un caballo, debo vivir con la expectativa de que también ellos sufran lesiones y humillación [...] Así que no me sorprende cuando esto ocurre y les ofrezco comprensión y algún consejo útil para su tratamiento y recuperación».

Sin embargo, hay otros deportes que han obtenido el sello real de aprobación. Navegar es una parte importante del currículo en Gordonstoun y era algo en lo que el joven Felipe destacaba. Puede que sus días de marino hayan acabado ya, pero sigue acudiendo regularmente a la semana de regatas de Cowes como almirante del Real Escuadrón de Yates, uno de los clubes de yates más prestigiosos del mundo, que cuenta con la reina como patrona.

No obstante, la navegación es un deporte en el que Felipe suele actuar al margen de la reina. En Cowes solía pasar el tiempo con Uffa Fox, no con la reina. Fox era un diseñador y constructor de barcos, pero también un cuentista, un vividor y un individuo completamente excéntrico. En el prólogo a la biografía de Uffa, el príncipe Felipe escribió: «Su vida fue una larga campaña por la libertad del espíritu humano y contra lo tonto, lo estúpido, lo prepotente, y todo lo hizo con una alegre despreocupación que desarmaba casi todos los problemas».

El príncipe Felipe y él compitieron juntos en el *Bluebottle*, yate de la clase Dragón, y en el *Coweslip*, de la clase Flying Fifteen, que fue diseñado y construido por Uffa. Este Flying Fifteen de seis metros fue uno de los diseños de Uffa que más éxito obtuvieron tras la guerra y el *Coweslip* fue un obsequio que el pueblo de Cowes hizo a la princesa Isabel y el príncipe Felipe como regalo de boda. En él, Uffa y Felipe ganaron la Britannia Cup de 1952.

El *Bloodhound* es un yate de regatas de veinte metros construido en 1936. Fue adquirido por la familia en 1962 a petición del príncipe Felipe. Cuando estaba al servicio real, el *Bloodhound* acompañaba al yate real *Britannia* por las islas Hébridas Exteriores, donde la familia real pasaba sus vacaciones cada año. Tenía una tripulación permanente de tres marinos e incluso uno de los patrones era descendiente de sir Frances Drake. Fue en esta época cuando los miembros jóvenes de la familia real aprendieron a navegar en el *Bloodhound.*

Cuando no era utilizado por la familia real, el príncipe Felipe ponía el yate y su tripulación al servicio de clubes de regatas de todo el país, y se usaba para enseñar a miles de jóvenes a navegar.

El críquet fue otro deporte en el que destacó el príncipe Felipe en Gordonstoun. Aunque le gusta afirmar que no se le daba particularmente bien, fue el capitán del primer XI en su último año. Recién casado, en la casa de campo que tenía en Windlesham, adaptó la pista de tenis para que fuera usada como cancha de críquet. Siempre aficionado a mezclarse con gente normal, Felipe hacía equipos con amigos, gente de la zona, jardineros, detectives y chóferes.

En 1949, Felipe se convirtió en presidente del Marylebone Cricket Club (MCC), el cuerpo administrativo de este deporte, y dirigió un victorioso English Invitation XI contra Hampshire, pilotando su propio helicóptero desde Balmoral hasta el terreno de juego de Bournemouth. Era capaz de «la acción perfecta», en palabras de nada menos que el bateador australiano Don Bradman. El MCC, del que la reina es patrona, celebró el nonagésimo cumpleaños del príncipe Felipe con un almuerzo en su Salón Largo, en el campo de críquet del Lord's, como también es conocido el club, al que asistieron representantes de organizaciones deportivas caritativas, y del que fue invitado de honor. También es patrón del «Twelfth Man» de Lord's Taverners, la organización benéfica oficial para el críquet recreativo en el Reino Unido.

Hasta 1998, cuando el MCC aprobó admitir a las mujeres entre sus miembros, la reina era la única mujer a la que se permitía ver críquet desde su pabellón. Tanto ella como el príncipe Felipe aún siguen visitando ocasionalmente Lord's cuando hay algún partido internacional. Sin embargo, el patronato de esta institución por parte de la familia real está impregnado por un indicio de escándalo. En el pabellón cuelga la pintura *An Imaginary Cricket Match* [Un partido de críquet imaginario], encargada para conmemorar el centenario del MCC en 1887. En ella, mientras Inglaterra batea y Australia lanza, y el príncipe y la princesa de Gales (los futuros rey Eduardo VII y reina Alejandra) pasean por la zona exterior, en primer plano puede verse, con vestido amarillo y gorra escarlata, a la querida del príncipe, la actriz Lillie Langtry.

Desde que Kurt Hahn convenciera al príncipe Felipe de que la buena forma física debía ser clave en la educación de los jóvenes, este ha impulsado que cada vez más niños se aficionen al deporte y las actividades físicas de todo tipo. En 1947 se convirtió en patrón de la London Federation of Boys Clubs. Al año siguiente, aceptó la presidencia de la National Playing Fields Association, que mantuvo durante muchos años. Cuando el Central Council of Physical Recreation for the United Kingdom parecía encontrarse cerca de su disolución en 1951, Felipe asumió la presidencia y guio a la organización hacia su forma actual bajo el nombre de Sport and Recreation Alliance. Estas organizaciones, junto al Premio Duque de Edimburgo, han ayudado a millones de jóvenes a hacer del ejercicio una de sus prioridades.

Una de las primeras cosas que hizo Felipe cuando se mudó al palacio de Buckingham desde Clarence House fue volver a poner en funcionamiento la pista de squash. También era un usuario habitual de la piscina cubierta del palacio. Cuando la reina estaba dando a luz al príncipe Carlos, Felipe mataba las horas jugando al squash con su secretario particular Michael Parker.

La caza siempre ha sido un deporte que la realeza ha disfrutado como uno de sus pasatiempos preferidos. Por ejemplo, el rey Jorge VI era un excepcional tirador, y como la finca de Sandringham posee un coto particularmente bueno, no era extraño en su época que lograra abatir dos mil faisanes en un día. Además, también se celebraban cacerías de urogallos entre el brezo de Balmoral. Jorge VI ofreció a Felipe como regalo de boda un par de escopetas Purdey y le enseñó los mejores lugares para cazar en Balmoral y Sandringham. Hasta ese momento, la experiencia de Felipe como tirador se había limitado a la caza del jabalí en Alemania, donde sus cuatro cuñados poseían fincas. Se convirtió en un gran tirador a tiempo. Tras la muerte de Jorge VI, Felipe reorganizó el coto en Sandringham y durante muchos años se las arregló para lograr una bolsa de diez mil faisanes durante su semana de estancia al año. También disfrutaba de las cacerías de patos desde una batea en los Broads de Norfolk en compañía del actor James Robertson Justice.

El príncipe Felipe es también un ferviente conservacionista y durante muchos años ha sido presidente del Fondo Mundial para la Naturaleza (WWF). No tiene problema en conciliar su cargo de presidente de este fondo con su pasión por la caza. Tampoco es un partidario del control de las armas. Tras la masacre de Dunblane en 1996, cuando dieciséis niños fueron asesinados en un tiroteo, se puso el grito en el cielo exigiendo unas leyes más rigurosas para controlar la posesión de las armas de fuego. Felipe dijo entonces: «Si un jugador de críquet, por ejemplo, decidiera de repente entrar en una escuela y golpear hasta la muerte a un montón de gente con un bate, lo que podría hacer sin dificultad, ¿prohibiríamos los bates de críquet?».

La caza también forma buena parte de la vida de la reina; no como experta tiradora, sino como adiestradora de los perros de presa entrenados para recoger las aves abatidas. Es bien conocido el amor de la reina por los perros, pero no solo por los corgis galeses, que ha tenido como mascotas domésticas durante toda su vida. También tiene una profunda relación con los labradores y los spaniels que tienen como perros de trabajo en los criaderos reales de Sandringham. Es muy reconocida su habilidad como adiestradora de perros. Utiliza señales con las manos y silbidos para controlar a sus labradores. Bill Meldrum, quien dirigió los criaderos de Sandringham durante más de cuarenta años, afirma que es la mejor adiestradora que ha visto nunca; «probablemente la mejor del país». Vista tras la línea de escopetas en los días de cacería, la reina es sencillamente, como recuerda uno de los guardas, «una mujer con pañuelo con un montón de perros a su alrededor, y en medio de aquellos cazadores uno nunca distinguiría a Su Majestad».

Los perros no viven solo en Sandringham. Cuando la reina se va a Balmoral a pasar sus largas vacaciones de verano, muchos de estos labradores y spaniels son trasladados en camiones durante la noche para que puedan usarse en las cacerías de urogallos. Allí, la reina prefiere que los perros salgan solo cada dos días para evitar fatigarlos demasiado o que se lastimen las patas. Tras la temporada del urogallo, regresan a Norfolk para las cacerías de perdices.

Sorprendentemente, la reina también es una experta en la cría y preparación deportiva de palomas y tiene doscientas. Desde la época en que alimentaba al loro de su abuelo, el rey Jorge V, con terrones de azúcar, siempre le han encantado las aves. Cuando de niña vivía en el Royal Lodge, su hermana y ella tenían una pajarera de periquitos. Le gustan los pájaros en su entorno natural y conoce las variedades y cantos de muchas aves que habitan los bosques que rodean el castillo de Balmoral.

La música de la naturaleza no es la única que le gusta: las bandas militares, la música popular de sus años jóvenes, cantar y tocar el piano (a lo que aprendió de niña) también las disfruta. Para el nonagésimo cumpleaños de la reina madre tuvo la genial idea de grabar una cinta de canciones infantiles escocesas con la princesa Margarita. Ninguna de las dos tocó, sino que se concentraron en cantar, y para que todo saliera bien le pidieron a Laurie Holloway, el reconocido compositor y pianista, que fuera al palacio de Buckingham a ayudarlas a crear el regalo sorpresa. Cuando este llegó al palacio, lo hicieron pasar a una sala en la que había un piano y dos micrófonos. «Había un ingeniero de sonido. Grabamos todas las canciones a la primera toma —recordaba él—. Creo que eran como una docena de canciones. La reina tiene una voz de tono agradable, dulce».

A petición de la reina, solo se grabó una cinta y la única canción que Holloway recuerda de ella era «I Know Where the Flies Go in Winter Time». «Me la cantaron sin acompañamiento, y yo después tocaba en ese tono», recordaba. Por desgracia, tras la muerte de la reina madre, la cinta desapareció.

«No me parece que el título estuviera escrito en la cinta, así que puede estar guardada en cualquier sitio y que nadie advierta su importancia», dice Holloway. La princesa Margarita le contó que a la reina madre le había encantado la cinta, aunque solo podía escucharla en el coche, pues no disponía de reproductor de cintas propio. Cuando el príncipe Carlos se enteró de esto, recordó a su abuela que le había regalado un equipo de sonido que contenía un reproductor de cintas y que lo único que debía hacer era meter la casete dentro y presionar el botón apropiado. ¡No hacía falta que bajara al coche para escucharla!

Otro de los intereses de la reina es la historia militar. Como jefa de las fuerzas armadas, la reina piensa que es su deber conocer cada uniforme, cómo debe lucirse este y con qué accesorios, lo que hace, pero pocos se dan cuenta de que además de ello le fascina la historia militar. La condesa de Wessex, que está muy unida a ella, comparte su fascinación y le encanta escucharla hablar sobre grandes acontecimientos históricos. A veces parece que ambas estuvieran desaparecidas durante horas, revisando documentos antiguos de los archivos reales o libros de la biblioteca del castillo de Windsor.

Cuando Sofía visitó algunos de los campos de batalla y cementerios de la Primera Guerra Mundial, le contó a la reina todo lo que había visto. Pocos podrían haber previsto tal intimidad entre ambas pocos días después de que Sofía mantuviera una indiscreta charla de negocios con un hombre de Oriente Medio al que ella creía un potencial cliente de relaciones públicas, pero que en realidad era un periodista del *News of the World.* En la conversación describía afectuosamente a la reina como «adorable viejita» y a la reina madre como «anciana señora». Pero fueron sus descripciones de Tony Blair, entonces primer ministro, como «demasiado presidencialista» y de su mujer, Cherie, como «absolutamente antipática» las que provocaron la mayor diversión en la alta sociedad, ya que muchos supusieron que estas eran también las opiniones de la reina.

Tanto a la reina como al príncipe Felipe siempre les ha encantado la fotografía y es famoso el momento en el que la reina grabó a un viejo rinoceronte en el abrevadero salado de Treetops, Kenia, casi coincidiendo con la muerte de su padre. Felipe siempre tenía los últimos y más profesionales modelos de equipos fotográficos y solía irritarse mucho con los fotógrafos si estos tardaban en disparar en los retratos oficiales. Cecil Beaton fue objeto de muchos comentarios mordaces durante las sesiones y años más tarde el fotógrafo londinense Terry O'Neill recordaría la brusquedad del príncipe Felipe en el bautizo de la princesa Eugenia en Sandringham. «¿No has hecho ya bastantes? —no dejaba de preguntarle—. Me parece increíble que a alguien le lleve tanto tiempo hacer un puñado de aburridas fotografías».

Más recientemente, el príncipe Felipe se encontraba en un almuerzo en el RAC Club de Piccadilly tras un desfile aéreo que conmemoraba el septuagésimo quinto aniversario de la batalla de Inglaterra. El duque debía retratarse junto al duque de Cambridge, el conde de Wessex y el duque de Gloucester y seis veteranos de aquella batalla. Cada vez más impaciente ante la lentitud del fotógrafo, le acabó soltando: «Tan solo haga la puta foto». En esta época de las redes sociales, el vídeo del momento se volvió pronto viral.

Incluso a su avanzada edad, la reina y Felipe mantienen intereses distintos. A la reina le encanta sacar a pasear a sus perros, hacer solitarios y resolver complicados puzles. Lleva al día sus álbumes de fotos y escribe meticulosamente su diario cada noche. Justo al contrario, Felipe se frustra cuando no está practicando alguna actividad física.

No obstante, incluso él ha debido resignarse al paso de los años. En 2011 debió ser operado por la obstrucción de una arteria coronaria después de que lo llevaran al hospital por dolores en el pecho. Se le colocó un estent para mantener la arteria desbloqueada, debido a lo cual ha tenido que renunciar a la caza. Se consideró que el retroceso de un arma sería demasiado peligroso ya que podría desprender el estent. Desde entonces, la pesca de salmón y trucha se ha convertido en el pasatiempo preferido de Felipe en Balmoral. A pesar de su edad, sigue manteniéndose lo suficientemente firme como para apostarse de pie en el río Dee y, junto a un ayudante, puede pasar horas en el agua, con sus botas altas hasta el pecho, descansando solo para unirse a la reina y a otros invitados a almorzar o tomar el té en alguna de las cabañas cercanas al río. La reina solía ser una experta pescadora, afición que heredó de su madre, que, al ser escocesa, llevaba la pesca en la sangre, pero Su Majestad hace años que ya no practica.

En 1962, el príncipe Felipe publicó la obra *Birds from Britannia* [Aves de Gran Bretaña]. Como buen ornitólogo y más que competente fotógrafo, el libro estaba ilustrado con fotografías que había tomado durante su gira individual por los países de la Commonwealth. Su interés en la ornitología surgió de su amistad con sir Peter Scott, el fundador del Fondo Mundial para la Naturaleza (WWF). Scott también era un fanático del vuelo sin motor, había sido el campeón británico en 1956, y fue quien inculcó al príncipe Felipe esta afición; el príncipe aún sigue siendo patrón de la Asociación Británica de Vuelo sin motor.

Felipe es un piloto hábil y experimentado tanto de aviones como de helicópteros. Ha confesado que habría preferido unirse a la Real Fuerza Aérea que a la Marina Real si no le hubiera forzado a ello Dickie Mountbatten. En un ensayo sobre pilotos de pruebas, escribió: «He de confesar que con frecuencia me he preguntado si me habría gustado ser un piloto de pruebas [...] He llegado a la conclusión de que la tarea de un piloto de pruebas es imposible».

A pesar de la oposición del gobierno, en especial de Winston Churchill, Felipe empezó a recibir clases de vuelo en 1952. Aprendió a volar con la Real Fuerza Aérea en White Waltham y obtuvo sus alas de esta institución en 1953, las de helicóptero con la Marina Real en 1956 y su licencia de piloto privado en 1959. Curiosamente, fue nombrado piloto honorario tanto de las fuerzas aéreas chilenas como colombianas en 1962. No dejó de volar hasta agosto de 1997, momento en el que ya acumulaba más de seis mil horas de vuelo como piloto en cincuenta y nueve tipos de aeronaves y durante cuarenta y cuatro años. Fue gran maestro del Gremio de Pilotos Aéreos desde 1952 hasta 2002. En el discurso dirigido a la Real Sociedad Aeronáutica para conmemorar su centenario, dijo: «Creo que la aviación como actividad humana tiene algunos rasgos sumamente individualistas. Precisa tanto entusiasmo como cualquier empresa científica, tecnológica o comercial».

A día de hoy, Felipe sigue volando en helicóptero tanto como le es posible y ha escrito un tratado desenfadado sobre estas aeronaves, en el que dice: «Vuelo con frecuencia en helicóptero y disfruto de verdad pilotándolos, pero desgraciadamente he llegado a la conclusión de que ha llegado el momento de prohibirlos. —Continúa exponiendo las injustas desventajas de las que disfrutan los usuarios de helicópteros, y concluye—: Si nos aseguramos de la desaparición de los helicópteros, todos podremos estar orgullosos de volver a las cuevas que nuestros antepasados tan estúpidamente desalojaron hace tanto tiempo».

Con gran parte de su vida ocupada por las actividades deportivas y una agenda llena de compromisos públicos, podría pensarse que el príncipe Felipe disponía de poco tiempo para otras actividades, pero sí lo tenía y aún lo tiene. Su interés en el arte, como artista y coleccionista, se remonta décadas atrás, cuando invitó al artista Edward Seago a que le acompañara en el *Britannia* por el Antártico y etapas posteriores de su gira mundial en 1956 y 1957. Durante el viaje, Seago dio clases al príncipe Felipe de pintura al óleo, lo que añadió a su habilidad como acuarelista. En la colección real hay colgado un cuadro de Seago que refleja a Felipe, en cubierta, ante su caballete y pinceles.

Felipe confiesa haber regalado gran parte de su obra, pero hay una pintura que permanece en su colección. Pintada en 1956, se titula *The Queen at Breakfast, Windsor Castle* [La reina desayunando. Castillo de Windsor]. El cuadro ofrece una visión intimista y detallada de la reina en un momento de relajación, leyendo un periódico. Sobre la mesa de desayuno hay un mantel blanco y almidonado, platos, tazas y platillos de porcelana china, y una rebanada de pan con un tarro de mermelada y otro servicio para Felipe. En las paredes pueden verse dos cuadros de caballos realizados por el reconocido artista ecuestre George Stubbs.

El gusto artístico del príncipe Felipe no le resultaba atractivo al príncipe Carlos. Cuando este llegó para pasar parte de su luna de miel en el verano de 1981 a Craigowan, una casita en la finca de Balmoral, encontró que esta había sido decorada con la colección de cuadros modernos del duque, entre los que estaba uno de los intentos del propio príncipe Felipe, una escena de Balmoral. Así que a las paredes volvieron los paisajes de las Tierras Altas y los cuadros y bocetos de la reina Victoria y sus hijos. «Así está mejor —le dijo el príncipe a su ayuda de cámara, Stephen Barry—. Aunque no hay duda de que Papá los volverá a cambiar en Navidades». Tenía razón. La siguiente vez que el príncipe Felipe llegó a la casa hizo al lacayo volverlos a cambiar todos. Y así siempre.

Como mecenas de las artes, el príncipe Felipe ha añadido muchos artistas británicos contemporáneos a las colecciones reales. Contribuyó decisivamente a que se abriera la Galería de la reina en el palacio de Buckingham, donde el público puede contemplar exposiciones temporales de la colección de la reina cuyas entradas sufragan el mantenimiento del palacio. Puede que haya a quien le sorprenda que incluso es un seguidor de Tracey Emin y ha reconocido que la encontró muy «interesante» cuando la conoció en la Turner Contemporary Gallery de Margate. Parece ser que la reina no sabía quién era y le preguntó si alguna vez «había expuesto, ya fuera internacionalmente, o en Margate».

Felipe disfruta contando una anécdota que ilustra sus conocimientos en arte. Recién casado con la princesa, un día estaba recorriendo el laberinto de sótanos y mazmorras del castillo de Windsor cuando se topó con una sala en la que obviamente no había entrado nadie en años. De sus paredes colgaban dos óleos cubiertos de polvo, pero que le resultaban marcadamente familiares. Cuando los sacó a la luz del día y los limpió, se emocionó al advertir que tenía en sus manos unos originales de Stubbs. A día de hoy, siguen colgados en su estudio de Windsor, un recordatorio de que si no hubiera sido por su ojo artístico, quizá nunca hubieran sido descubiertos y habrían quedado para siempre en el olvido.

Al tener un ojo experto para el arte, el príncipe Felipe ha abogado por mejorar el diseño en el mundo comercial. Desde su creación en 1959, el Premio de Diseño Príncipe Felipe ha celebrado cómo los diseñadores mejoran la vida diaria solucionando problemas y convirtiendo las ideas en realidades comerciales. Entre los ganadores han estado desde productos domésticos a edificios o grandes hazañas de la ingeniería. Después de haber presidido el jurado y otorgado el premio desde su origen, en 2011 Felipe renunció a su cargo en el premio, ya que cuando cumplió noventa años redujo sus responsabilidades monárquicas.

La gran estima que tiene el príncipe Felipe por el diseño agradable solo la iguala su admiración por los ingenieros. Siempre ha dicho que realizan una función tan esencial que le resulta difícil imaginar la vida sin ellos. También ha afirmado que los ingenieros tienen la llave al futuro de la humanidad y su capacidad para seguir progresando en el mundo. Como miembro honorario de la Real Academia de Ingeniería, ha criticado la ausencia de un Premio Nobel de Ingeniería. La Medalla Príncipe Felipe de Ingeniería se otorga cada dos años a un ingeniero de cualquier nacionalidad que haya realizado una contribución excepcional a su sector.

También la reina ha dado su nombre a un premio de ingeniería. En 2011 se fundó el Premio Reina Isabel de Ingeniería para premiar y celebrar a los ingenieros responsables de innovaciones revolucionarias que hayan supuesto un beneficio global a la humanidad, otorgándose una generosa dotación de un millón de libras cada dos años.

El príncipe Felipe concedió una de sus más recientes entrevistas a Radio 4 para hablar acerca del premio que había fundado y de los méritos de la ingeniería británica con lord Browne, antiguo directivo de BP y que era el editor invitado del programa. «La población del planeta está creciendo y ha de ser alojada de un modo u otro —dijo. Y añadió—: Serán los ingenieros quienes decidan cómo lograrlo sin caer en la destrucción del delicado equilibrio de la naturaleza. —Para enfatizar su punto de vista, comentó—: Todo aquello que no fuera creado por Dios, lo inventó un ingeniero».

Capítulo 13

De los banquetes al té en el palacio

La reina y el príncipe Felipe han pasado la mayor parte de su vida de casados recibiendo o siendo recibidos. Aunque lleva realizando esa tarea durante más de sesenta y cinco años, la reina sigue siendo tímida y su conversación puede resultar muy forzada. Si se encuentra con amigos o en la compañía de gente que entiende de criar a purasangres o de prepararlos para competir, está animada y habladora, pero con personas a las que no conoce o con las que probablemente no vaya a volver a encontrarse, conversa lo mínimo.

A lo largo de su vida de casados, ha sido el príncipe Felipe quien hablaba la mayoría de las veces. Ocasionalmente, para animar las cosas, conseguir una reacción o sencillamente porque se aburría como una ostra, cometía una de sus famosas meteduras de pata. A veces puede parecer realmente grosero, pero también puede resultar muy divertido, y cuando necesita ser encantador, es capaz de eclipsar al más sumiso de los cortesanos.

Aunque la reina es la jefa del Estado, y muchas de sus funciones no implican necesariamente la presencia de su marido, en años anteriores, cuando se encontraban de viaje o recibían en alguna de las residencias reales, la tarea solía ser un esfuerzo común. La reina siempre ha confiado en el duque de Edimburgo para trabar conversación no solo con la primera dama, fuera quien fuera, sino con todos los dignatarios visitantes. En 2008, cuando fue sentado al lado de Carla Bruni, esposa de Sarkozy, antiguo presidente de Francia, en el banquete de Estado celebrado en el castillo de Windsor, las cosas salieron muy bien. Felipe se mostró completamente encantador durante toda la velada y su cordialidad fue contagiosa.

A pesar de que un banquete de Estado es probablemente uno de los acontecimientos formales más espléndidos e impresionantes, pueden producirse sorpresas en cuanto al comportamiento de la familia real. Cuando el rey Jorge VI aún vivía, tan pronto como él apoyaba su cuchillo y tenedor, el paje que siempre estaba detrás inmediatamente le retiraba el plato. Era la señal para que se retirara cualquier otro plato de la mesa, independientemente de si el resto de comensales habían acabado o no de comer.

La reina no ha acabado exactamente con esta costumbre, aunque sí ha encontrado una forma de evitarla. Observa con cuidado la mesa —ya sea un banquete de Estado o una comida más pequeña e íntima— y comprueba el progreso de sus invitados. Como ella come frugalmente, con frecuencia ha terminado antes que nadie, pero dispone de una pequeña ensalada como acompañamiento y juguetea con ella hasta que al resto de los invitados le haya dado tiempo a alcanzarla. Una vez que apoya su tenedor, el sistema entra en funcionamiento.

El príncipe Carlos es el más lento de todos los comensales reales, mientras que el duque de Edimburgo es el más rápido y engulle su comida tan velozmente que es conocido por haberle quitado el apetito a los comensales más finos. Un lacayo recuerda una noche horrible a bordo del yate *Britannia,* cuando este fue golpeado por vientos de fuerza nueve. Todo el mundo se retiró a sus camarotes, incluyendo la mayor parte de la tripulación. Pero no el príncipe Felipe. Él quería cenar y su pobre caballerizo tuvo que sentarse con él. Se fue poniendo cada vez más verde al ver al príncipe Felipe, nunca el más limpio comiendo, meter la comida en la boca a paladas. Finalmente, cuando le preguntó si le gustaría algo de pudin de arroz, no pudo más y tuvo que levantarse abruptamente. El príncipe Felipe se quedó solo en un comedor donde caben sesenta, sin la más mínima preocupación por las incomodidades que había causado.

Un problema más común que los hábitos de comida del príncipe Felipe es que los invitados sencillamente se queden sin palabras en presencia de la familia real. «A muchos les tiemblan las rodillas..., y a veces la gente no puede hablar —dice el príncipe Guillermo—. Es bastante difícil hablar con alguien que no habla. Uno no llega muy lejos. ¡No se puede pasar del saludo!».

Cuando el jefe de Estado de una potencia extranjera es el invitado de la reina y el duque de Edimburgo, él y su consorte se alojan en el palacio de Buckingham o en el castillo de Windsor. En el día de su llegada, que siempre es el martes, se les ofrece un almuerzo en la Bow Room del palacio o el comedor de Estado en el castillo de Windsor. Estos almuerzos de Estado son bastante más elegantes que esas ocasiones íntimas y amenas «para conocer gente» que la reina y el duque celebran varias veces al año. Todo, según explica la reina, es realmente formal.

«Hoy muchas de las visitas encierran un fuerte significado político para ellos —reconoce la reina—. Nosotros somos los anfitriones. Básicamente, ofrecemos el entretenimiento en un principio y tenemos a la gente esperando a que les regalemos un buen recuerdo. Obviamente, mantenemos todas las tradiciones posibles, como pasear en carruajes».

«Creo que, de alguna forma, resulta bastante anticuado que le pongas una alfombra roja a un invitado. Creo que la gente no advierte realmente esto. Les digo a los invitados que nos ponemos nuestras mejores galas y todo el mundo se viste y se sacan la mejor porcelana y el cristal y los platos dorados. ¡Si no, estos no verían la luz del día! Es muy agradable tener la posibilidad de usarla y enseñarla. Pero aunque uno saque la mejor porcelana y las copas de cristal, no hace falta que ese gesto resulte abrumador».

«Si la gente es amable y te hace sentir en casa, no creo que la apariencia externa y visible deba importar. Es el interior lo que importa. Pero a veces vale la pena explicar que la sacamos de forma especial, ¡que no vivimos así todo el día!».

La reina es una perfeccionista y como anfitriona perfecta quiere que sus invitados se sientan a gusto. Cuando Lech Walesa, presidente de Polonia, visitó el castillo de Windsor en abril de 1991 con su mujer, Danuta, la reina notó que se encontraba abrumado por la grandeza y pidió que se cambiara de sitio el mobiliario de la *suite* principal de seis habitaciones en la que se alojaban para hacer la estancia más acogedora.

Si las visitas se quedan en Londres, lo hacen en la *suite* belga, donde serán alojadas durante su estancia de tres días en el palacio. Se les deshace el equipaje y se les deja media hora libre para refrescarse antes del almuerzo de Estado. Mientras tanto, todos los miembros de la realeza que la reina pueda reunir, además de los de su casa, esperarán en la sala 1844 para saludar a sus invitados. El príncipe Felipe irá en persona a la *suite* belga a recoger al presidente visitante y su pareja y acompañarlos a tomar un aperitivo antes de la comida. Solía bajar las escaleras de dos en dos, pero actualmente su ritmo es algo más suave. El almuerzo se sirve en la Bow Room, que para estas ocasiones se convierte en comedor.

La reina guía a sus invitados, caminando delante con el presidente, rey o reina visitante a su derecha. El almuerzo suele ser para sesenta comensales, dado que también se invita al séquito de los visitantes. En el caso de países menos estables, el séquito puede tener muchos miembros, ya que algunos líderes ven más seguro que se haga así, para que nadie intente dar un golpe de Estado en su país cuando ellos no están mirando.

Todo el mundo se sienta a mesas redondas —hay seis, para diez comensales cada una—, cada una de las cuales está presidida por un miembro de la familia real. El idioma puede ser un problema si los invitados no hablan inglés, pero los anfitriones también pueden defenderse en francés, que todos hablan correctamente, y siempre hay intérpretes a mano al servicio de la reina y la familia si el francés no basta. Todos los demás, incluidos a los sirvientes, han de arreglárselas lo mejor que puedan. Una gran cantidad de sonrisas sustituye a las conversaciones.

A pesar de que se trate de un acontecimiento importante, se sirve comida ligera. La reina es consciente de que se celebrará un banquete de Estado esa noche, y que sus invitados tendrán una agenda apretada esa tarde. Nadie tarda demasiado en comer. Para las tres de la tarde el grupo entero está de vuelta en la sala 1844 para tomar café y que tenga lugar la ceremonia del intercambio de regalos. Los presentes que se le ofrecen a la reina varían desde los más suntuosos, especialmente si vienen de un país oriental, hasta algo tan sencillo y pequeño como un mueble. A cambio, a los invitados se les entrega invariablemente una bandeja de plata y una fotografía firmada en un marco de cuero de Su Majestad y el duque de Edimburgo, a la que en la casa todo el mundo llama «los tristes». Tras el almuerzo también se intercambian condecoraciones: a algunos invitados se les nombra caballeros honorarios, y puede que a la reina se le conceda el galardón de mayor rango del país visitante. Esa noche, en el rutilante banquete de Estado, tanto la reina como su invitado lucen la faja de la distinción recién adquirida.

Pero estas grandes ocasiones son pocas y suelen estar espaciadas. Habitualmente, la hora del almuerzo no es una a la que pasen muchas cosas en la vida de la familia real. Cuando la reina está trabajando, casi siempre almuerza sola en su comedor privado del primer piso. Lo único que toma es un plato principal y una ensalada, seguida de un café, que le trae su lacayo. Y normalmente se lo sirve ella del calientaplatos que siempre hay en su comedor.

En las infrecuentes ocasiones en que ella y el príncipe Felipe almuerzan por su cuenta, al duque le gusta escoger cosas nuevas y diferentes de las sugerencias del chef, o algo que pueda haber probado en uno de sus frecuentes compromisos nocturnos. Aunque tiene ya noventa y seis años, sigue asistiendo a las cenas oficiales, de las que disfruta, a pesar de la enorme cantidad de energía que debe reunir para hacerlo. Cuando la pareja real se encuentra a solas, a menudo celebran lo que ellos llaman un «almuerzo experimental». Nunca se les ocurriría ofrecer a sus invitados algo que no hubieran degustado ellos antes. Como el duque sigue manteniendo un gran interés en la comida, suele ser él y no la reina quien escribe las correcciones o sugerencias en el menú.

Aparte de los almuerzos familiares, la comida de mediodía es otra oportunidad que tienen la reina y el príncipe Felipe para conocer a gente. Desde 1956, han dado hasta cuatro almuerzos al año en los que hacen justo eso. Son pequeñas reuniones de ocho a diez invitados especialmente seleccionados que se conocen como los almuerzos de palacio «para conocer gente». Los invitados provienen de todas las profesiones y condiciones sociales y varían de jockeys a periodistas, actrices, artistas o directores generales de enormes empresas. Se sabe que han sido invitados incluso los directores de los periódicos más leídos. Casi siempre está presente alguno de los cómicos preferidos de la reina; el fallecido Terry Wogan era muy querido y esos días acabó trabajando para ganarse el pan, aunque nadie se lo exigiera.

En 2015, el as de la Fórmula 1 Lewis Hamilton recibió una invitación y le contó a Graham Norton, de la BBC, cómo se sentó junto a la reina y cómo ella se aseguraba de que todo el mundo se implicara del mismo modo en la ocasión. «Yo estaba emocionado —explicó— y empecé a hablar con ella, pero me interrumpió, señalando a mi izquierda, para decirme: "No, habla primero hacia el otro lado, yo hablaré hacia este otro y luego volveremos a hablar entre nosotros"».

Y añadió: «Es una mujer adorable, hablamos de cómo pasa los fines de semana, de sus casas y de música. Es realmente guay».

Pero no solo las celebridades o la gente famosa tienen la suerte de ser invitadas a este tipo de ocasiones; con frecuencia se llama también a aquellos que han realizado una contribución a su sector en particular. En marzo de 2016, Brian Cox, físico de partículas y presentador de televisión, se unió a la pareja real para celebrar uno de estos almuerzos. A la reina le fascina el sistema solar y es casi una experta en constelaciones.

Aunque sus almuerzos son informales para lo que es habitual en palacio, a los invitados les resultan muy solemnes. Para enfatizar que esto es una reunión de trabajo, las parejas de los invitados no pueden asistir al almuerzo. En lugar de ello, cuando llegan, un lacayo los lleva a la Bow Room, en la planta baja, para tomar un aperitivo, donde son recibidos por la dama de compañía de la reina y un caballerizo. La Bow Room es bonita, está pintada en crema y oro, pero poco amueblada. Quienes llegan pronto pueden inspeccionar las cuatro vitrinas —una en cada esquina— que acogen la inestimable colección de vajillas de la reina.

El almuerzo propiamente dicho tiene lugar en la contigua sala 1844, la estancia blanca y dorada donde la reina recibe a los embajadores que la visitan. En estas ocasiones, se trae sobre ruedas una mesa alargada sobre la que se sitúa una vajilla de plata y una cristalería relucientes. También se introducen dos aparadores desde los que los lacayos sirven la comida. La florista de palacio también aporta su granito de arena, y para cuando los invitados, los lacayos y la familia real se reúnen allí, la sala parece mucho menos austera.

Una vez que todos los invitados han llegado, se les une la reina, acompañada de sus corgis galeses, que suelen quedarse junto a ella durante el aperitivo y la comida. Estos animales cumplen una función bastante importante en estas ocasiones; le ofrecen a la gente un tema de conversación seguro e inocuo, además de ser una diversión. En una ocasión, uno de los preferidos de la familia, Heather, se estaba portando mal y la reina le pegó un grito a la perra —¡Heather!— haciendo que la cantante de ópera Heather Harper, invitada ese día, se llevara un susto tremendo.

El almuerzo se sirve puntualmente a la una y diez. El mayordomo de palacio entra sigilosamente en la estancia, cruza su mirada con la de la reina y dice: «El almuerzo, Su Majestad». La reina asiente y entonces dice, como de pasada: «¿Entramos, entonces?». Deja unos segundos para dar a todo el mundo la oportunidad de acabar su copa y entonces guía a los demás hacia la sala 1844. Hay una disposición de los asientos expuesta justo antes de entrar al comedor, pero, por si los invitados no se han percatado de esta, el caballerizo o la dama de compañía, siempre atentos, la señalan para que todo el mundo se siente donde debe. La reina siempre escoge a quien quiere sentado junto a ella, y este principal invitado masculino se situará a su derecha, mientras que el príncipe Felipe tendrá a la dama más interesante a su derecha. A la gente siempre parece sorprenderle que la reina no se siente a la cabecera de la mesa. Su sitio en este tipo de ocasiones suele estar en el centro, frente al príncipe Felipe.

Como aquel día descubrió Lewis Hamilton, existe un ritual muy definido con respecto a la conversación en la mesa. Durante el primer y el segundo plato, la reina habla con la persona situada a su derecha. Cuando es la hora del postre y los quesos, se gira automáticamente y charla con el invitado de su izquierda. Así ya ha «hecho» a dos personas, y tal vez haya hablado con otro par de ellas en la Bow Room mientras se servía el aperitivo. Aún le quedan seis comensales. La finalidad de estos almuerzos es que tanto ella como el príncipe Felipe mantengan un rato de conversación con todos los presentes.

La pulida mesa reluce con la cubertería de plata grabada con el patrón del rey y las preciosas copas de cristal, con el anagrama EIIR. Por muy anfitriona que sea, la reina no deja de ser la monarca, y cuando llega la comida a la mesa en las magníficas bandejas de plata, le sirven la primera. Dos pajes realizan esta labor, comenzando ambos en el centro y hacia los lados. La reina prefiere servirse ella misma, y por eso los pajes que sirven le pasan la bandeja por su lado izquierdo, con una gran cuchara y un tenedor, y esperan mientras la reina escoge lo que desee. Se suele servir muy poca cantidad —los miembros de la realeza comen poco, aunque con mucha frecuencia— y su inconfundible voz puede oírse después de acabar de hacerlo dándole las gracias al paje. Es una de las poquísimas veces en las que la reina realmente habla con alguno de los empleados que se encuentran de servicio, y para un sirviente nuevo su «Gracias», sucinto pero cortés, puede resultar estremecedor.

En estos almuerzos «para conocer gente», el servicio permanece en la sala mientras los invitados comen para retirar inmediatamente los platos vacíos. En otras ocasiones —cuando la reina y el príncipe Felipe almuerzan con amigos en Balmoral o Sandringham—, los platos vacíos se retiran todos a la vez y el servicio abandona la estancia mientras los invitados siguen comiendo. Es la reina quien los llama cuando le parece que todo el mundo ha acabado.

La oferta de bebidas es amplia, aunque la gente suele tener mucho cuidado con la cantidad de alcohol que consume, ya que no desea pasarse en presencia de la realeza. La reina siempre sirve un vino blanco helado, un Mosela o uno del Rin, a la hora del almuerzo, nunca vinos fuertes. También se ofrece algún vino tinto en una jarra de cristal. A la reina le encanta el vino tinto, pero no suele beberlo a la hora del almuerzo. El príncipe Felipe normalmente toma una cerveza rubia.

La ensalada se sirve con el plato principal, y la reina coloca su plato en cierto ángulo si quiere ensalada, para que entonces el lacayo traiga la ensaladera de cristal para que ella se sirva. Los miembros de la familia real prefieren tomar fruta —como una manzana o una pera— como postre, aunque este siempre se ofrece. La cantante de ópera galesa Katherine Jenkins, quien disfrutó de un almuerzo en palacio en 2009, admitió haberse quedado desconcertada cuando le ofrecieron una fuente de fruta, un plato y un trozo de gasa junto a un bol de agua. No tenía ni idea de lo que se suponía que debía hacer con ello: «Su Majestad llamó mi atención y me echó una mano, mostrándome lo que debía hacer: lavar la fruta en el bol y limpiarla con la gasa».

La otra posibilidad es un postre, y hay ambas cosas en un almuerzo «para conocer gente». El flan de manzana con nata de la granja de Windsor suele formar parte del menú, ya que a la reina le gustan las tartas. El príncipe Felipe no es el único cocinero de la familia, la reina solía hacer barbacoas o elaborar tortitas escocesas. Cuando le envió su receta de estas al entonces presidente norteamericano Eisenhower, que ella había probado en la plancha, le aconsejó que utilizara «sirope dorado en lugar de simplemente azúcar, ya que así también están muy buenas».

Tras el almuerzo, todo el mundo vuelve en grupo a la Bow Room para tomar un café y una copa. Llega entonces alguno de los sirvientes de la reina, después de haber tomado su propio almuerzo en uno de los comedores de servicio, simplemente para estar al tanto de los invitados. La reina y Felipe tienen en ese momento oportunidad de hablar con aquellos con quienes no hayan podido hacerlo antes. A las tres menos cuarto exactamente, la reina y el duque se despiden y los invitados les dan las gracias y les hacen una reverencia. Entonces se produce un silencio absoluto, al que sigue una audible exhalación cuando todo el mundo se relaja.

La reina y el príncipe Felipe aún disfrutan del tradicional almuerzo de los domingos. En Windsor, la comida no se sube desde la cocina de la planta baja hasta que la familia y los invitados se han reunido en el salón de roble. El difunto Sebastian Ferranti, buen amigo del príncipe Felipe, solía ser un invitado habitual de los fines de semana, pero desgraciadamente para el duque él ha sobrevivido a la mayoría de sus contemporáneos, entre los que estaba su secretario particular Brian McGrath. El conde y la condesa de Wessex son invitados habituales, ya que vienen de Bagshott Park, que está cerca, con sus hijos Jacobo y Luisa, quienes con frecuencia montan con la reina los sábados por la mañana. Ahora que el duque de York viaja menos, él también es un invitado habitual y apenas tiene que conducir cinco kilómetros desde el Royal Lodge. Él nunca bebe, pero a la hora del aperitivo la reina suele tomar un jerez y el duque una cerveza o un *gin-tonic* poco cargado. Tan pronto como el paje ve que están todos juntos, pide que baje alguien a buscar la comida. Cuando esta llega, le murmura, bien al príncipe Felipe, bien a la reina, que el almuerzo está servido. La comida espera en un par de calientaplatos en el aparador que hay junto a las ventanas.

Toman un primer plato ligero —normalmente una *mousse*— y tras ello el rosbif que el chef ya ha trinchado en la cocina. Este —al punto, nunca rosa— se cortará en finas lonchas y se servirá con patatas y verdura —bien col en paquetitos, bien verduras de primavera y guisantes frescos—. Nada se congela nunca. Todos tienen debilidad por el *apfelstrudel,* y ese es el final preferido para una comida de domingo.

El almuerzo no dura más de una hora. Después se levantan y, tras el café, se dirigen fuera. A diferencia de muchos de sus súbditos, la reina no se echa una siesta los domingos por la tarde. El príncipe Felipe, con su afición a la cocina, ha encontrado una nueva pasión —los programas televisivos de cocina— y la reina le toma el pelo debido a esta fiebre por ver todos esos programas. Su favorita es Mary Berry. «El duque de Edimburgo entiende de cocina —dice ella—. He sido muy afortunada de poder almorzar con la reina. Estaba sentada al lado del duque, un hombre encantador, que me habló de barbacoas. Me contó que hacía sus piezas de caza de Sandringham y las rellenaba con el tradicional *haggis* escocés —asadura de cordero, avena y especias—, pero ponía más migas para absorber la grasa... Estaba claro que sabía de lo que hablaba».

El príncipe Felipe sin duda sabe de lo que habla cuando se trata de comida y cocina. En la época en la que solía viajar con frecuencia al extranjero, siempre volvía con algún nuevo plato en la cabeza e instaba a los chefs del palacio de Buckingham para que lo intentaran cocinar. A estos les aterraba el sonido de sus resueltos pasos cuando se abría camino a la cocina para vociferarles instrucciones. Si el plato no llegaba a la mesa exactamente como él lo recordaba, entonces se produciría otra visita a la cocina y una dura discusión para averiguar qué había ido mal. Felipe siempre explicaba qué era lo que no encontraba adecuado y cómo debía realizarse exactamente en el futuro. Por supuesto, Felipe no solo sermonea; también se pone manos a la obra, y, según quienes han probado su comida, no es mal cocinero.

Uno de sus platos más ambiciosos solía ser la agachadiza, ave que, después de cazar en Sandringham, desplumaba y preparaba él mismo. Disponía que se le despertara especialmente pronto por la mañana para que pudiera dejar lista la agachadiza antes del desayuno. Mientras se encontraba fuera realizando sus deberes diarios, el ave permanecía en la despensa, casi bajo guardia armada, y cuando volvía por la tarde se cambiaba rápidamente y se ponía a cocinarla. Felipe tiene su propio libro de cocina, que encargó para poder reunir sus recetas preferidas. Una de ellas es el guiso de pichón, cocinado según una receta sueca, y es capaz de salir a cazar un par de ellos simplemente porque le encantan.

A Felipe le gusta hacer el desayuno para él y la reina, y se hizo famoso por su sartén eléctrica con tapa de cristal, que tenía que llevar con él en todos sus viajes. Su especialidad eran las tortillas y se le daba bien hacer tentempiés rápidos y ligeros para cenar, que la reina y él disfrutaban después de que el servicio se hubiera retirado. Huevos revueltos, abadejo ahumado, riñones, judías con champiñones e higadillos de pollo eran sus platos preferidos, pero nada le gustaba más que una barbacoa al aire libre, como atestiguó Mary Berry.

Cuando Carlos y Ana eran jóvenes, el príncipe Felipe los llevaba en un Land Rover, cada uno con su saco de dormir, algo de leche, té, pan, huevos y beicon... y su barbacoa portátil. Subían a los brezales y pasaban la noche acampados en una de las pequeñas cabañas de piedra de la reina Victoria. El agua para el té y lavarse la cogían de un arroyo cercano y Felipe les enseñaba cómo hacer un fuego a partir de brezo seco y ramitas.

En Balmoral siguen siendo frecuentes los picnics, si bien más grandes, de la familia real y sus invitados. Hacia las diez de la mañana se prepara la comida para que pueda cargarse en los Land Rovers y alrededor del mediodía el séquito real normalmente llega a su destino. Una vez que la barbacoa está en marcha, Felipe prepara una rápida selección de chuletas, filetes, salchichas y piezas de caza. No solo cocina para la familia, sino también para los chóferes y detectives que forman parte del grupo. Si hay algún arroyo cerca, la reina insiste en fregar los cacharros, aunque hoy suelen almorzar en una de las cabañas de la finca donde la reina cuenta con mejores instalaciones para lavar. Cuando era primer ministro, Tony Blair se quedó asombrado al ver a la monarca con sus guantes de goma fregando.

«Los miembros de la realeza cocinan y sirven a sus invitados —dijo Blair—. Friegan. Pensaréis que es broma, pero no. Se ponen los guantes y meten las manos en el fregadero. Uno se sienta después de comer y la reina te pregunta si has terminado, te recoge los platos en una pila y los lleva al fregadero».

Sin duda, él no entendió por qué, con tantos sirvientes disponibles, la reina escogía hacer algo tan mundano como fregar ella. Pero tanto la reina como Felipe estaban muy unidos a sus empleados, que eran como una extensión de la familia para ellos, y hacia los que con frecuencia muestran comprensión cuando se meten en problemas. En una ocasión, Felipe advirtió que cierto lacayo había faltado varios días y le preguntó a su paje dónde estaba. «Fue despedido, señor», le dijo el paje. Felipe quiso saber qué había hecho.

«Me temo que lo encontraron en la cama con una de las sirvientas, señor», replicó el paje.

«¿Y lo echaron? —preguntó el duque, escandalizado—. ¡Deberían haberle dado una medalla!».

Cuando era más joven, los sirvientes personales de Felipe apenas lo veían por lo mucho que viajaba, pero ahora que es mayor siempre está alrededor de ellos y gritándoles. Sin embargo, una vez que se acostumbran a él, y sabiendo que no lo hace con mala intención, no le prestan excesiva atención y a su espalda se refieren a él como «el padre».

Felipe se mostró muy afligido cuando dos de sus ayudas de cámara fallecieron de un infarto, uno de ellos en la más dramática de las circunstancias. En 1976, la reina y el duque estaban invitados a la finca de lord Dalhousie en Escocia y formaban parte del grupo de cazadores. El ayuda de cámara Joe Pearce, que había trabajado para la familia real durante muchos años, actuaba como cargador de Felipe. La reina observaba desde detrás con prismáticos, atendiendo a sus perros y recogiendo los urogallos abatidos. Vio caer una figura y, durante un momento terrible, pensó que se trataba del duque y corrió lo más rápido que pudo hasta donde estaban ambos hombres. El duque se encontraba perfectamente, pero Pearce había fallecido.

El príncipe Felipe hizo que se enviara el cuerpo a la familia y se organizó un servicio funerario especial en la iglesia de San Jaime, en Piccadilly, al que él mismo asistió. Esto supuso una importante demostración de respeto, ya que los únicos funerales a los que asisten la reina y el duque a título personal son los de amigos muy íntimos o miembros de su servicio.

Una de esas ocasiones tuvo lugar cuando Bobo MacDonald, quien trabajó para la reina durante sesenta y siete años, falleció. Cuando la salud de Bobo finalmente falló, la reina contrató a enfermeras que cuidaran día y noche de ella en su *suite* del palacio de Buckingham. Cuando falleció en septiembre de 1993, como muestra de su devoción, la reina bajó a Londres desde Balmoral para asistir al funeral, que tuvo lugar en la capilla real del palacio de St. James.

Bobo era mucho más que una ayuda de cámara; era una amiga íntima y una de las pocas personas que podía decirle a la reina cualquier cosa que pensara que esta debía saber. Con gran sinceridad, era capaz de decírselo si quizá la reina no se había puesto el atuendo apropiado o si el color escogido no le favorecía, y había ocasiones en las que esta hija de un ferroviario escocés, de hecho, hacía exactamente eso. Como muchas de las sirvientas que han dedicado sus vidas al servicio de la casa real, a la señorita MacDonald, que era como la llamaban el resto de empleados, solía molestarle ligeramente la presencia del marido de su señora. Felipe, a su vez, intentaba mantenerla a ella en su sitio. Él pensaba que su papel consistía en abrir las cortinas por la mañana y dejar entrar a los perros

Ingrid Seward

—tareas que ella realizó todas y cada una de las mañanas durante muchos años antes de que el príncipe Felipe entrara en escena—. Finalmente, acabaron por llegar al amable acuerdo tácito de evitar el trato con el otro.

Cuando se cumplieron los cincuenta años de servicio de Bobo, la reina pidió que Garrard, el joyero real, realizara un broche conmemorativo. El señor Summers, entonces encargado de la orden real, metía y sacaba de palacio a escondidas de Bobo los diversos diseños para ayudar a la reina a escoger entre ellos. El regalo final tenía forma de flor. Llevaba veinticinco diamantes, que representaban a la corona, y veinticinco estambres de oro, que representaban todo lo bueno que Bobo había aportado a la vida de la reina.

Era una muestra de amor y respeto hacia una mujer que representaba sencillamente el último vínculo de la reina con su niñez. Había dedicado toda su vida desinteresadamente al servicio sin esperar nunca nada a cambio. A pesar de lo que le irritaba su presencia constante, el príncipe Felipe conocía y respetaba ese sentimiento más de lo que nunca admitiría.

Porque la realidad es que socialmente aún confían el uno en el otro, y que, tras setenta años de matrimonio, eso no cambiará ya nunca. El fin de semana del jubileo de diamantes, cuando el príncipe Felipe se puso enfermo durante el almuerzo en el castillo de Windsor tras su maratoniana jornada del día anterior bajo el frío, la humedad y el viento del río, y tuvo que ser llevado al hospital Rey Eduardo VII como «medida preventiva» debido a una infección de vejiga, se oyó a la reina decir: «¡No te me mueras! ¡Y mucho menos ahora!».

Obviamente, hablaba en broma e intentaba quitarle hierro a la situación, pero es parte de la afectuosa y desenfadada relación que siempre han mantenido desde la época en la que el joven príncipe Felipe solía perseguirla a lo largo de los pasillos del palacio de Buckingham con unos enormes dientes falsos puestos.

Esa noche, la reina asistió sin él al concierto del jubileo en el exterior del palacio de Buckingham. Ella nunca se ha tambaleado ni le ha entrado el pánico, y no iba a empezar ahora. Pero sí estaba preocupada, y cuando llegó al servicio de Acción de Gracias en la catedral de San Pablo al día siguiente, parecía muy solitaria. Era algo a lo que tendría que acostumbrarse a medida que avanzara la década. Por muy unidos que se sientan como pareja y por mucho que se ayuden en sus compromisos sociales el uno al otro, llegará el día en el que uno de los dos tenga que seguir adelante solo.

Capítulo 14

Defensora de la fe

Durante todo su largo matrimonio, la reina y el príncipe Felipe han compartido una vida como cristianos practicantes, pero el origen de la fe de cada uno de ellos es muy diferente. El príncipe Felipe fue bautizado por la Iglesia griega ortodoxa y, aunque fue educado mediante el sistema escolar británico que incluye la asistencia a la capilla, no fue recibido por la Iglesia de Inglaterra hasta poco antes de su matrimonio con la princesa Isabel. Según el doctor Geoffrey Fisher, entonces arzobispo de Canterbury, el teniente Mountbatten, como así le llamaban en aquella época, «siempre se consideró anglicano».

Que la reina es una cristiana profundamente religiosa y comprometida nunca se ha puesto en duda, y su compromiso con la fe viene de lejos. Fue bautizada en la capilla del palacio de Buckingham el 26 de mayo de 1926 por el entonces arzobispo de York y confirmada a los quince años en la capilla privada del castillo de Windsor por William Temple, el predecesor de Fisher como arzobispo de Canterbury.

Desde una edad muy temprana, fue educada para rezar tanto por la mañana, antes de desayunar, como por la noche, antes de acostarse. Esta tradición se la inculcó su madre y fue continuada por su niñera Clara Knight. Tanto Isabel como posteriormente Margarita siempre se arrodillaban en los pies de su cama con las manos entrelazadas para rezar. Era algo que formaba tanta parte de su vida como cepillarse el pelo o vestirse.

Asistir a la iglesia los domingos ha formado parte de su rutina durante toda su vida, esté donde esté. En Windsor, dispone de la capilla de San Jorge, que fue fundada en 1348 por el rey Eduardo III como iglesia capitular de la Orden de la Jarretera. La capilla es grande e impersonal, y su techo está extremadamente ornamentado con setenta y seis estatuas heráldicas que representan las bestias de la reina, elevadas sobre pináculos. La capilla se ha utilizado con frecuencia para celebrar bodas reales, y la unión del príncipe de Gales y Camilla Parker Bowles en 2005 recibió allí la bendición del arzobispo de Canterbury. La reina y el príncipe Felipe no suelen dejarse ver los domingos por San Jorge, pues a ninguno de los dos les gustan los sermones. Felipe ha dado instrucciones al deán de Windsor para que estas homilías no duren más de doce minutos.

La capilla privada del castillo es mucho más íntima. Tras ser destruida por el fuego en 1992, fue reconstruida con solo veinticinco asientos. El nuevo órgano tuvo que ser diseñado para caber en un espacio triangular muy pequeño. En los terrenos del Royal Lodge del Gran Parque de Windsor hay otra capilla, la capilla de la reina Victoria, o capilla real, a la que la reina y el príncipe Felipe acuden a rezar regularmente. Cuando la reina madre aún vivía, los domingos era costumbre asistir a misa en la capilla real y retirarse después al Royal Lodge para tomar un aperitivo bien cargado. Al igual que su hija, la reina Isabel conservó siempre una fe tradicional y sencilla de la que obtuvo mucho apoyo.

La reina comulga tan solo tres o cuatro veces al año, siguiendo la tradición de la Iglesia baja y, según sir Kenneth Scott, su antiguo vicesecretario particular, «ella prefiere la sencillez a la pomposidad, así que cuando se encuentra en Windsor suele ir a la pequeña capilla del parque antes que a San Jorge, que considera demasiado ostentosa. En Edimburgo, tampoco suele ir a San Giles. Prefiere la iglesia de Canongate, ya que le gusta el sacerdote, que suele hacerla reír».

Cuando la familia real se aloja en Sandringham, la multitud sale a saludarlos, haga el tiempo que haga, cuando van a misa el domingo a la iglesia de Santa María Magdalena, a menos de cuatrocientos metros del palacio de Sandringham. La iglesia, del siglo XVI, con su presbiterio ricamente decorado y su magnífico altar de plata, ha sido la sede de muchos bautizos importantes, entre los que están el de quien acabaría siendo el rey Jorge VI en 1896 o el de Diana Spencer, cuyos padres vivían en la finca de Sandringham en 1961. El más reciente tuvo lugar en julio de 2015, cuando fue bautizada allí la princesa Carlota de Cambridge, su bisnieta.

Cuando están en Escocia, en Balmoral, la reina y el príncipe Felipe disponen de un banco real en la iglesia de Crathie, una pequeña parroquia de la Iglesia de Escocia. Allí se casó la princesa real con su segundo marido, Timothy Laurence, porque, al estar divorciada, en aquella época no se le permitía casarse en la Iglesia de Inglaterra.

Incluso cuando la familia real se encontraba en alta mar, a bordo del yate real *Britannia*, en la época en que los viajes al exterior formaban parte habitual del calendario real, siempre se celebraba misa los domingos. El almirante Woodard, durante un tiempo comodoro del buque, dijo que la reina prefería viajar sin un capellán a bordo porque no le gustaban los sermones. En lugar de ello, le pedía al almirante Woodard celebrar el servicio. Y añadió: «Pero ella conoce la Biblia. Yo acudía a la reina con sugerencias sobre lecturas e himnos y ella citaba la Biblia sin molestarse en mirarla. Si, por ejemplo, la lectura comenzaba en el versículo, digamos, nueve, la reina decía: "No, empecemos en el versículo siete; de lo contrario, no tendría sentido"».

Una y otra vez en su discurso navideño a la nación y la Commonwealth, la reina ha subrayado la importancia de sus creencias religiosas. En el discurso del año 2000, dijo: «Para muchos de nosotros, nuestras creencias tienen una importancia fundamental. Para mí, las enseñanzas de Cristo y mi propia responsabilidad ante Dios proporcionan un marco dentro del que intento conducir mi vida. Yo, al igual que muchos de vosotros, en los momentos difíciles he hallado gran consuelo en las palabras y el ejemplo de Cristo».

O como parte de la intervención televisiva que realizó en 2015, cuando dijo: «Para mí, la vida de Jesucristo, el príncipe de la paz, cuyo nacimiento celebramos hoy, es una inspiración y un ancla en mi vida. Modelo de reconciliación y perdón, tendía sus manos como muestra de amor, aceptación y curación. El ejemplo de Cristo me ha enseñado a intentar respetar y valorar a todas las personas, independientemente de cuál sea su fe o de que no tengan ninguna».

La reina ofreció una perspectiva personal poco frecuente cuando escribió sobre su fe religiosa en el prólogo a un libro titulado *The Servant Queen and the King She Serves* [La reina sierva y el Rey a quien ella sirve], publicado por la Sociedad Bíblica Británica en 2016 para conmemorar su noventa cumpleaños. «Siempre he estado, y sigo estando, muy agradecida a vosotros por vuestras plegarias y a Dios por su firme amor —escribió la reina—. Sin duda, he notado su fidelidad». Y después escribía sobre los cambios que ha experimentado durante su vida: «El grado y ritmo del cambio ha sido considerable —decía—. Hemos sido testigos de triunfos y tragedias».

La reina también aprovechó la oportunidad de aludir a los problemas actuales de Oriente Medio, diciendo que el mundo estaba experimentando «un terrible sufrimiento a una escala sin precedentes». El prólogo iba bastante en la línea de sus discursos navideños, que son los únicos que ella escribe por sí misma, o parcialmente por sí misma. Se sabe que el príncipe Felipe, experto redactor de discursos, hace su aportación a estas disertaciones, que por consiguiente reflejan también sus propios puntos de vista y creencias; otro ejemplo de cómo funciona la sociedad que supone su matrimonio.

La fe de la reina va más allá de sus declaraciones públicas y sus devociones privadas. Que ella reina gracias a su fe en Dios es algo intrínseco a ser la soberana. La moneda de una libra en el Reino Unido lleva una efigie de la reina, rodeada por la inscripción: «ELIZABETH II D. G. REG. F. D.». Es la abreviatura de «Isabel II Dei Gratia Regina Fidei Defensor» o «Isabel II, por gracia de Dios, reina y defensora de la fe». Este lema fue grabado por primera vez en las monedas británicas en 1714, durante el reinado de Jorge I. La decisión de la Real Casa de la Moneda de omitirlo en los «florines ateos» causó tal escándalo que esas monedas debieron ser reemplazadas.

El soberano porta el título de «defensor de la fe y gobernante supremo de la Iglesia de Inglaterra», lo que se remonta al reinado de Enrique VIII, a quien concedió el título de defensor de la fe el papa León X en 1521. Fue la reina Isabel I la primera en ser proclamada «gobernante suprema» de la Iglesia de Inglaterra, un título que se ha mantenido hasta hoy. En su papel de gobernante suprema, la reina es la líder espiritual de los veinticinco millones de habitantes del Reino

Unido bautizados en la Iglesia de Inglaterra, si bien es cierto que apenas un millón de ellos suelen ir a misa cada semana. Este rol es sobre todo ceremonial, porque en la práctica la Iglesia está dirigida por el arzobispo de Canterbury y otros obispos.

La reina tiene opiniones y puntos de vista muy bien informados sobre muchos de sus obispos y le gustan aquellos que le hacen reír, son sinceros e inteligentes. Encontraba a George Carey demasiado moralista y le disgustaba la forma en la que criticaba el comportamiento de sus hijos. Podría haber compartido su opinión, pero pensaba que el cristianismo tenía tanto que ver con el perdón como con la moralidad. Le gusta mucho el actual arzobispo de Canterbury, Justin Welby, cuya directora de comunicación, Ailsa Anderson, era la antigua secretaria de prensa de la casa real.

Su situación en Escocia es ligeramente diferente, ya que allí la reina jura defender la constitución de la Iglesia de Escocia (una Iglesia presbiteriana nacional), pero no tiene posición de liderazgo en ella. Sin embargo, ella nombra al alto comisionado a la Asamblea General de la Iglesia de Escocia su representante personal, con un rito ceremonial. Ocasionalmente, la reina ha desempeñado ese papel en personal, como cuando abrió la Asamblea General en 1977 y 2002 (los años de su jubileo de plata y oro).

La relación de la reina con la Iglesia de Inglaterra quedó simbolizada en su coronación en 1953 cuando Su Majestad fue ungida por el arzobispo de Canterbury, Geoffrey Fisher. Él le preguntó: «¿Hará todo lo posible para mantener las leyes de Dios y la verdadera profesión del Evangelio? ¿Hará todo lo posible para mantener en el Reino Unido la religión protestante reformada establecida por la ley? ¿Mantendrá y preservará de forma inviolable el establecimiento de la Iglesia de

Inglaterra, así como su doctrina, culto, disciplina y gobierno, como establece la ley en Inglaterra? ¿Y preservará a los obispos y clero de Inglaterra, y a las iglesias allí comprometidas con esa fe, todos esos derechos y privilegios, como por ley les corresponde a ellos o alguno de ellos?». A lo que la reina respondió: «Todo eso juro hacer».

Entonces, portando la espada del Estado ante sí, subió al altar y realizó el solemne juramento. Posando su mano derecha sobre la Biblia, se arrodilló y declaró: «Todo lo que hasta aquí he prometido lo cumpliré y guardaré con la ayuda de Dios». Después, besó la Biblia y firmó el juramento. La ceremonia continuó mientras se le pronunciaban las siguientes palabras: «Nuestra graciosa reina: para que nuestra Majestad siempre tenga presente la ley y el evangelio de Dios como la regla para toda la vida y gobierno de los príncipes cristianos, le ofrecemos este libro, el más valioso que este mundo se puede permitir. Aquí está la sabiduría; esta es la ley real, esta es la palabra viva de Dios».

La soberana es «reina de Inglaterra por la gracia de Dios». Históricamente, se usaba para dar a entender que el monarca poseía un derecho divino para gobernar. En el escudo de armas de la casa real aparece «Dieu et mon Droit», que se ha usado como lema de la monarquía inglesa desde que fue adoptado por Enrique V. En la Europa medieval existía la creencia de que la victoria en la batalla no la lograba quien tuviera un mejor ejército, sino aquel que, como sometido a un juicio personal por el combate, estuviera del lado al que Dios favoreciera. Aunque esto obviamente ya no tiene sentido, la reina es muy consciente del simbolismo religioso que hay tras su papel y se toma sus votos —como monarca y esposa— muy seriamente.

Durante la mayor parte de su reinado, la reina ha nombrado arzobispos, obispos y deanes de la Iglesia de Inglaterra, que entonces realizan un juramento de lealtad y rinden homenaje a Su Majestad. En asuntos espirituales y prácticos, la Iglesia de Inglaterra está dirigida por ciento ocho obispos y administrada por un Sínodo General, que se elige cada cinco años. En 1970, la reina se convirtió en la primera soberana que inauguró el Sínodo General, realizando un discurso ante este en la Casa de la Iglesia, situada dentro de los límites de la abadía de Westminster. Desde entonces, ha abierto la sesión inaugural realizando un discurso ante el Sínodo General cada cinco años, tras las elecciones diocesanas.

En noviembre de 2015, en su discurso ante el Sínodo, la reina dejó claro cómo veía el papel de la Iglesia cuando dijo: «San Pablo nos recuerda que todos los cristianos, como embajadores de Cristo, debemos desempeñar el ministerio de la reconciliación. Propagar la palabra de Dios y desempeñar la pesada pero gratificante tarea de pacificar y resolver conflictos son parte importante de ese ministerio. Como también lo es la vocación de la Iglesia de Inglaterra de colaborar con quienes profesen otras creencias o ninguna, de servir al bien común en esta tierra. Para acabar, estoy encantada de que uno de los primeros actos a los que asistimos el príncipe Felipe y yo para conmemorar mi jubileo de diamantes fuera una reunión de líderes de todas las creencias celebrado en el palacio Lambeth».

A la reina le gusta la música en misa y los villancicos navideños. Como parte de las celebraciones de su noventa cumpleaños, la BBC emitió un programa de radio con su música preferida. Dos himnos cristianos se colaron en la lista de sus diez temas favoritos, eran «Praise My Soul the King of Heaven» y «The Lord is My Shepherd». Las pusieron junto a piezas de los musicales *Oklahoma!* y *Annie Get Your Gun*.

El coro de la capilla de San Jorge en Windsor es mundialmente famoso. Su función principal es cantar en las misas diarias, el Opus Dei, y tiene un gran repertorio de música extraída de todas las épocas y tradiciones. El *Jubilate Deo* fue escrito por Benjamin Britten en 1961 para la capilla de San Jorge a petición del príncipe Felipe. Él mismo aportó el dinero para que se concediera una beca de órgano en el colegio de San Jorge, aunque su interés en la religión no siempre ha sido tan evidente.

En 1962, cuando el reverendo Robin Woods fue nombrado deán de Windsor, el príncipe Felipe dijo: «Fui arrastrado hacia las cuestiones religiosas cuando se me invitó a implicarme en la reorganización de San Jorge, en Windsor. Me veía muy forzado en las conversaciones teológicas, pero nunca he tenido mayor dificultad en ser un cristiano normal». A través de su padre, que había sido obispo de Lichtfield y como alto limosnero mantenía un vínculo con la realeza, Woods fue invitado a dar una misa para la familia real en la capilla de la reina Victoria, en el Gran Parque de Windsor.

Juntos, la reina y el príncipe Felipe pronto tuvieron una relación cercana con el deán Woods. Lo invitaban a acercarse al castillo para conversar los fines de semana, lo que le resultaba muy halagador a este. En una ocasión, estaba trabajando en el jardín trasero de la capilla cuando la reina envió a su paje para decirle que deseaba verlo con urgencia. El deán dijo que necesitaría unos minutos para ponerse los hábitos clericales, pero le dijeron que acudiera inmediatamente y que no se preocupara de su atuendo, ya que también la reina tenía puesta la ropa de montar. Desde entonces, sus reuniones se hicieron más informales. Sin embargo, lo que la reina conversa con su capellán en sus reuniones semanales no es de conocimiento público.

La capilla de San Jorge está exenta de la jurisdicción del obispo local y se encuentra bajo el control directo del monarca. Así que Woods obtuvo el empleo cuando la reina le pidió personalmente que fuera el deán de San Jorge después de oírle predicar. Era una época en la que muy poca gente asistía a la misa de la capilla. Woods reconoció: «Cuando se me concedió el empleo, se me dejó muy claro que se esperaba que yo cambiara las cosas completamente». El príncipe Felipe, con sus abundantes habilidades organizativas, colaboró con Woods para recaudar fondos con los que instaurar un centro de conferencias residencial llamado la Casa de San Jorge. Fue inaugurado en 1966 y proporcionó un centro en el que personas influyentes de todos los sectores podían reunirse para explorar y comunicar sus opiniones y análisis de temas contemporáneos en un contexto religioso.

El príncipe Felipe pronunció un discurso en la primera reunión celebrada en la Casa de San Jorge sobre «El papel de la Iglesia en la sociedad actual». Así inauguró el primer grupo de discusión de muchos en los que Felipe expondría sus opiniones acerca de la religión y el mundo natural. Felipe pensaba que, como la casa estaba protegida por los muros del castillo, era un lugar particularmente apropiado para atraer a líderes políticos, industriales, comerciales o religiosos en el que pudieran mantener conversaciones discretas interesantes para todos ellos y para el propio Estado. En esto la reina y el príncipe actúan como una sola persona y cada cierto tiempo se conocen ejemplos de cómo ella, en privado, demuestra una gran conciencia medioambiental y, al igual que su marido, está especialmente preocupada por el calentamiento global.

Uno de esos indicios se hizo público en noviembre de 2014, en un almuerzo privado en el palacio de Buckingham al que asistió dame Julia Slingo, la directora científica del Met Office, cuando se informó de que la reina le había hablado de las inauditas inundaciones sufridas en Balmoral ese verano, «preguntándose si habrían sido causadas por el cambio climático». Esto va en la línea de una situación contada por sir Richard Branson en la que la reina y Barack Obama conversaban «animadamente» en una cena acerca del calentamiento global.

De hecho, su preocupación sobre el tema se remonta tiempo atrás, al menos a la década de 1990. En octubre de 1997, valoró seriamente si incluir un pasaje sobre el calentamiento global en su discurso de la conferencia de primeros ministros de la Commonwealth. Se sondeó discretamente a expertos en la materia acerca de qué sería «útil» comentar, y a los asesores ministeriales se les dijo que «esperaran alguna referencia ecologista por parte de la reina». La intervención final en aquel acto quedó suavizada por una referencia oblicua a «cambios medioambientales, que especialmente afectan a los Estados de menor tamaño». No obstante, para el príncipe Felipe, la conservación se ha vuelto casi una religión, y su vehemente preocupación por el futuro del planeta es algo que ha transmitido a sus hijos y nietos.

La fe del príncipe Felipe es algo que no ha dejado de aumentar, en comparación con la actitud que demostraba a principios de los años sesenta. Su correspondencia con el reverendo Michael Mann, que fue deán de Windsor entre 1976 y 1989 —«el mejor empleo en la Iglesia de Inglaterra», como él decía—, se ha publicado en un libro titulado *A Windsor Correspondence* [Correspondencia con Windsor]. Mann, quien falleció en 2011 a los ochenta y siete años, había sido ascendido a capellán de la reina tras servir como militar en la Segunda Guerra Mundial y que le dijeran en ese momento, mientras trabajaba en Nigeria para el Ministerio de las Colonias, que solo le quedaban seis meses de vida. Afortunadamente, el diagnóstico era incorrecto. Cuando se supervisa la buena situación de la capilla de San Jorge, resulta admirable la habilidad que demostró gestionando su economía. También demostró ser un predicador ágil, cuyos sermones rara vez pasaban de los siete minutos, convencido como estaba de que si alguien no era capaz de argumentar lo que quería en ese tiempo, no lo sería aunque se alargara más.

El deán animó al príncipe Felipe a presidir la conferencia que se celebraba anualmente en la Casa de San Jorge, y que en una ocasión había impartido la princesa real. Su correspondencia comenzó cuando, en 1982, el príncipe Felipe envió a Michael Mann una copia de la conferencia del astrónomo sir Fred Hoyle sobre la evolución desde el espacio, en la que ponía en cuestión algunas partes de la teoría de la evolución de Darwin. A partir de ahí se produjo un animado debate de ida y vuelta en el que Felipe adoptaba una perspectiva más científica, y Mann, un punto de vista más teológico.

Felipe expresó la opinión de que «el sentido de la vida es intentar hacerla más tolerable y más civilizada para las generaciones que tenemos razones para creer que vivirán después de nosotros». El deán veía la vida como un paso previo a la vida posterior a la muerte. Decía: «El cielo no es algo que esté garantizado. Dependerá de cómo haya vivido uno esta vida». En la correspondencia que siguió, Felipe continuó escribiendo acerca de lo que él describía como su mayor pasatiempo: la necesidad de conciliar la ciencia y la teología. «No creo que la Iglesia pueda esperar recuperar su capacidad de influir, mediante los principios cristianos, en la formación de opiniones y corrientes intelectuales hasta que el conflicto entre ciencia y teología se haya resuelto», escribió.

Mann se oponía a la publicación de su correspondencia, pero Felipe consultó a la reina, que lo animó porque daba una buena imagen de Felipe como alguien interesado en la religión y la filosofía.

Habría sido imposible vivir con alguien como el príncipe Felipe sin estar influido por sus pensamientos y creencias, y obviamente la reina lo ha estado. El príncipe Felipe tiene una mente curiosa y si sigue algún lema, este es «nunca darse por vencido». Aunque la reina ha adoptado muchas de sus opiniones, las interpreta de un modo más moderado y comprensivo, especialmente cuando tienen que ver con sus hijos.

Cuando lord Mountbatten fue asesinado por una bomba del IRA el 27 de agosto de 1979, junto a su nieto de catorce años Timothy Knatchbull, el príncipe Carlos estaba devastado. «He perdido a alguien infinitamente especial en mi vida», escribiría más tarde, pero nunca buscó consuelo en su padre. En lugar de ello, se alejó de este. Cuando los dos se encontraban en el aeropuerto de Lydd, esperando para que el cadáver de lord Mountbatten fuera repatriado desde Irlanda, Felipe no podía estar peor. Enmascaró su propio dolor con unos modales bruscos y abruptos, mientras que Carlos se encerró en sí mismo.

Se había decidido que tomarían un almuerzo ligero antes de abandonar el aeropuerto y, para irritación de Felipe, Carlos desapareció. Obviamente necesitaba estar solo, para poder afrontar lo que fuera a venir, pero Felipe envió a John Barrett, secretario particular de lord Mountbatten, para que lo encontrara. Cuando este dio con el príncipe, de pie, con la cabeza inclinada y los hombros caídos, no fue capaz de molestarlo. Cuando Carlos finalmente volvió a la mesa, su padre lo reprendió hasta que el hijo se levantó y salió de la sala. Tanto los invitados como el personal de servicio se sintieron avergonzados y encontraron la situación extremadamente incómoda. El duque intentaba endurecer la resistencia de su hijo, pero para alguien que se considera cristiano resultaba, y aún hoy lo parece, alguien bastante cruel. Simplemente rechaza cualquier tipo de debilidad, aunque si, en lugar de ello, el príncipe Carlos hubiera comentado alguna cuestión teológica acerca del alma del hombre al que tanto quería, Felipe habría participado.

Durante un periodo de más de treinta años, el duque de Edimburgo ha entablado una amplia gama de conversaciones filosóficas con sucesivos deanes de Windsor. Han tratado sobre el sentido de la vida, el propósito del ser humano en la tierra, la ciencia y la religión, Charles Darwin y los orígenes de la humanidad y, tal vez el tema de mayor importancia para Felipe, la relación entre el hombre y la naturaleza.

Esa mente curiosa le ha llevado incluso a algunas áreas bastante inusuales. En épocas anteriores, influido por las conversaciones con Mountbatten, al igual que este, Felipe se interesó por los ovnis. Se suscribió a la revista *Flying Saucer Review* y empezó a cartearse con Timothy Good, una autoridad mundial en la materia, autor de varias obras al respecto. Felipe le escribió: «Hay muchos motivos para creer en su existencia. Hay muchas pruebas de testigos fiables».

En julio de 1986, Felipe, como presidente del Fondo Mundial para la Naturaleza (WWF), reunió a representantes de las cinco religiones más importantes del mundo para la conferencia que conmemoraba el vigésimo quinto aniversario de esta organización. A sugerencia del príncipe Felipe, la conferencia se celebró en Asís, ciudad natal de san Francisco, el patrón de los animales y las aves. La idea era vincular el movimiento laico de la conservación de la naturaleza con la percepción religiosa de la naturaleza como creación de un ser supremo. Felipe escribió: «La mayoría de las religiones, si no todas, permiten en cierta medida la intervención divina en la creación del mundo y en el funcionamiento del sistema natural. Por tanto, si Dios vive en la naturaleza, esta misma se convierte en divina, y desde ese argumento resulta razonable defender que la reverencia a Dios y la naturaleza implica la responsabilidad de no dañarla como deber hacia su Creador». La conferencia fue un éxito en el que cada uno de los líderes de las religiones implicadas realizó una declaración acerca de la importancia de nuestra relación con el mundo natural. Felipe cree que existe un imperativo moral para apoyar la conservación reconocido por todas las grandes religiones.

Aproximadamente tres años antes, el príncipe Felipe escribió a cuatro manos con Michael Mann un libro titulado *Survival or Extinction: A Christian Attitude to the Environment* [Supervivencia o extinción: una actitud cristiana hacia el medioambiente]. La obra surgió de una serie de reuniones celebradas en la Casa de San Jorge para discutir la actitud cristiana hacia la naturaleza. A las conversaciones asistieron una amplia variedad de delegados, entre los que había profesores de colegio, investigadores, presidentes de empresas y la duquesa de Abercorn, íntima amiga de Felipe, que suele ser descrita como «consejera de psicología transpersonal». Los temas discutidos abarcaban los peligros medioambientales que surgían de los avances científicos y tecnológicos y del explosivo crecimiento de la población. El libro habla de la sagrada relación de todos los cristianos con la fuente de toda vida en la tierra y de la urgente necesidad para los humanos de afrontar lo que están haciendo con la tierra. Que las opiniones religiosas de Felipe están vinculadas con la naturaleza se demuestra de nuevo donde la obra afirma: «El ser humano es una criatura en simbiosis con el resto de la creación, que no tiene derecho a explotar o destruir, pero donde su estatus de rey le impone unos deberes para conservar el orden de toda creación, de la que es responsable y por la que debe responder ante Dios».

Además de sus opiniones sobre Dios y la naturaleza, el príncipe Felipe con frecuencia ha subrayado la importancia del individuo en la sociedad; en su obra de 1984 *Men, Machines and Sacred Cows* [Hombres, máquinas y vacas sagradas], escribía: «Mi impresión es que todo comienza con el individuo y es la gente quien decide en qué tipo de comunidades desea vivir. Es la gente quien decide si estas serán humanamente tolerables y civilizadas o si degenerarán en una jungla humana [...] Nuestra primera responsabilidad es preocuparnos por nuestro propio comportamiento, nuestras propias relaciones con otras personas y nuestra propia actitud hacia lo que es correcto o equivocado».

Ahora que tanto la reina como el príncipe Felipe son ya nonagenarios, la fe sigue desempeñando un papel central en su vida. Para la reina, su fe es fundamental. «Para ella, no se trata de un deber, es más bien una parte de los fundamentos de su vida —reconocía un antiguo capellán de Windsor—. Le encantan los maitines, y la palabra del Libro de Oraciones tiene auténtico significado para ella». Para la mente inquieta del príncipe Felipe, la religión ha planteado muchas preguntas, como se demuestra en sus conversaciones con Michael Mann. Reflexionando sobre esas discusiones, Mann decía que Felipe nunca podría aceptar algo hasta que lo hubiera analizado por completo: «Cuando se encuentra acorralado y le han quitado la razón, no hace como mucha gente, que se detiene para reconocer: "De acuerdo, tienes razón"; él sigue disparando sobre cualquier otra cosa, pero acabará volviendo más tarde sobre el tema y lo habrá aceptado. Uno sabe que le ha convencido si él cambia de tema..., pero encontrará muy difícil decir: "Lo siento, me he equivocado"».

Sus diferentes enfoques les han sido muy útiles a lo largo de su extenso matrimonio, y les seguirán ayudando a medida que se acerquen a las últimas etapas de su vida, a comienzos de este nuevo milenio.

Capítulo 15

Setenta años

Los días de nuestra vida llegan a setenta años;
y, en caso de ser fuertes, a ochenta,
casi todos llenos de trabajos y lamentos;
pues rápido acaban y desaparecemos.

Salmo 90, 10

La reina y el príncipe Felipe han sobrepasado de largo la esperanza bíblica de vida. Ya nonagenarios y después de haber cumplido setenta años de matrimonio, navegan por aguas desconocidas hasta ahora por ninguna pareja real. Mantienen la agilidad mental y la condición física de parejas mucho más jóvenes. En los últimos años, la reina y el príncipe Felipe han reescrito todos los libros de récords. La reina ya es la monarca británica que más tiempo lleva en el trono en toda la historia, así como la de mayor edad en seguir haciéndolo; el príncipe Felipe es el consorte de un monarca británico que más tiempo lleva desempeñando su papel y el miembro varón de mayor edad que nunca haya habido en la familia real británica.

El 20 de noviembre de 2017, la reina y el príncipe Felipe celebrarán su septuagésimo aniversario de boda, el de platino. Para cualquier pareja, alcanzar este hito es una hazaña considerable. Que lo logren la reina y el príncipe Felipe mientras siguen ejerciendo sus deberes públicos es una proeza extraordinaria. Solo al cumplir los noventa y seis años, se anunció desde el palacio de Buckingham que el príncipe Felipe se retiraría de sus obligaciones reales en el otoño de 2017. En un almuerzo real, poco después de que se realizara el anuncio, el matemático Michael Atiyah, de ochenta y ocho años, le dijo al príncipe Felipe: «Lamento oír que te retiras».

«Bueno, es que casi no me tengo en pie», bromeó el duque. Después de asistir, desde 1952, a veintidós mil doscientos diecinueve compromisos por cuenta propia, sin contar aquellos a los que asistió con la reina, su decisión es comprensible.

Es el patrón o el presidente de más de setecientas ochenta organizaciones y, aunque ya no desempeñará un papel activo al asistir a los compromisos, seguirá asociado a varias sociedades, regimientos y organizaciones benéficas. Felipe se refiere a sí mismo como el «más experimentado descubridor de placas del mundo». A diferencia de la reina, que solo escribe sus discursos de Navidad, el príncipe Felipe ha escrito todas sus alocuciones, que, con el correr de los años, suman miles, particularmente acerca de la conservación y su propia filosofía de vida. Se han publicado varios libros recopilando sus escritos acerca de temas tan diversos como ornitología, conducción de enganches, revolución medioambiental, ciencia y religión.

En la medianoche del 31 de diciembre de 1999 los pueblos del mundo le dieron la bienvenida a un nuevo milenio poniendo en escena algunas de las celebraciones más espectaculares jamás vistas. La fecha llegaba con un sentimiento generalizado de que nos esperaba un futuro mejor y más brillante. En Londres, la atención se centró alrededor del Big Ben, mientras el país esperaba las campanadas de medianoche y un despliegue de fuegos artificiales llamado «Río de fuego» iluminaba varios kilómetros del Támesis. El Millennium Dome, financiado en gran parte por la Lotería Nacional Británica y la mayor estructura de techo único del mundo, fue una pieza central en las celebraciones planeadas por el gobierno.

La reina y el duque de Edimburgo se unieron al primer ministro, Tony Blair, y otros notables en la apertura del Dome, ahora renombrado O2 Arena, donde al dar la medianoche pudo verse al duque plantarle un beso en la mejilla a la reina. Una demostración pública de afecto como esta era un acontecimiento casi tan infrecuente como la propia llegada del nuevo milenio. La reina unió entonces sus manos a las de Tony Blair y su esposa, Cherie, y el duque para cantar el «Auld Lang Syne», la tradicional canción de Nochevieja.

El siglo XXI marcaba el inicio de una nueva era para la reina y el príncipe Felipe, ya que la vejez empezaba a acercárseles. Después de las aflicciones de la década de 1990, la primera década del nuevo siglo demostraba ser una época mejor y de incremento de popularidad para la familia real. Hubo tristeza a principios de 2002 cuando la princesa Margarita, que llevaba tiempo mal de salud, y la reina madre, que ya contaba ciento un años, murieron con dos meses de diferencia. La reina siempre había estado muy unida a su hermana y tenía la costumbre de hablar por teléfono con su madre a diario. En la época en la que se usaba una centralita, al operador del palacio de Buckingham le encantaba cuando debía ponerlas en contacto diciendo: «Su Majestad, le habla Su Majestad».

Ahora que sus hijos ya llevan vidas independientes con sus propias familias, la reina y el príncipe Felipe se han vuelto más dependientes el uno del otro que nunca. Son una unidad, aislada del mundo que los rodea por su estatus real, y solo se tienen el uno al otro, sobre todo ahora que muchos de aquellos que han estado con ellos en su años jóvenes ya no siguen vivos.

A pesar de las muertes de su madre y su hermana en los meses previos, la reina se embarcó, junto al príncipe Felipe, en una serie de compromisos a gran escala para conmemorar su jubileo de oro en 2002. La pareja real viajó casi sesenta y cinco mil kilómetros, visitando numerosos países de la Commonwealth, entre los que se encontraban Australia y Canadá, así como emprendiendo una amplia gira por todos los rincones del Reino Unido. Resultó ser la última vez que realizaban una prolongada gira de larga distancia. A pesar de haber tratado con él durante bastante tiempo, las relaciones con su primer ministro no se habían vuelto más cómodas. Al discutir las celebraciones con la reina, Tony Blair metió la pata al referirse «al jubileo de oro». La reina le corrigió con un rotundo: «No, señor Blair, mi jubileo de oro».

Diez años después, el jubileo de diamantes de la reina fue un acontecimiento incluso más espectacular y demostró por todo el territorio la estima, el amor y el respeto que la población tenía por su monarca. Se celebraron miles de fiestas callejeras por todo el país, reclamando Morecambe, en Lancashire, el récord de ser la mayor de ellas, al extenderse a lo largo de más de dos kilómetros.

El acontecimiento más destacado era el desfile del jubileo de diamantes de Isabel II, celebrado el 3 de junio, y en el que más de un millón de personas se alinearon en las orillas del Támesis, bajo una lluvia torrencial, para ser testigos del mayor espectáculo en el río desde hacía más de trescientos años. Mil veleros completaban un viaje de once kilómetros por el río hasta el puente de la Torre. La reina y su familia, en la barcaza real *Spirit of Chartwell*, eran aclamados por quienes se alineaban en las orillas. El príncipe Felipe resistió la torrencial lluvia, de pie, demostrando fortaleza y sin quejarse a pesar del terrible dolor que le causaba la infección de vejiga por la que sería hospitalizado poco después.

Al día siguiente, tras un espectacular concierto para celebrar el jubileo de diamantes de Isabel II delante del palacio de Buckingham, el príncipe Carlos realizó un conmovedor discurso en el que rendía homenaje a su madre. Dijo: «Como nación, esta es nuestra oportunidad para daros las gracias a ti y a mi padre por estar siempre con nosotros. Por inspirarnos con vuestro trabajo y servicio desinteresado, y por hacernos sentir orgullosos de ser británicos. Lo único triste de esta noche es que mi padre no pueda acompañarnos porque desgraciadamente no se encuentra bien. Damas y caballeros, si gritamos lo suficiente, puede que nos oiga desde el hospital». Una tremenda ovación surgió en ese momento de la multitud. En cualquier caso, probablemente, era justo decir que quizá el príncipe Felipe había tenido sus dudas respecto a tan elaboradas y extensas celebraciones. En una fiesta ofrecida a la prensa en el castillo de Windsor para celebrar el jubileo de Isabel II, tuve la oportunidad de compartir unas palabras con el príncipe Felipe. Le pregunté qué momento de las celebraciones esperaba con mayor impaciencia. «Que se acaben», me contestó, dándose la vuelta, y se marchó.

En asuntos familiares, la reina y el príncipe Felipe acabaron teniendo bastante con lo que estar satisfechos. La boda del príncipe Carlos y Camilla Parker Bowles tuvo lugar en una ceremonia civil celebrada en el Guildhall de Windsor el 9 de abril de 2005. La ceremonia, celebrada en presencia de las familias de la pareja, fue seguida de un servicio de oración y culto anglicano en la capilla de San Jorge que incluía un acto de penitencia. La reina y el príncipe Felipe no asistieron a la ceremonia del matrimonio civil, pero sí al servicio religioso y celebraron posteriormente una recepción para la pareja en el castillo de Windsor.

En los años siguientes a la boda de su nieto el príncipe Guillermo con Catalina Middleton, el 29 de abril de 2011, en la abadía de Westminster, la reina y el príncipe Felipe dieron la bienvenida a la familia a dos bisnietos más (Jorge, el 22 de julio de 2013, y Carlota, el 2 de mayo de 2015), asegurándose así la línea directa de sucesión de la casa de Windsor para las próximas generaciones.

Una muestra de la posible relajación de la estricta formalidad que ha gobernado la vida de la reina se produjo en la ceremonia de inauguración de los Juegos Olímpicos de Londres 2012, dirigida por Danny Boyle. Se vio a la reina actuando por primera vez, junto a Daniel Craig, el actor que encarna a James Bond, en el palacio de Buckingham. En el cortometraje se veía a Su Majestad abandonar los jardines de palacio en un helicóptero con James Bond, antes de aparentemente tirarse en paracaídas hacia la ceremonia de apertura de los juegos. Esta escena peligrosa, algo indecorosa, y que le fue mantenida en secreto a la prensa, no podría haber tenido lugar sin la aprobación del príncipe Felipe, que tenía bastantes dudas al respecto. En un banquete celebrado en honor de Irlanda en el castillo de Windsor dos años más tarde, la reina bromeó: «Tuvo que ser un descendiente de irlandeses, Danny Boyle, quien me hiciera saltar de un helicóptero».

Otro motivo de satisfacción tanto para la reina como para el príncipe Felipe fue el resultado del referéndum sobre la independencia de Escocia en 2014. Escocia siempre ha sido uno de los lugares preferidos de la pareja real. Fue en Balmoral donde, como teniente Felipe Mountbatten, Felipe se propuso a la princesa Isabel. Sus vacaciones familiares más felices las pasaron a bordo del yate real *Britannia* alrededor de las islas Hébridas Exteriores. Están orgullosos de vestir las faldas escocesas y con frecuencia se les ha visto en los juegos de las Tierras Altas disfrutando de forma evidente. La reina se despierta a diario escuchando a su gaitero personal tocar la gaita mientras camina debajo de sus aposentos y prefiere los *reels* escoceses a cualquier otro tipo de bailes.

Cuando el entonces primer ministro David Cameron telefoneó a la reina para informarla de que el pueblo escocés había votado por una cómoda mayoría seguir siendo parte del Reino Unido, Isabel II —según él mismo le contó a Michael Bloomberg, antiguo alcalde de Nueva York— «ronroneó por la línea». Esta conversación de Cameron fue recogida accidentalmente por los micrófonos de Sky News cuando ambos cruzaban una oficina del imperio mediático del empresario. Este incidente supuso una infracción grave de la convención según la cual el primer ministro nunca debe revelar nada que se diga en una conversación que mantengan él y la reina. Como cabía esperar, Cameron se mostró muy avergonzado cuando la conversación se hizo pública.

Aunque en estos últimos años no se han producido los reveses de la década de 1990, esta no fue la única dificultad o momento embarazoso reciente. El tema de la princesa Diana nunca ha desaparecido del todo. A primera hora de la mañana del 18 de febrero de 2008 se alineaba una cola inusualmente larga de gente para conseguir entradas para la galería pública del juzgado número 73 de los Reales Tribunales de Justicia, porque ese día era la vista de la investigación judicial de la muerte de Diana de los testigos más esperados. La demanda tanto del público como de la prensa mundial para acceder al juzgado era tan alta que debió colocarse un anexo en una carpa en el patio para alojar al exceso de asistentes.

Ese día no quedó un asiento libre en ninguna zona del juzgado porque era el día en que Mohammed Al-Fayed, el billonario propietario de Harrods de Knightsbridge y el Fulham Football Club, debía prestar declaración en la investigación de la muerte de su hijo, Dodi Fayed, y Diana ocurrida diez años antes en París. Para entonces, el proceso se había desarrollado durante unos cinco meses en presencia del magistrado de instrucción Scott Baker.

Después del accidente, Al-Fayed había afirmado públicamente durante años su creencia de que las muertes habían sido orquestadas por un grupo cuyo jefe conspirador era el príncipe Felipe. Debido a sus críticas a la casa real, a Harrods se le había despojado de su codiciado certificado real como proveedor de bienes de la reina, el duque de Edimburgo y el príncipe de Gales.

Aunque se esperaba que el testimonio de Al-Fayed fuera polémico, no se podía imaginar que su declaración fuera la más sensacionalista jamás oída en la larga historia de los juzgados. Al-Fayed llegó con cuatro fornidos guardaespaldas a los que se pidió que esperaran fuera de la sala del juzgado. Lucía un traje de cuadros y una camisa de seda azul y verde con el cuello abierto; esta extravagante apariencia suponía un fuerte contraste con el atuendo de traje oscuro, camisa blanca y elegante corbata que solía llevar cuando acudía a su trabajo en Harrods.

Después de jurar en nombre de Alá decir la verdad, Al-Fayed leyó en primer lugar una declaración preparada en la que alegaba que la princesa Diana le había contado que el príncipe Felipe y el príncipe Carlos querían deshacerse de ella. También afirmó que Diana le había confesado que estaba embarazada y que estaba a punto de anunciar su compromiso de matrimonio con Dodi. Dijo que el príncipe Felipe y el príncipe Carlos habían planeado asesinar a Diana para que Carlos pudiera casarse con Camilla Parker Bowles, a quien describió como «la mujer cocodrilo» de Carlos. También afirmó que el príncipe Felipe nunca aceptaría que su hijo Dodi pudiera mantener relación alguna con el príncipe Guillermo, futuro rey de Inglaterra.

Entonces, el señor Ian Burnett, abogado del Estado y fiscal, le preguntó: «¿Parte todo esto de su creencia de que el príncipe Felipe no es solo racista sino también un nazi?».

Al-Fayed contestó: «Así es. Ya es hora de devolverlo a Alemania, de donde vino. Si quiere saber su verdadero apellido, le diré que rima con Frankenstein».

Entonces comenzó a agitar una fotografía tomada en 1937 en el funeral de Cecilia, la hermana del príncipe Felipe. Era su hermana preferida y había fallecido en un accidente aéreo producido por una espesa niebla sobre Ostende, junto a su marido, el heredero al gran ducado de Hesse y sus hijos, cuando viajaban hacia Londres para la boda del príncipe Luis de Hesse. En la imagen, se veía a un príncipe Felipe de dieciséis años paseando por las calles de Darmstadt, la ciudad natal de la familia Hesse, que se encontraba engalanada con esvásticas, en compañía de sus cuñados, el príncipe Cristóbal de Hesse en su uniforme de las SS y Felipe de Hesse en su uniforme pardo de las SA. El tío del príncipe Felipe, lord Luis Mountbatten, les seguía ataviado con su uniforme de la Marina Real.

Al-Fayed añadió: «El príncipe Felipe es una persona que creció con nazis, fue educado por su tía, quien se casó con un general de Hitler. Este es el hombre que está a cargo del país, quien puede hacer cualquier cosa, quien lo manipula todo».

Al-Fayed se extendió más en su teoría, que incluía un encubrimiento por parte de la policía francesa, el CID británico y el FBI estadounidense entre otros. Sin embargo, cuando al final de todo el proceso el juez de instrucción ofreció un detallado resumen de todas las pruebas, le dijo al jurado que «no había ni la más mínima prueba» que apoyara la teoría de Al-Fayed de que el príncipe Felipe había ordenado al MI6 asesinar a la princesa Diana y cuestionó la credibilidad de Al-Fayed como testigo. Explicó que había tomado la decisión de que el príncipe Felipe no debiera prestar declaración: «A la luz de las pruebas oídas, que no aportan ninguna evidencia que apoye la sugerencia de que estuviera implicado en el asesinato de su nuera y Dodi». Sin duda, este fue uno de los episodios más extraordinarios del largo matrimonio real.

Cuando la reina llegó al trono en 1952, el Reino Unido era un lugar muy distinto del que es hoy. No había teléfonos móviles, ni internet, ni televisiones en color, ni Unión Europea; la Cámara de los Lores estaba compuesta exclusivamente por nobles hereditarios; la homosexualidad era ilegal y se castigaba con penas de cárcel; no se permitía entrar a los divorciados en el recinto real de las carreras de Ascot, y el Imperio británico aún ocupaba una gran parte del globo terráqueo.

A lo largo de los tumultuosos cambios acaecidos durante su reinado, la reina se ha mantenido constante y firme en el desempeño de sus deberes. A pesar del sufrimiento de su *annus horribilis*, los divorcios de tres de sus hijos y otros problemas, incluyendo la pérdida del yate real *Britannia* con su tripulación de ciento veinte miembros para que sea una atracción turística en Edimburgo, la reina tiene mucho de lo que estar satisfecha. Gracias a su esfuerzo y dedicación junto al príncipe Felipe, la monarquía parece gozar de más fuerza que nunca, con tres generaciones esperando entre bastidores. La

Commonwealth, por la que ella siempre ha mostrado un interés especial, se ha mantenido considerablemente bien unida y es una fuerza positiva en un mundo lleno de problemas.

A pesar de todo esto, para la familia real, muchas cosas han permanecido inalterables a lo largo de los años. Pasan los fines de semana en Windsor, las Navidades en Sandringham con sus cacerías de faisanes y perdices y las vacaciones de verano en Balmoral, cazando urogallos y ciervos. En el palacio de Buckingham los lacayos siguen esperando detrás de cada puerta por si hace falta abrírsela a un miembro de la familia real, si bien las pelucas empolvadas y los bombachos han sido sustituidos por uniformes de estilo militar. Sigue siendo un mundo en el que los sirvientes deben hacer una reverencia ante sus reales patrones, donde las sábanas de la cama continúan girándose con la ayuda de una vara de medir y donde aún se utilizan reglas para alinear los puestos de los comensales en las mesas.

Tal vez se aproximen cambios. En una entrevista concedida a la revista *Newsweek,* en junio de 2017, el príncipe Harry, quinto en la línea de sucesión al trono, dijo: «La monarquía es una fuerza positiva y queremos mantener ese ambiente positivo que la reina ha logrado durante sesenta años, pero no queremos simplemente volver a desempeñar el papel de ella. Estamos implicados en modernizar la monarquía británica. No lo estamos haciendo para nosotros, sino a mayor beneficio del pueblo. Queremos usar nuestro tiempo de forma sensata, no simplemente aparecer, estrechar algunas manos y no implicarnos».

Sobre la monarquía, se preguntaba: «¿Existe algún miembro de la familia real que desee ser rey o reina? No creo, pero cumpliremos con nuestras funciones cuando nos toque». Quizá decir esto era un piropo hacia la reina y el príncipe Felipe, porque ellos han desempeñado sus papeles y llevado a cabo sus deberes tan bien que desmoralizarían a cualquiera que les siguiera.

El príncipe Felipe lleva al lado de la reina setenta años. En palabras de la propia reina, pronunciadas en el Guildhall de Londres con motivo de sus bodas de oro: «Ha sido, sencillamente, mi fuerza y apoyo durante todos estos años, y yo, y toda su familia, y tanto este como muchos otros países, tenemos una deuda con él mucho mayor de la que él nunca reclamaría, o de la que nosotros seríamos conscientes».

La reina es el núcleo del vínculo que ha mantenido unida su relación durante setenta años. Desde el momento en el que vio a Felipe con su uniforme naval en Dartmouth cuando ella era adolescente, la princesa Isabel solo tuvo ojos para él y convenció a su padre, el rey, para que le permitiera casarse con él a la tierna edad de veintiún años. Ella nunca se ha apartado de su decidida dedicación al deber, que prometió en el discurso de su vigésimo primer cumpleaños ante la Commonwealth al decir: «Declaro ante todos ustedes que toda mi vida, sea larga o corta, estará dedicada al servicio». Para mantener este solemne voto se ha apoyado en sus profundas creencias religiosas. Todos los años en su discurso navideño atrae la atención a las enseñanzas de Cristo y su importancia en la vida.

Existen muchos aspectos de la vida del príncipe Felipe como consorte, pero como su secretario y amigo, el fallecido Mike Parker, solía decir: «Su trabajo es cuidar de la reina, por encima de todo». Como consorte, siempre va dos pasos detrás de la ungida reina, y él ha realizado esta tarea de forma impecable.

Desde aquel difícil comienzo en el que fue obligado a abandonar una prometedora carrera naval, y en el que a la vieja guardia del palacio de Buckingham y Windsor le molestaba su presencia, de forma lenta pero segura fue abriéndose camino como innovador, conservacionista, redactor de discursos y promotor de todo lo británico. Sufrió la humillación de no poder traspasar su apellido a sus hijos, lo que le hirió profundamente. Ha tenido una forma envidiable para un hombre de su edad, manteniendo la esbelta figura de su juventud, y aún ha demostrado una voluntad de hierro, una pronunciación clara y un gran sentido del humor. Incluso a los noventa años, cuando tenía un día plagado de compromisos por delante, se levantaba a las cuatro de la mañana, convocando a su ayuda de cámara, el chef, el chófer y su caballerizo para salir del palacio a las seis en punto.

Su sentido del humor, sus «meteduras de pata» y cosas así también han sido un factor importante en su relación con la reina. La hacía reír. En la primera época, la reina, joven y tímida, se quedaba paralizada delante de las cámaras de televisión. Felipe reducía la tensión con algún comentario gracioso que hacía sonreír a la reina. Cuando siempre estás bajo los focos, y la reina lo ha estado durante casi toda su vida, esto cambia mucho las cosas.

Sus logros son numerosos, aunque ninguno más que el Premio Duque de Edimburgo, que han ayudado a millones de jóvenes de todo el mundo y siguen haciéndolo. Ha utilizado su cargo como presidente del Fondo Mundial para la Naturaleza (WWF) para subrayar la vital importancia de la conservación por todo el planeta y ha sido un incansable defensor de la ingeniería y las técnicas científicas en Gran Bretaña.

Tanto la reina en muchos de sus discursos de Navidad como el príncipe Felipe en sus diversas recopilaciones de ensayos filosóficos han subrayado la importancia del individuo en la sociedad. Hace más de treinta años, en un libro titulado *A Question of Balance* [Cuestión de equilibrio], el príncipe Felipe escribió: «Al final, las normas civilizadas siguen dependiendo absolutamente de la forma en la que las personas se tratan unas a otras [...] en el análisis final, la satisfacción y el contento los crean las relaciones entre unos individuos y otros».

Quizá todo esto responda en parte a la pregunta de cómo la reina y el príncipe Felipe han sobrevivido con éxito a más de setenta años de vida matrimonial.

Agradecimientos

Me gustaría dar las gracias a Nick Cowan por su arduo trabajo en la documentación de este libro. También me gustaría agradecerle su pericia al ayudarme a tejer los múltiples hilos argumentales que fueron necesarios para formar el manuscrito y su infinita paciencia al corregir mis pruebas. Ningún texto sobre la familia real estaría completo sin que lo hubiera examinado la mirada forense de Joe Little, editor de la revista *Majesty*, cuya brillante memoria para los acontecimientos y detalles de la realeza es insuperable. También me gustaría darle las gracias a Robin Piercy, cuyos hijos Angus y Henry me ayudaron con todas las dificultades técnicas en las que con frecuencia me veía envuelta.

Después de años escribiendo libros sobre los miembros de la realeza, y especialmente biografías, he entrevistado a muchas personas cuya inestimable contribución he añadido al contenido de esta obra. Desgraciadamente, algunos de ellos no están ya entre nosotros, pero en cualquier caso me gustaría darles las gracias de forma póstuma; en particular a la honorable Margaret Rhodes, en cuya compañía pasé una maravillosa mañana en su casa del parque de Windsor; y James Edwards, ese entusiasta, excéntrico y absolutamente encantador antiguo director de la escuela de Heatherdown, quien me describió con tanta perfección el papel de madre de la reina.

También me gustaría dar las gracias a mi editor Ian Marshall y a todos los miembros de Simon & Schuster por su ayuda y apoyo.

Ingrid Seward
Londres, septiembre de 2017